엔지니어편

IT 용어 도감

웹 제작자나 개발자라면 알아 두어야 할
엄선 키워드
256

마스이 토시카츠(增井敏克) 지음

김선숙 옮김

GraphQL
줄 줄
상담 창구

UTM
Security Security

벤치마크

전문 분야가 아니어도
누구나 알아야 할
상식 용어

내뱉다

교과서보다
빠르고 재미있게
이해할 수 있다!

BM (주)도서출판 성안당

머리말

"요즘 이 기술을 많이 쓰는 것 같은데, 그게 뭐예요?"
"○○가 뭔지 모르겠는데, 좀 가르쳐 줄래요?"
이런 식으로 묻는 사람이 많다.

'IT 업계'는 범위가 넓어 자신이 담당하는 업무에서 조금만 벗어나도 모르는 용어가 많이 등장한다. 하지만 다른 분야에서 일하는 사람들은 프로그래머와 같은 IT 엔지니어라면 IT 분야에 대해 모두 잘 알 거라고 생각한다. 물론 "전문 분야가 아니라서 잘 모른다."라고 대답할 수도 있지만, 상대가 거래처 사람이라면 "그런 것도 모르냐."라며 실망할 수도 있다. 적어도 용어의 개요만이라도 알아 두면 이런 일은 막을 수 있다.

IT 용어는 어떻게 배우는 것이 좋을까?

경제나 경영 용어는 학교 수업용 전문서가 있어 체계적으로 배울 수 있다. 이 전문서 안에는 알아 둬야 할 용어가 망라돼 있으므로 커리큘럼에 따라 배우면 거의 모든 것을 습득할 수 있다.

하지만 IT 분야는 새로운 용어가 끊임없이 등장하기 때문에 체계적으로 배우기 어렵다. 물론 다양한 분야의 전문서가 있긴 하지만, IT 관련 용어를 망라하기는 어렵다. 이 때문에 인터넷을 통해 정보를 습득하는 사람이 많다.

어디서든 곧바로 인터넷에서 검색하는 시대지만, 모르는 말일 경우 **검색할 키워드를 모르면 찾아보기조차 어렵다.** 알고 있는 용어를 바탕으로 지식을 늘릴 때는 인터넷이 편리하지만, 들은 적도 없는 말이나 분야는 무엇부터 찾아봐야 좋을지 모를 수 있다.

아는 말이라도 그것을 남에게 설명하기는 어려운 법이다. 상대가 IT 분야를 잘 모르는 경우, 전문 용어를 써서 설명하면 이해하지 못한다. 상대와의 지식 수준에 차이가 있어도 차근차근 설명하기 힘들다.

이럴 때 흔히 쓰이는 것이 '예시'이다. 정확성은 일단 제쳐 두고라도 대략적인 개념을 설명하기 위해서는 예가 효과적일 때가 있다. 물론 IT 개발자끼리 대화할 때는 세세한 부분까지 정확하게 알고 있어야 하겠지만, 다른 분야에서 일하는 사람과 대화할 때나 새로운 기술을 대충 알아 두고 싶을 때는 기존 기술과의 차이점만 알아도 충분할 때가 많다.

교과서나 사전과는 다른 이 책의 특징

이 책에서는 현재 IT 관련 일을 하는 사람이 알아 둬야 할 키워드를 도감 형식으로 소개했다. 각 용어는 비유적인 일러스트와 함께 재미있게 배울 수 있을 것이다. 깊이 있게 다루지만 않았을 뿐, '이런 말이 있구나', '무슨 말인지 좀 더 알아볼까?'라는 생각이 들 수 있게 신경 썼다.

이 책은 앞에서부터 읽어도 좋고 특정 용어를 찾아보기에서 찾아 읽어도 좋다. 흥미 있는 키워드를 찾아 더 깊이 알아가면 된다. 제목에 있는 용어 외에도 관련 키워드를 곳곳에 넣어 뒀다. 이 책을 통해 지식의 폭이 넓어지기를 바란다.

목 차

제1장

IT 업계의 동향을 알 수 있는 트렌드 용어

제2장

Keyword 035~076

엔지니어 1년차라면 알아 둬야 할 기본 용어

제3장

시스템을 개발하거나 실행 환경을 구축할 때 사용하는 IT 용어

제4장

웹을 제작하거나 운용할 때 사용하는 IT 용어

제5장

공격으로부터 지키는 보안·네트워크 용어

인공지능 관련 기술 용어

사용하기 시작하면 전문가처럼 느껴지는 IT 업계 용어

이 책을 읽는 방법

IT 지식이 거의 없는 문과 출신이나 IT 업계의 경험이 적은 사람은 제1장부터 읽어 나가기 바란다. 용어를 한 마디로 설명한 '개요'와 '용어 설명'을 읽은 후에 '일러스트'를 보면 대략적인 의미를 파악할 수 있다. 좀 더 자세하게 알고 싶을 때는 '용어 관련 이야기'를 참조해 지식의 폭을 넓히면 된다.

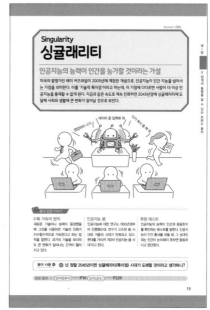

❶ 용어명 … 해당 페이지에서 설명하는 용어이다.

❷ 줄임말의 원래 말 … 용어명이 알파벳의 머리글자를 따서 줄인 말인 경우에는 원래 말을 용어명 위에 표기했다. 본문에 나오는 줄임말의 원래 말은 각주로 표기했다.

❸ 개요 … 용어의 의미를 한마디로 간결하게 나타냈다.

❹ 용어 설명 … 용어의 의미와 특징, 헷갈리기 쉬운 용어와 구분하는 법 등을 자세하게 설명했다.

❺ 일러스트 … 용어를 가능한 한 주변의 친숙한 것에 비유해 그림으로 표현함으로써 대략적인 의미를 파악할 수 있도록 했다.

❻ 용어 관련 이야기 … 용어를 다른 각도에서 이해할 수 있도록 관련 이야기를 소개했다.

❼ 용어 사용 예 … 용어를 어떤 경우에 사용하면 좋은지 알 수 있도록 예문을 게재했다.

❽ 관련 용어 … 해당 페이지에서 설명하는 용어와 함께 알아 두면 좋은 용어를 해당 페이지와 함께 안내했다.

제1장

IT 업계의 동향을
알 수 있는 트렌드 용어

Keyword 001~034

Zero Trust
제로 트러스트

'세상에 믿을 만한 통신은 하나도 없다'라는 전제하에 검사한다

사내·사외라는 네트워크의 경계를 막을 수 없다고 판단해 사내에서 이뤄지는 통신조차 신뢰하지 않는 것을 말한다. 원격 근무로 사외에서 사내에 액세스하는 경우, 제3자에게 침해당할 위험을 고려해 네트워크에 들어온 통신의 로그 기록을 확인하거나 각 서버에서 인증한다.

용어 관련 이야기

기존의 생각
지금까지는 사내에 있는 중요한 정보를 지키기 위해 사외와 사내의 경계에 방화벽이나 IPS, IDS를 설치했다. 이를 통해 통신을 감시하고 확실하지 않은 통신을 경계에서 막았다.

엔드포인트(Endpoint)
네트워크에 접속돼 있는 단말기, 즉 컴퓨터나 스마트폰 등을 말한다. 네트워크의 입장에서 생각했을 때 끝나는 지점에 있다는 데서 유래한 명칭이다.

사람과 권한을 나누는 IAM*
'ID와 접근 관리'라는 의미에서 알수 있듯이 인증(누가)과 인가(어떤 권한을 갖고 있는가)를 관리하고 단말기의 보안 상태에 따라 접근을 제어한다.

> **용어 사용 예** 🗨 **VPN으로 접속할 때는 제로 트러스트 사고방식이 필수적이야.**

관련 용어 ⋯▶ (EDR) ⋯⋯P205 (VPN) ⋯⋯P206

＊ ID와 액세스 관리(Identity and Access Management)

Edge Computing
엣지 컴퓨팅

단말기에서 처리해 서버의 부하와 지연을 줄인다

클라우드 등과 같은 서버가 아니라 사물인터넷(IoT) 단말기 등과 같이 데이터 활용 현장에 있는
디바이스나 이용자의 주변에 있는 서버에서 처리하는 것을 말한다. 클라우드와 같은 고성능 서
버로 처리해도 단말기 측에 결과를 보내는 데는 네트워크 통신 시간이 걸리므로 단말기에서 처
리하면 응답 시간을 단축할 수 있다.

맡길게!

용어 관련 이야기

지연을 뜻하는 레이턴시(latency)
전송 요구를 하고 나서 실제로 데이터
가 전송되기까지 걸리는 시간을 말한
다. 실시간 전송이 요구되는 시스템의
경우 타임 러그를 줄일 필요가 있다.

자율주행
자동차의 자동 운전이나 자율주행의
경우, 카메라나 센서가 파악한 정보를
서버에 보내 처리하면 판단이 늦어져
사고로 이어질 가능성이 있다.

분산 컴퓨팅
여러 컴퓨터로 프로그램을 동시에 실
행하고 각 네트워크와 연계해 처리하
는 것을 말한다. 1대의 서버보다 고속
으로 처리할 목적으로 사용한다.

용어 사용 예 ☰ 엣지 컴퓨팅을 사용하면 응답이 빠를지도 몰라!

관련 용어 ⟶ (디지털 트윈)······P38 (엣지 AI)······P251

Quantum Computer
양자컴퓨터

어려운 문제를 풀 것으로 기대되는 컴퓨터

일반적인 컴퓨터는 0과 1의 2가지 종류로 처리한다. 하지만 양자컴퓨터는 양자역학에 있어서의 '중첩(Superposition)' 등과 같은 성질을 이용해 0과 1의 양쪽 모두를 만족시키는 상태를 구현함으로써 대량의 계산을 한 번에 수행하는 컴퓨터이다. 방대한 계산을 고속으로 수행할 수 있으므로 기존의 방식으로 해결할 수 없었던 어려운 문제를 실용적인 시간에 해결할 수 있을 것으로 기대된다.

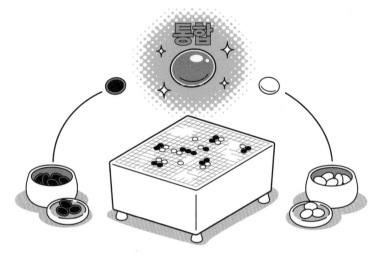

📖 용어 관련 이야기

쇼어 알고리즘(Shor's Algorithm)
현재 사용하는 공개키 암호는 자릿수가 큰 합성수를 소인수 분해하는 데 시간이 걸리는 암호화 방식이다. 하지만 양자컴퓨터를 사용하면 단시간에 암호를 해독할 가능성이 있다.

슈뢰딩거의 고양이
밀폐된 상자 안에 있는 고양이가 살아 있을 확률과 죽어 있을 확률이 각각 50%일 때 상자를 열기 전까지 알수 없는 것을 2가지 상태의 선택이 아니라 중첩이라고 표현한다.

양자컴퓨터 시대는 언제 올까?
다양한 연구를 하고 있지만, 2030이나 2035년 등 2030년대가 돼야 실용화될 가능성이 많다. 하드웨어뿐 아니라 소프트웨어도 연구해야 하기 때문이다.

용어 사용 예 ❓ 양자컴퓨터 시대가 오면 지금까지 사용하던 암호는 사용할 수 없을까?

관련 용어 ⋯ (싱귤래리티)⋯⋯P19 (SSL/TLS)⋯⋯P220

Digital Transformation
DX (디지털 트랜스포메이션)

데이터와 디지털 기술로 기업의 비즈니스 모델을 변혁

DX(디지털 전환)란, IT와 일체화해 구현하는 비즈니스 모델의 '변혁'을 말한다. 지금까지의 'IT화'는 이미 존재하는 비즈니스를 전제로 하며, 그 작업의 자동화나 효율화, 부가가치의 제공이 주목적이었다. DX에 '변혁'이라는 말을 사용하는 것처럼 디지털 전환이 이뤄지려면 비즈니스 모델 자체를 크게 바꾸고 IT를 중심으로 새로운 비즈니스를 창출할 필요가 있다.

 용어 관련 이야기

디지타이제이션(Digitization)
디지털화를 말하며, 아날로그 작업을 IT를 사용해 디지털 정보로서 취급하는 것을 말한다. 종이와 도장의 업무를 PDF로 문서화하는 것 등을 들 수 있다.

디지털라이제이션(Digitalization)
IT 등의 디지털 기술을 활용해 제품이나 서비스에 부가가치를 더하거나 편의성을 높이는 것을 말한다. 디지타이제이션과 디지털 트랜스포메이션의 중간에 위치한다.

2025년의 절벽
기업이 노후화된 정보 시스템을 방치할 때 예상되는 문제를 지적한 일본 경제산업성의 DX 보고서(2018년)는 디지털 전환이 이뤄지지 않으면 '2025년 이후 최대 연간 12조 엔의 경제적 손실 발생 가능성'을 경고한다.

용어 사용 예 ➡ 디지털 트랜스포메이션(DX)에 몰두하는 기업들에 뒤지지 않도록 해야 한다.

관련 용어 ⋯ (xR) ⋯⋯P29 (VUI) ⋯⋯P33 (디지털 트윈) ⋯⋯P38 (마이그레이션) ⋯⋯P128

* 영어로는 Trans를 X로 줄일 수 있다.

5th Generation
5G

휴대전화의 제5세대 무선 통신 기술

'고속(빠른 전송 속도)', '다수 동시 접속', '저지연(낮은 전송 지연)' 등과 같은 특징이 있는 제5세대 이동 통신(5G) 기술을 말한다. 휴대전화(스마트폰)는 10년 주기로 새로운 세대로 바뀌었고, 통신 속도 가 크게 향상됐다. 5G에서는 전송하는 데 최대 20Gbps까지 속도를 낼 수 있으며, 고화질 동영 상도 단시간에 다운로드할 수 있지만, 영역이 좁다는 단점도 있다.

📖 용어 관련 이야기

조직 내부에 로컬 5G
통신사업자가 아닌 기업이나 지자체 가 일부 지역 또는 건물·부지 내에 독자적인 5G 네트워크 기지국 등을 자기 부담으로 구축해 이용할 수 있도 록 한 무선 시스템을 말한다.

무선 LAN과의 비교
무선 LAN에서는 액세스 포인트에 접 속할 수 있는 대수가 적지만, 5G에서 는 많은 단말기를 동시 접속할 수 있 다. 공장 등 많은 기기가 있는 장소 나 사람이 모이는 장소에 효과적이다.

원격지에서 조작
5G에서는 무선 구간의 지연이 적기 때문에 송신 측에서 보내는 지시가 지 연되지 않고 도착한다. 원격지에서 기 기를 조작하는 경우 등 실시간성이 요 구되는 상황에 효과적이다.

용어 사용 예 🗨 5G를 사용하니 영화가 순식간에 다운로드됐네!

관련 용어 ⇢ (LTE-M) ⋯⋯P22 (xR) ⋯⋯P29 (eSIM) ⋯⋯P39 (Wi-Fi 6) ⋯⋯P191

Singularity
싱귤래리티

인공지능의 능력이 인간을 능가할 것이라는 가설

미국의 발명가인 레이 커즈와일이 2005년에 제창한 개념으로, 인공지능이 인간 지능을 넘어서는 기점을 의미한다. 이를 '기술적 특이점'이라고 하는데, 이 기점에 다다르면 사람이 더 이상 인공지능을 통제할 수 없게 된다. 지금과 같은 속도로 계속 진화하면 2045년경에 싱귤래리티에 도달해 사회와 생활에 큰 변화가 일어날 것으로 보인다.

영업하러 나가.

데이터 좀 입력해 줘.

이거 복사 좀 해 줘.

📖 **용어 관련 이야기**

수확 가속의 법칙
새로운 기술이나 능력이 등장했을 때 그것을 사용하면 기술의 진화가 지수함수적으로 가속한다고 하는 법칙을 말한다. 과거의 기술을 보더라도 큰 변화가 일어나는 간격이 짧아지고 있다.

인공지능 붐
인공지능에 대한 연구는 1950년경부터 진행됐는데, 연구가 고조된 붐 시대와 겨울의 시대가 반복되고 있다. 현대를 가리켜 '제3차 인공지능 붐 시대'라고 한다.

튜링 테스트
인공지능의 능력이 인간과 동등한지를 확인하는 테스트를 말한다. 인공지능이 인간을 흉내냈을 때, 그 상대인 인간이 눈치채지 못하면 동등하다고 판단한다.

용어 사용 예 💬 넌 정말 2045년이면 싱귤래리티(특이점) 시대가 도래할 것이라고 생각하니?

관련 용어 ··· (양자컴퓨터) ······P16 (딥러닝(DL)) ······P229

Robotic Process Automation
RPA

사무 처리 등의 업무를 자동화

RPA(로보틱 처리 자동화)는 사람이 컴퓨터로 하는 반복적인 업무를 로봇이나 소프트웨어 등을 이용해 자동으로 처리하는 기술을 말한다. 입력, 전송과 같은 작업을 자동화하고자 할 때 지금까지는 대부분 개발 회사에 의뢰해 전용 시스템을 만들었지만, 간편하게 사용할 수 있는 도구가 등장함으로써 개발자가 아니더라도 다양한 애플리케이션에서 자동화할 수 있게 됐다.

📚 용어 관련 이야기

Office 자동화라면 매크로
RPA와 비슷한 자동화 방법으로는 엑셀의 매크로를 들 수 있다. 매크로는 간단하게 실행할 수 있지만, 대부분 애플리케이션 내에서만 사용하게 돼 있다.

RPA의 다음 단계
RPA보다 발전된 수준으로는 EPA*¹ (보다 강력한 수단의 자동화)와 CA*²(경험적 지식에 기반을 둔 자동화)가 있다. RPA는 인공지능 등을 사용한 고도의 자동화가 가능하다.

유지 보수와 운용
RPA로 자동화하면 그 작업에 정통한 사람이 없어질 가능성이 있기 때문에 정기적인 유지관리(수정)나 평상시의 운용 · 감시가 중요하다.

> **용어 사용 예** 💬 RPA를 도입하면 편해질 줄 알았더니 다른 일이 늘어났다.

관련 용어 ⋯➡ (노코드와 로우코드) ⋯⋯P44

＊1 향상된 프로세스 자동화   ＊2 인지 자동화

Low Power Wide Area
LPWA

저소비 전력으로 장거리 통신을 구현한 무선 통신 기술

저소비 전력으로 장거리 통신을 할 수 있는 무선 통신 기술을 말한다. 휴대전화나 무선 LAN에서는 고속, 대용량의 통신이 요구되지만, 사물인터넷(IoT) 기기나 센서 등에서는 작은 데이터를 저전력으로 송수신해야 한다. 이 때문에 통신 속도는 느려도 저렴하게 통신할 수 있고, 통신 거리가 1km를 넘는다는 특징에 관심이 쏠리고 있다.

제 1 장

IT 업계의 동향을 알 수 있는 트렌드 용어

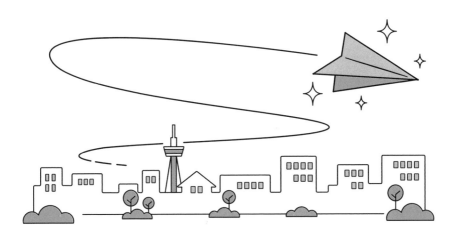

📖 용어 관련 이야기

로라완(LoRaWAN)[1]
무선 통신 광역 네트워크인 저전력 광역 네트워크(LPWAN)는 전파가 유한하므로 무선을 광범위하게 사용할 경우 무선 기지국의 면허가 필요해 자체 기지국을 설치할 수 있는 LPWA가 주목받고 있다.

시그폭스
기지국과 클라우드 서비스를 프랑스의 시그폭스(Sigfox)가 제공하기 때문에 이용자는 기지국의 설치나 운영, 데이터 관리가 불필요하며 저렴하게 이용할 수 있다.

무선 규격 Wi-SUN[2]
와이파이(Wi-Fi)는 무선랜 통신 규격이나 상품명으로 쓰이지만, 와이썬(Wi-Sun)은 스마트미터 등 무선 네트워크(SUN, Smart Utility Network)의 통신 규격이나 상품명으로 쓰인다.

용어 사용 예 💬 **LPWA를 사용해 하천 상황을 감시하고 있는 것 같은데!**

관련 용어 ⋯ (LTE-M) ⋯⋯P22 (커넥티드 시티) ⋯⋯P61 (BLE) ⋯⋯P216

* 1 Low-power wide-area network　* 2 Wireless Smart Utility Network

Long Term Evoluiton for Machine-type-Communication
LTE-M

LTE의 빈 대역을 사용하는 IoT 통신 규격

LTE(4세대 무선 통신 기술)에서 제공하는 주파수 대역의 일부를 이용하는 통신 규격으로, 휴대전화 통신에서 비어 있는 대역을 이용하는 사물인터넷(IoT)용 통신 서비스를 말한다. 이동 중에도 통신할 수 있기 때문에 웨어러블 단말기에 적합하다. 기존의 LPWA보다 소비 전력은 크지만, 고속으로 통신할 수 있는 것이 특징이며, 사물인터넷 단말기를 통한 소프트웨어 업데이트 등에도 사용할 수 있다.

원래는….

비어 있는 영역을 활용한다!

회송

회송

📖 용어 관련 이야기

기기끼리 통신하는 M2M*¹
기기끼리 직접 네트워크로 통신하고 서로 제어하는 구조를 말한다. 사물인터넷은 기기의 상대가 사람이나 기기인 반면, M2M에서는 기기끼리라는 차이가 있다.

NB-IoT*²
LTE-M과 같이 휴대전화 네트워크를 사용하지만, 저속·저빈도 통신에 적합하다. 수도 사용량 등 스마트 미터에서의 자동 계측으로 주목받고 있다.

책정하는 단체 3GPP*³
이동통신에 관한 국제적인 표준화를 목적으로 하는 단체로, LTE나 5G 등의 사양을 검토, 책정하고 있다. LTE-M도 3GPP에서 규정한다.

용어 사용 예 🔵 LTE-M으로 제설 차량의 위치 정보를 파악할 수 있어 편리한데!

관련 용어 ⋯ (5G)⋯⋯P18 (LPWA)⋯⋯P21 (커넥티드 시티)⋯⋯P61 (BLE)⋯⋯P216

Next Generation Network
NGN

차세대 네트워크 기반

데이터 통신(인터넷 접속)이나 전화 회선(고정·휴대), 스트리밍(동영상 전달) 등을 융합한 차세대 네트워크 서비스를 말한다. 패킷 교환에서는 통신 속도가 베스트 에포트(Best Effort)인 데다 신뢰성이나 보안 등의 측면에서도 회선 교환에 뒤떨어지는 부분이 있었지만, 각 장점을 도입해 통신망 재구축을 시도하고 있다.

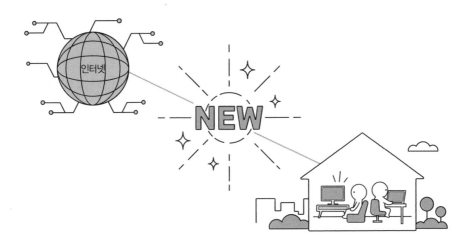

📖 용어 관련 이야기

트리플 플레이(Triple Play)
전화, 데이터 통신, 스트리밍을 제공하는 것을 말한다. 광섬유로 인터넷에 접속하고 전화나 텔레비전도 같은 회선으로 제공해 고객을 유치한다.

네트워크의 품질
네트워크상에 흐르는 데이터의 양이나 내용으로 순서를 조정해 안정적으로 사용할 수 있도록 하는 것을 QoS* 라고 한다. 음성을 우선하면 통화가 끊기는 것을 예방하는 효과가 있다.

베스트 에포트(Best Effort)
이용자가 최상의 결과를 얻을 수 있도록 사업자가 노력하는 것을 말한다. 통신의 경우, 기재된 속도가 나온다는 것을 보장할 수는 없지만, 목표에 근접하도록 노력하겠다는 의미이다.

💬 **용어 사용 예** 💬 NGN을 도입했더니 통신 속도가 단번에 빨라졌네!

관련 용어 ⋯→ (IPoE) ⋯⋯P24 (PLC) ⋯⋯P217 (VoIP) ⋯⋯P218

＊ Quality of Service

IP over Ethernet
IPoE

랜(LAN)과 같은 방법으로 인터넷에 접속하는 접속 방식

LAN 등에 사용하는 이더넷 통신 규약을 이용해 패킷을 전송하는 인터넷 통신 방식을 말한다. 기존에는 이용자 측에 라우터나 홈 게이트웨이 등과 같은 기기를 설치하고, 접속 시 ID나 비밀번호를 입력해야 했지만, LAN에 접속하듯이 케이블을 꽂기만 해도 인터넷에 쉽게 접속할 수 있다.

쓰윽!

용어 관련 이야기

현재 주류는 PPPoE*1
전화 회선으로 인터넷에 접속할 때 사용하던 인증 방법을 이더넷에 응용한 기술을 말한다. 가정에서 프로바이더에게 보내는 통신에 사용한다.

IPv4 over IPv6
IPoE에서는 IPv6*2 접속을 전제로 한다. 기존의 IPv4 웹사이트 등을 열 때는 IPv6를 IPv4로 자동 전환해 통신할 수 있다.

MAP-E*3와 MAP-T*4
MAP-E는 IPv4 패킷을 캡슐화해 IPv6 패킷 안에 넣는 방법, MAP-T는 IPv6 주소를 IPv4 주소로 변환하는 방법을 말한다.

용어 사용 예 ❷ 우리 아파트는 IPoE 대응이라 야간에도 혼잡하지 않거든요.

관련 용어 ···→ (NGN) ······P23

* 1 Point-to-Point Protocol over Ethernet　* 2 Internet Protocol version 6
* 3 Mapping of Address and Port Encapsulation　* 4 Mapping of Address and Port Translation

Mobility as a Service
MaaS

IT로 다양한 교통수단 정보를 통합해 하나의 서비스로 제공

버스나 전철, 택시, 비행기, 렌터카, 셰어 사이클과 같은 교통수단을 편리하게 사용할 수 있도록 IT를 활용해 다양한 교통수단을 단일 플랫폼으로 통합하는 서비스를 말한다. 시간과 요금 검색, 예약이나 결제 등을 할 수 있다. 모인 데이터를 활용해 최적화할 뿐만 아니라 이산화탄소 배출이나 배기가스를 줄이는 등 지구 환경에 대한 공헌도 기대된다.

📖 용어 관련 이야기

이용자의 이점
직장이나 관광지로 이동하는 경로를 알 수 있을 뿐만 아니라 그곳의 날씨나 관광 정보 등을 얻을 수 있어 편리하다. 이와 아울러 교통수단을 '소유'가 아닌 '이용' 개념으로 본다.

교통 사업자의 이점
교통수단을 관광 정보와 함께 제공하면 이용자를 늘릴 수 있다. 그뿐만 아니라 이용자의 이동 정보를 분석해 새로운 가치를 발견할 수 있고, 그에 따른 정보 제공을 할 수 있다.

서비스 사업자의 이점
사업자 측에서 이용자에게 알림을 보내는 쌍방향 커뮤니케이션을 취하는 등 이용자의 만족도를 높여 관광지나 판매점에 재방문하도록 돕는다.

용어 사용 예 😑 **마스(MaaS)가 보급되면 교통 체증이 사라질까?**

관련 용어 ⟶ (SDGs) ·······P37 (XaaS) ·······P169

Hyper-Converged Infrastructure
HCI

서버를 1대로 구성할 수 있는 인프라 제품

서버의 하드웨어뿐 아니라 스토리지와 네트워크, 소프트웨어 등 서버 구축에 필요한 기능을 하나로 통합한 제품을 말한다. 각각 나눠져 있으면 장애가 발생하거나 기기를 추가할 때 조사하기 복잡하지만, 통합해 두면 신뢰성이 높은 서버를 간단히 구축할 수 있어 운용에 드는 비용을 절감할 수 있다.

용어 관련 이야기

3Tier(3티어)
서버, 스토리지, 네트워크의 세 층으로 나눠 구축하는 애플리케이션을 말한다. 필요에 따라 추가하거나 변경할 수 있으므로 유연하게 구성할 수 있지만, 운영은 복잡해진다.

스몰 스타트(Small Start)
사업을 시작할 때 처음에는 기능이나 서비스를 한정하는 등 소규모로 전개하다 수요에 맞춰 규모를 확대시켜 나가는 것을 말한다. 리스크가 적고 잘 되지 않을 때는 정리하기도 쉽다.

스케일 아웃(Scale Out)
처리 능력을 향상시키기 위해 서버를 여러 대 나열하는 방법을 말한다. 반면, 서버 자체의 성능을 높여 처리 능력을 향상시키는 방법을 '스케일 업'이라고 한다.

용어 사용 예 ➡ HCI라면 단기간에 IT 인프라 환경을 마련할 수 있어요.

관련 용어 ⋯ (어플라이언스) ⋯⋯P75 (확장성) ⋯⋯P97

Microservices
마이크로서비스

여러 작은 서비스로 분할해 애플리케이션을 구성한다

애플리케이션을 개발할 때 작은 기능마다 서비스로 분할해 작성함으로써 최소한의 연계만으로 동작시키는 개발 기법을 말한다. 각각 독립된 소규모 서비스로 만들어 신규로 개발하거나 보수 (수정)하기가 쉽기 때문에 문제가 생겼을 때도 영향의 범위를 한정할 수 있다. 다만 너무 세세하게 분할하면 구성이 복잡해져 전체를 이해하기 어려울 수 있다.

제1장 IT 업계의 동향을 알 수 있는 트렌드 용어

🗣 용어 관련 이야기

2000년대부터 있는 SOA*
서비스지향 아키텍처라는 의미이다. 기업의 정보 시스템을 이용자의 관점에서 서비스 단위로 제공하고 이를 조합하는 방식으로 업무와 대응시켜 설계한다.

모놀리식(Monolithic)
마이크로서비스와 반대의 의미로 사용하며, 일체화 돼 있는 것을 말한다. 하나로 정리돼 있기 때문에 처리는 빠르지만, 기능이 추가되거나 변경되면 보수하기가 힘들다.

서비스 메시(Service Mesh)
실행되고 있는 애플리케이션 간의 통신이나 호출원을 대리해 자동적으로 관리·감시·분석하고, 마이크로서비스를 서로 그물망처럼 잇는 구조를 말한다.

〽 용어 사용 **예** 💬 유연하게 대응하기 위해 마이크로서비스를 도입해 보자!

관련 용어 ⋯ (Kubernetes)⋯⋯P95 (GraphQL)⋯⋯P173

* Service-Oriented Architecture

BlockChain
블록체인

분산형 네트워크와 암호화 기술을 이용한 데이터 관리 기법

거래 기록을 '블록'이라 불리는 곳에 저장하고, 사슬(체인)처럼 연결해 기록한다. 블록은 여러 컴퓨터에 분산돼 저장되며, 기록을 조작하기가 어렵다는 특징이 있다. 일부에서 부정이나 오류가 발생해도 참가자의 다수결로 판단하기 때문에 제대로 작동한다. 비트코인과 같은 암호화 자산, 핀테크 등에 응용되고 있다.

영수증

용어 관련 이야기

비중앙 집권
법정 통화처럼 중앙 관리자가 없는 것을 말한다. 보안을 확보하기 위해 특정 조직에서 관리하는 것이 아니라 대량의 사용자가 공유함으로써 안전을 담보한다.

마이닝(Mining)
블록을 생성하는 데 필요한 방대한 계산을 수행하는 것을 말한다. 올바른 블록을 가장 빨리 생성한 사람에게 보수를 주고, 다수의 참가자를 경쟁하게 함으로써 정당성을 확보한다.

PoW*
거래 기록을 작성할 때 그것이 정확한지, 아닌지를 업무량으로 증명하는 작업증명시스템(Proof-of-Work system)을 말한다. 마이닝의 방대한 계산 결과가 올바르다는 것을 참가자 전원이 감시하고 검증한다.

용어 사용 예 🔑 금융 기관이 아닌 곳에도 블록체인이 확산돼 있는 것 같다.

관련 용어 ⋯→ (핀테크) ⋯⋯ P36

Virtual Reality, Augmented Reality, Mixed Reality

xR (VR, AR, MR)

현실 세계와 가상 세계의 융합

VR은 '가상현실', 즉 현실적인 공간이 아닌 디지털 기술로 만들어진 가상 공간의 체험을 가리킨다. AR은 '증강현실'을 뜻하며, 현실적인 공간에 디지털 기술로 만들어진 공간을 조합해 표현한다. MR은 '복합현실', 즉 AR을 더욱 발전시켜 현실 세계와 가상 세계를 보다 밀접하게 융합시킨 것을 말한다. 이것들을 합쳐 'xR'이라고 한다.

📖 용어 관련 이야기

VR 고글
고글 속의 액정 모니터 화면을 통해 가상 세계를 체감한다. 좌우 눈앞에는 제각기 다른 영상이 나타나는데, 관측상의 오차로 인해 입체적으로 느낀다.

AR 게임
스마트폰 게임 등에서는 카메라로 실제 영상을 촬영하면서 그 영상 속에 가상적으로 캐릭터를 표시하고, 조작하는 게임이 인기를 끌고 있다.

홀로렌즈(HoloLens)
마이크로소프트(Microsoft) 사가 개발한 혼합현실(MR) 기반 웨어러블 기기를 말한다. 투명하게 보이는 현실에 컴퓨터 그래픽스(CG)를 겹쳐 비즈니스 등에 활용하고 있다.

용어 사용 예 💬 게임 이외에도 xR을 활용하는 게 당연한 세상이 될까?

관련 용어 ⋯→ (DX)⋯⋯P17 (5G)⋯⋯P18 (LiDAR)⋯⋯P30 (WebGL)⋯⋯P153

Light Detection And Ranging
LiDAR

반사를 이용한 거리 측정

레이저광을 발사해 그 빛이 대상 물체에 반사돼 돌아오는 것을 받아 물체까지의 거리나 방향 등을 측정하는 기술이다. 라이다(LiDar)는 물체의 형상까지 이미지화할 수 있어 지질 조사나 자율주행 등에 사용될 뿐만 아니라 아이폰 12 프로(iPhone 12 Pro)나 2020년에 발매한 아이패드 프로(iPad Pro)와 같은 스마트폰이나 태블릿 단말기에도 내장돼 있다.

찰칵!

400m
300m
200m

📖 용어 관련 이야기

밀리파 레이더
LiDAR와 비슷한 기술이지만, 밀리파라 불리는 전파로 거리나 각도를 감지한다. 야간이나 악천후에도 높은 정확도로 취득할 수 있고 저렴하지만, 반사율이 낮은 물체에는 적합하지 않다.

초음파 센서
빛이나 전파가 아니라 주파수가 높은 초음파를 사용해 감지한다. 빛에 비하면 광범위하게 검출할 수 있을 뿐 아니라 투명한 유리나 액체 등도 인식할 수 있다는 특징이 있다.

에이알킷(ARKit)
애플(Apple) 사가 제공하는 애플 디바이스용 AR 개발 툴을 말한다. iOS 디바이스 카메라로 촬영하는 영상을 사용하면 AR을 즐길 수 있는 앱을 개발할 수 있다.

💬 **용어 사용 예** 🗨 아이폰에 있는 라이다(LiDAR) 스캐너로 물건의 크기도 잴 수 있어!

관련 용어 ⋯ xR ⋯⋯P29

Omni-Channel
옴니채널

인터넷과 실제를 융합한 마케팅 기법

소비자가 온라인, 오프라인, 모바일 등과 같은 다양한 경로를 넘나들면서 상품을 검색하고 구매할 수 있도록 한 서비스를 말한다. 고객 정보, 재고 관리, 물류 등을 통합적으로 관리할 수 있을 뿐만 아니라 정보와 서비스를 제공하고, 여러 판매 경로를 연계해 고객이 원활하게 구입할 수 있도록 유도한다.

용어 관련 이야기

O2O *1
온라인과 오프라인이 연결되는 현상을 말한다. 전자 쿠폰 등을 사용하고, 인터넷(온라인)을 활용해 실제 매장(오프라인)으로 유치하는 것을 말한다.

OMO *2
'온라인과 오프라인의 융합'이라는 의미로, 인터넷과 실제 매장의 구분을 없앰으로써 고객의 눈높이에서 최적의 체험을 할 수 있도록 하는 것이다.

Z세대
1990년대 후반에서 2012년경에 태어난 세대로 생활 속에서 IT 기기 등 디지털 환경에서 자란 '디지털 네이티브(디지털 원주민) 세대'라고 할 수 있다.

용어 사용 예 💬 앞으로는 광고할 때 당연히 옴니채널을 의식해야 겠는데?

관련 용어 ···→ (레커멘데이션) ······P42

On-premise
온프레미스

서버를 자체적으로 구축·운용

서버나 소프트웨어를 클라우드 같은 원격 환경이 아닌 자체적으로 보유한 전산 서버에 직접 설치해 운영하는 방식을 말한다. 온프레미스 시스템은 구축하는 데 시간이 걸리고, 비용 또한 많이 드는 데다 관리나 운용상의 문제가 생겨도 자사에서 대응해야 하는 단점이 있다. 반면, 자유롭게 커스터마이즈할 수 있어 다른 자사 시스템과 연계하기 쉽다는 장점이 있다.

📖 용어 관련 이야기

퍼스널 클라우드(Personal Cloud)
자사 전용으로 구축·운용하는 클라우드 환경으로, 일반적으로는 서버를 가상화해 유연성을 높인다. 온프레미스와 똑같은 단점이 있다.

하이브리드 클라우드
퍼블릭 클라우드와 프라이빗 클라우드의 장점을 결합해 클라우드 환경을 구축하는 것을 말한다. 보안이 중요한 경우에 주로 사용한다.

하우징
데이터 센터 랙(서버를 수용하는 장소)과 네트워크 회선, 전원 등을 빌려 자사의 서버를 그 안에 설치·운영하는 것을 말한다.

용어 사용 예 💬 클라우드도 좋지만, 온프레미스도 없어서는 안 되겠지.

관련 용어 ⋯ ⟨XaaS⟩ ⋯⋯P269

Voice User Interface
VUI

스마트 스피커로 확장하는 음성 인식 인터페이스

음성 언어를 사용해 정보 기기를 제어하거나 정보 서비스를 수신할 수 있도록 말과 글을 음성으로 변환하는 인터페이스를 가리킨다. iOS나 매킨토시 운영체제의 '시리(Siri)'나 안드로이드의 구글 어시스턴트'처럼 사람의 음성을 컴퓨터가 인식해 텍스트화하는 기술이 늘고 있고, 스마트 스피커를 도입하는 가정도 있다.

오른쪽으로 돌아!

빙글 빙글 빙글 빙글

용어 관련 이야기

스마트 리모컨
적외선 리모컨과 스마트 스피커를 연동시켜 TV, 에어컨과 같은 가전 제품이나 조명을 음성으로 조작할 수 있다.

제스처로 조작
터치 패널, 제스처 등 정보를 직접 조작할 수 있고, 직관적으로 사용할 수 있는 인터페이스를 'NUI(미리 배워두지 않아도 사용할 수 있다.)*1'라고 한다. 사전에 학습하지 않아도 사용할 수 있다.

형태가 바뀌는 입력 기기
입력하면 물리적으로 형태가 바뀌는 미래형 인터페이스를 'OUI(유기적 사용자 인터페이스)*2'라고 한다. 앞으로 OUI가 NUI를 대신할 것으로 보인다.

용어 사용 예 😀 VUI라면 손을 뗄 수 없는 상황인데도 음성만으로 조작할 수 있어 편리하다!

관련 용어 ⋯ DX ⋯⋯P17 자연 언어 처리 ⋯⋯P255

*1 Natural User Interface *2 Organic User Interface

Subscription
구독

이용료를 지불하고 기간 내에만 이용하는 계약

일정 기간 이용료로 대금을 지불하고 제품이나 서비스를 그 기간 동안 이용할 수 있는 계약을 말한다. 월정액을 이용료로 지불하고 음악이나 동영상, 서적 등을 '구입'하는 것이 아니라 '이용'하는 계약을 하게 된다. 이용자는 초기 비용을 줄일 수 있는 데다 항상 최신의 것을 이용할 수 있고, 제공자는 수입을 예측할 수 있다는 장점이 있다.

🔖 용어 관련 이야기

리커링(Recurring)
리커링은 '반복한다'라는 의미로, 지속적인 수익을 창출하는 비즈니스 모델을 말한다. 프린터 토너를 부정기적으로 구입하는 등 비용이 변동하는 종량 과금제 서비스를 가리킨다.

업셀(Upsell)
구독으로 현재 사용하는 플랜보다 비싼 플랜으로 이용자를 업그레이드하는 것을 말한다. 다른 회사가 개발한 상품까지 판매하는 방식을 '크로스 셀 (교차 판매)'이라고 한다.

레버뉴 셰어(수익 배분)
성공 보수형의 수익 모델로, 원칙적으로는 초기 개발비를 받지 않는다. 그 대신 서비스 매출에 대해 일정 비율로 보수를 받는 계약을 말한다.

용어 사용 예 **=** 🗨 **음악은 구독해서 듣는 게 당연한 시대야.**

관련 용어 ⋯⋯ ➡ (이탈률)⋯⋯P78 (MRR과 ARR)⋯⋯P79

Near Field Communication
NFC

비접촉 IC 칩으로 구현한 근거리 무선 통신

가까운 거리에서 사용할 수 있는 무선 통신 기술을 말한다. 스마트폰이나 카드에 내장된 IC 칩을 사용해 비접촉 통신을 할 수 있다. 결제뿐만 아니라 NFC 태그라고 불리는 씰을 사용하면 가까이 댔을 때 음악을 재생하는 등의 동작을 설정할 수 있다. 스마트폰끼리 파일을 공유하거나 와이파이 (Wi-Fi)를 설정할 때 사용하기도 한다.

닿지 않아도 알 수 있는걸!

 용어 관련 이야기

FeliCa(펠리카)
NFC를 기반으로 소니 사가 자체 개발한 비접촉 IC 카드 기술 방식으로, 스이카(Suica) 등의 전자 화폐나 종업원의 근태 관리 등에 많이 사용된다.

Mifare(마이페어)
비접촉형 IC 카드의 국제 통신 규격으로, 표준화돼 있고 저렴해 전 세계에서 사용하고 있다. 일본에서는 담배자판기 전용 성인식별 IC카드인 타스포 (Taspo) 등에 사용하고 있다.

QR코드
2차원 바코드의 하나로, 기록돼 있는 정보를 스마트폰 등의 카메라로 읽어 낼 수 있다. NFC보다 간편하게 사용할 수 있는 결제 방법으로 알려져 있다.

용어 사용 예 😃 **NFC는 결제할 때 말고도 편리하게 사용할 수 있구나!**

관련 용어 ⋯ (RFID) ⋯⋯P74

FinTech
핀테크

IT와 금융의 융합

'금융(Finance)'과 '기술(Technology)'의 합성어로, 결제나 자산 관리 같은 금융 서비스를 IT를 활용해 편리하게 만드는 것을 말한다. 스마트폰을 사용한 전자 결제 서비스와 가계부와의 연계, 개인 간의 송금, 투자나 운용의 지원, 가상 통화의 활용 등 많은 사업자가 혁신적인 서비스를 새롭게 개발하고 있다.

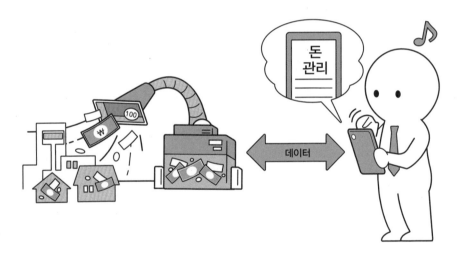

용어 관련 이야기

크라우드 펀딩(Crowd Funding)
군중(Crowd)과 자금 조달(Funding)을 조합한 신조어로, 자금이 필요한 수요자가 온라인 플랫폼 등을 통해 불특정 다수의 개인으로부터 자금을 모으는 방식을 말한다.

소셜 렌딩(Social Lending)
인터넷상에서 돈을 '빌리고 싶은 사람'과 '빌려 주고 싶은 사람'을 매치하는 서비스로, 빌려 쓰는 사람은 적은 금리로 빌릴 수 있고, 빌려 주는 사람은 부담 없이 자산을 운용할 수 있다.

로보어드바이저(Robo-Advisor)
'로봇(Robot)'과 '투자 전문가(Advisor)'의 합성어로, 자산 배분, 상품 선정, 발주 등을 자동으로 매매할 수 있어 투자 초보자에게 인기가 있다. 투자 신탁에 비해 수수료가 높다.

용어 사용 예 ➡ QR코드 결제의 영향으로 핀테크가 생활에 정착한 것 같다.

관련 용어 ⋯ (블록체인)⋯⋯P28 (다이내믹 프라이싱)⋯⋯P43

Sustainable Developnemt Goals
SDGs

세계가 안고 있는 다양한 문제에 대한 목표

'지속 가능한 발전 목표'를 말하는 것으로, 세계가 달성해야 할 목표점을 나타낸다. 17가지의 세계적 목표, 169가지의 달성 기준, 232가지의 지표에는 지구를 보호하고 모든 사람이 평화와 풍요를 누리는 것을 목표로 하는 항목이 나열돼 있다. 클라우드 이용에 따른 에너지 효율 개선이나 자동화에 따른 일할 맛 나는 사회 실현 등 IT의 활용에도 효과적이다.

📖 용어 관련 이야기

ESG 투자

환경(Environment), 사회(Social), 기업통치(Covernance)의 3가지 관점에서 이들을 배려하는 기업을 중시하고 선별해 투자하는 것을 말한다.

CSR*1/CSV*2

기업의 사회적 책임을 가리키는 'CSR'은 오랫동안 사용돼 왔지만, 사회 과제를 해결함으로써 사회 가치와 경제 가치 양쪽을 창출하는 'CSV'를 사용하는 일이 늘고 있다.

그린 IT

지구 환경에 대한 부하를 고려한 IT 관련 기기의 사용이나 기술 개발을 가리키는 말이다. 비즈니스에 IT를 활용함으로써 환경에 대한 부하를 억제하는 것을 가리키기도 한다.

용어 사용 예 😀 **앞으로의 비즈니스는 이익뿐만 아니라 SDGs도 고려해야 한다.**

관련 용어 ⟶ (MaaS) ·····P25 (Society 5.0) ·····P60 (긱 이코노미) ·····P62

*1 Corporate Social Responsibility   *2 Creating Shared Value

Digital Twin
디지털 트윈

사이버 공간에 물리적 공간을 재현한다

현실 세계에 있는 정보를 사이버 공간으로 보내 가상 세계에 구현한 것을 말한다. 사물인터넷 기기 등을 활용해 현실 세계의 변화를 실시간으로 반영하고, 모니터링(파악)할 뿐만 아니라 미래를 시뮬레이션(예측)하는 데도 이용할 수 있다. 스포츠 세계에서는 득점을 영상으로 판단하는 데 사용한다.

용어 관련 이야기

리얼 공간과의 연계
사이버 물리적 시스템(Cyber-Physical System)은 사이버 공간과 물리적 공간이 긴밀하게 연계되는 시스템을 말한다. 새로운 가치와 정보를 창출할 것으로 기대된다.

가상 사무 공간(Virtual Office)
텔레워크(IT 장비를 활용한 재택근무나 원격근무)의 보급으로 온라인 회의가 당연해지면서 단순히 회의뿐만 아니라 사무실 공간을 화면상에 재현한 앱이 등장했다.

온라인 크레인 게임
원격 조종으로 진짜 크레인 게임을 조작할 수 있는 서비스가 인기를 끌고 있다. 집에서 게임을 즐길 수 있을 뿐만 아니라 손에 넣은 상품을 배송받을 수도 있다.

용어 사용 예 💬 디지털 트윈이 스포츠 심판에 등장한 건 획기적인 거래요.

관련 용어 ⋯→ (DX) ⋯⋯P17 (Society) ⋯⋯P60 (PLM) ⋯⋯P65

embedded Subscriber Identity Module

eSIM

통신사나 통신 플랜을 교환 없이 변경할 수 있는 SIM

e-SIM은 끼워 사용하는 U-SIM(유심)과 달리, 스마트폰에 내장된 칩을 말한다. 지금까지 휴대전화 사업자를 변경할 때는 휴대폰 단말기에서 유심을 뽑아 다른 휴대폰 단말기에 끼웠지만, e-SIM은 갈아 끼우지 않고 개인 정보를 e-SIM에 다운로드하면 된다. 이 때문에 온라인으로 계약해도 곧바로 사용할 수 있고, 소프트웨어상에서 간단하게 바꿀 수도 있다.

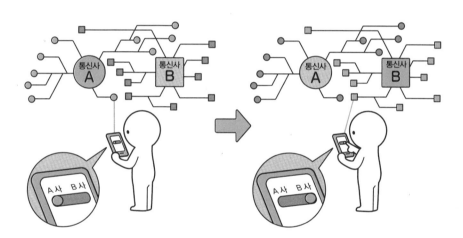

용어 관련 이야기

듀얼 SIM(Dual SIM)
SIM 카드 2개를 하나의 휴대전화에서 사용하는 기술을 말한다. 휴대전화 1대로 2개의 전화번호를 동시에 사용할 수 있을 뿐만 아니라 인터넷 접속으로도 전환해 사용할 수 있다.

GSM/GSMA*1
휴대전화 통신 사업자 등이 가맹된 업계 단체로, eSIM의 사양을 표준화하고 있다. 각국의 사업자가 가입돼 있어 해외 여행 등에서도 자신의 단말기를 사용할 수 있다.

eKYC(전자실명제)*2
온라인 등 비대면으로 본인 확인을 하는 것을 말한다. 지금까지는 면허증 같은 본인 확인 서류를 우편으로 보내야 했지만, 전자적인 방법으로 본인 확인을 할 수 있게 됐다.

용어 사용 예 💬 eSIM은 SIM 카드를 꺼내지 않아도 되니까 편리하네.

관련 용어 ⋯ (5G) ⋯⋯ P18

*1 Global System for Mobile communications (Association)   *2 electronic Know Your Customer

Global and Innovation Gateway for All
GIGA 스쿨 구상

학교에서 정보 통신 기술(ICT)을 활용한다

학생 1명당 1대의 단말기와 대용량의 고속 통신 네트워크를 정비한다는 하드웨어 측면뿐만 아니라 디지털 교과서 등의 소프트웨어 측면, 민간 기업 외부 인재에 의해 정보 통신 기술(ICT)을 지원하는 측면 등 전국의 학교 현장에서 ICT를 지속적으로 활용한다는 구상이다. 공정하면서도 개별적으로 최적화된 창의력 향상 교육에 주안점을 두고 있다.

📖 용어 관련 이야기

프로그래밍 교육
초등학교에서는 2020년도, 중학교에서는 2021년도부터 프로그래밍 교육을 전면 실시하고, 고등학교에서는 2022년부터 필수적으로 이수해야 한다.

디지털 교과서
종이 교과서의 내용을 디지털화할 뿐만 아니라 동영상이나 애니메이션을 사용한 디지털 교재와 함께 디지털 교과서를 사용할 수 있다. 이미 많은 교과서가 대응하고 있다.

CBT* 도입
컴퓨터 화면상으로 수업을 듣고 시험을 볼 수 있어 수강자가 언제, 어디서나 배울 수 있다. 그뿐만 아니라 관리자도 진도와 성적을 관리하기 쉬워 업무를 효율화할 수 있는 장점이 있다.

> 용어 사용 예 💬 GIGA 스쿨 구상이 앞당겨 진행되면 선생님들이 힘들어지겠는데?

관련 용어 ⋯ (STEM 교육과 STEAM 교육) ⋯⋯ P46

＊ Computer Based Training 또는 Computer Based Testing

Data Scientist
데이터 사이언티스트

가치 있는 데이터를 추출해 분석하는 빅데이터 전문가

빅데이터나 AI를 활용해 방대한 데이터 속에서 가치 있는 데이터를 추출해 분석하는 사람들로, 기업이 안고 있는 과제를 해결하기 위해 데이터를 분석해 새로운 제안을 하기도 한다. 미국 하버드 비즈니스 리뷰는 수학 및 통계학적 지식, 프로그래밍 기술, 비즈니스 경험 등을 갖춰야 하는 데이터 사이언티스트를 21세기에 새롭게 떠오르는 '가장 섹시한 직업'으로 꼽았다.

제1장

IT 업계의 동향을 알 수 있는 트렌드 용어

🎴 용어 관련 이야기

데이터 마이닝(Data Mining)
대량의 데이터를 분석해 지금까지 알려지지 않았던 새로운 정보를 찾아 내는 기술을 말한다. '데이터에서 유익한 정보를 채굴(Mining)한다'라는 뜻에서 유래했다.

빅데이터(Big Data)
일반 컴퓨터로는 다루기 어려울 정도로 많은 데이터를 말한다. 인공지능이나 통계 처리 등을 통해 고도의 분석을 함으로써 새로운 지식과 견문을 찾아 내기도 한다.

데이터 클렌징(Data Cleansing)
저장된 데이터 중에서 중복이나 오류, 부정합 등을 조사함으로써 부정확한 데이터를 제거·수정해 분석에 사용할 수 있도록 가공하는 것을 말한다.

용어 사용 예 😀 데이터 사이언티스트가 21세기 가장 섹시한 직업이라고?

관련 용어 ⟶ (Kaggle) ······P238

Recommendation
추천

고객 맞춤형 상품이나 서비스를 추천

고객이 흥미를 가질 만한 상품, 서비스, 정보 등을 고객에게 제시하는 것을 말한다. 신상품 안내나 단순한 인기 랭킹 표시도 포함되지만, 전자상거래(EC) 사이트에서는 고객의 기호를 과거의 구매 이력이나 행동 이력 등으로 분석해 그 고객에게 최적의 상품을 제시하는 것을 가리키기도 한다.

📖 **용어 관련 이야기**

추천 엔진
고객의 연령층, 성별 등의 속성과 과거 구매 이력과 같은 데이터를 분석한 알고리즘으로 고객의 기호에 맞는 상품이나 서비스를 제안하는 소프트웨어를 말한다.

개인화(Personalization)
전원에게 같은 서비스나 콘텐츠를 제공하는 것이 아니라 고객의 속성이나 구매 이력 등을 분석한 결과를 이용해 그 고객에게 최적의 정보를 제공하는 기법을 말한다.

연관성(association) 분석
데이터 간의 관련도를 구하는 방법으로, 대표적인 예로 마켓 바스켓 분석을 들 수 있다. 한 상품을 구매한 사람이 또 다른 상품을 구매했을 때 사용한다.

용어 사용 예 😀 **추천 상품이 뜨면 추적을 당하는 것 같아 불안하다.**

관련 용어 ··· （옴니채널）······P31

Dynamic Pricing
다이내믹 프라이싱 (가변적 가격 책정)

수요와 공급에 맞춰 가격을 책정하는 방식

수요와 공급에 따라 제품이나 서비스의 가격을 유동적으로 바꾸는 제도를 말한다. 호텔이나 항공편을 예약할 때 검색 시점이나 예약하려는 날짜에 따라 가격이 달라지는 것처럼 스포츠 관중석도 인기 있는 경기나 장소, 날씨 등에 따라 가격이 달라지는 등 실시간으로 조정되는 경우가 늘어나고 있다. 최근 들어 인공지능의 활용 등 기업의 수익을 극대화하기 위한 노력이 주목을 받고 있다.

제1장 · IT 업계의 동향을 알 수 있는 트렌드 용어

용어 관련 이야기

전자 가격 표시기(ESL*)
플라스틱 태그에 상품명, 가격, 바코드 등과 같은 구체적인 정보를 표시하는 기기를 말한다. 종이 가격표에서는 손으로 직접 갱신해야 하지만, ESL에서는 무선 통신으로 내용을 갱신할 수 있다.

고객의 관점
그때그때 생각한 것보다 싸게 구입할 수 있고, 상품의 종류를 선택할 수 있는 등 선택사항이 넓어지는 장점이 있는 반면, 필요할 때 가격이 올라갈 우려가 있다.

프라이스테크(PriceTech)
사람이 제품이나 서비스의 가격을 결정하는 것이 아니라 인공지능이나 빅데이터 등을 활용해 최적의 가격을 결정하는 것을 말한다. 보다 적절한 요금을 설정할 가능성이 있다.

용어 사용 예 💬 앞으로 다이내믹 프라이싱을 도입하는 업계가 늘 것 같아.

관련 용어 ···› (핀테크)·····P36 (BLE)·····P216

* Electronic Shelf Label

No-code와 Low-code
노코드(No-code)와 로우코드(Low-code)

최소한의 코딩으로 소프트웨어 개발

소스 코드를 쓰지 않거나 거의 쓰지 않고 소프트웨어를 개발하는 방법을 말한다. 프로그래밍 언어를 사용해 본 적이 없거나 시스템 개발 전문 지식이 없는 사람도 자신이 원하는 서비스를 빠르고 쉽게 구현해 볼 수 있다는 점에서 주목받고 있다. 개발한 시스템을 유연하게 변경할 수 있으므로 비즈니스 변화에 신속히 대응할 수 있다는 장점도 있다.

간단한 그림으로 실물을 만든다.

📖 용어 관련 이야기

섀도 IT 리스크
누구나 간편하게 사용할 수 있는 반면, 정보 시스템 부문이 파악되지 않은 툴이 도입될 경우에는 관리할 수 없게 된다. 전체적으로 최적화되지 않을 우려도 있다.

RAD*1
일부 작업을 자동화하거나 간단히 처리해 소프트웨어를 쉽게 개발할 수 있는 개발 도구를 말한다. 고속 애플리케이션 개발이라는 의미로도 쓰인다.

IDE*2
소프트웨어의 개발에 필요한 텍스트 에디터나 컴파일러, 디버거, 버전 관리와 같은 기능을 하나로 통합한 소프트웨어 또는 통합 개발 환경을 말한다.

용어 사용 예 💬 노코드나 로우코드라면 아마추어도 프로그램을 만들 수 있지 않을까?

---

* 1 Rapid Application Development * 2 Integrated Development Environment

USB On-The-Go
OTG

스마트폰과 USB 기기를 직접 접속할 수 있는 규격

USB 기기끼리 접속할 수 있는 규격을 말한다. 그동안 USB 기기를 쓰려면 컴퓨터가 필요했지만, 컴퓨터 없이 접속할 수 있게 돼 스마트폰과 키보드, 스마트폰과 외장 하드디스크, 디지털카메라와 프린터와 같은 접속으로 데이터를 주고받을 수 있게 됐다. 'USB 호스트 기능'이라고도 한다.

제 1 장   IT 업계의 동향을 알 수 있는 트렌드 용어

용어 관련 이야기

듀얼 롤(Dual Roll)
호스트 측과 디바이스 측 모두의 역할을 하는 디바이스를 말한다. 스마트폰의 경우 컴퓨터에 연결하면 디바이스 쪽, USB 메모리에 연결하면 호스트 쪽이 된다.

USB-PD
'USB Power Delivery'의 약어로, USB 케이블로 전력을 공급할 수 있는 규격을 말한다. 충전에는 단말, 충전기, 케이블이 대응하고 있어야 한다.

USB 호스트 케이블
외부 기기를 스마트폰에 연결하기 위해서는 스마트폰을 충전하는 케이블이 아니라 OTG에 대응하는 특수 사양의 케이블이 필요하다.

용어 사용 예 💬 OTG라면 스마트폰으로 찍은 사진을 프린터로 간단하게 인쇄할 수 있다!

관련 용어 ⋯ ▸ (디바이스 드라이버)⋯⋯P84

Science, Technology, Engineering (, Art) and Mathematics
STEM 교육과 STEAM 교육

이수 교육에 창의성 교육을 더한 교육 개념

STEM 교육이란 과학(Science), 기술(Technology), 공학(Engineering), 수학(Mathematics)의 영어 머리글자를 딴 교육방침으로, 예술(Arts)을 추가해 STEAM이라고 쓴다. 과학이나 IT에 흥미를 갖게 할 뿐만 아니라 자발성, 창의성, 판단력, 문제 해결력을 키워주기 위해 프로그래밍 교실, 만들기 체험 이벤트, 과학 실험 교실 등 다양한 활동 기회를 제공한다.

$$x = \frac{-b \pm \sqrt{b^2 - 4ac}}{2a}$$

볼의 궤도는….

흠음…

그렇구나.

용어 관련 이야기

스크래치(Scratch)
초등학생도 쉽게 배울 수 있는 무료 프로그래밍 언어로, 블록을 조합해 프로그래밍하기 때문에 마우스나 터치 조작만으로도 프로그램을 작성할 수 있다.

마인크래프트(Minecraft)
블록을 조합한 가상 공간에서 즐기는 게임으로, 논리적 사고력과 만들기(Craft)에 대한 사고를 배울 수 있다. 루아(Lua)나 파이썬(Python)같은 실용적인 프로그래밍 언어도 사용할 수 있다.

액티브 러닝(Activate Learning)
학생이 능동적으로 배울 수 있는 학습 기법을 말한다. 교사가 일방적으로 강의하는 것이 아니며, '무엇을 배우냐보다 어떻게 배울 것인가'에 중점을 둔다.

용어 사용 예 ● 문제해결 능력을 키우는 STEM 교육은 4차 산업혁명 시대의 필수 교육이 아닐까?

관련 용어 ⋯→ (GIGA 스쿨 구상) ⋯⋯P40

Dog fooding
도그푸딩

자사의 서비스나 제품을 사내에서 먼저 테스트하는 것

자사의 신제품이나 서비스를 내부에서 가장 먼저 사용해 테스트하는 것을 말한다. 이용자의 눈높이로 사용해 보고 알아 낸 문제점을 수정해 보다 좋은 제품을 만들 뿐만 아니라 자사 제품에 대한 애착을 갖게 되는 이점도 있다. 반면, 자사의 제품을 잘 아는 사람의 의견이 늘어나면 초심자나 일반 이용자의 관점이 손실되기 쉽다는 가능성도 있다.

유지보수를 자동으로
시작합니다.

 용어 관련 이야기

알파 버전(Alpha Version)
소프트웨어 개발 초기에 제공하는 테스트 버전을 말한다. 개발자들이 내부 테스트와 오류 수정을 수행하기 위하여 사용하는 경우가 많다.

베타 버전(Beta Version)
소프트웨어 제품을 출시하기 전에 일부 이용자에게 무료로 배포해 제품의 테스트와 오류 수정에 사용하는 제품을 말한다. 일부 웹 서비스에서는 발매 후에 계속 사용하기도 한다.

애드혹(Ad-Hoc) 테스팅
소프트웨어 등을 테스트할 때 검증하는 내용이나 절차 등을 사전에 정하지 않고 즉흥적으로 정하는 것을 말한다. 믿고 지나치는 것을 방지하는 의미가 있다.

용어 사용 예 😑 **도그푸딩 단계에서 오류를 알게 돼 다행이네.**

관련 용어 → (PoC) ······P64 (디플로이) ······P108

관련 용어를 찾아보자

사전을 이용해 공부하는 방법이 있다. 찾은 단어 앞뒤에 있는 말을 함께 외우는 것이다. 이 방법은 초등학교에서 곧잘 이용한다. 국어 사전이나 영어 사전의 경우, 단어가 가나다 순이나 알파벳 순으로 나열돼 있으므로 소리가 가까운 말을 외울 수 있다.

전혀 다른 장르의 말이 등장하기도 하지만, 어휘력을 늘린다는 의미에서는 효과적인 방법일 수 있다. 단어 앞뒤에 있는 말을 읽어 보는 것뿐이므로 시간도 오래 걸리지 않고 쉽게 찾을 수 있다.

그런데 이 방법으로는 원래 용어에서 관련 용어로 확장하기는 어렵다. 물론 사전에는 관련된 말이 나열돼 있으므로 순서대로 찾아보면 관련된 말을 알아 낼 수는 있다. 하지만 머리글자가 다른 경우, 그 말을 사전에서 찾으려면 처음부터 다시 시작해야 하므로 시간이 걸린다.

IT 어휘를 늘리기 위한 아이디어

이런 경우에는 백과사전 위키피디아(Wikipedia)와 같은 링크로 연결되는 웹사이트나 앱이 편리하다. 링크를 클릭하기만 하면 눈 깜짝할 사이에 관련된 키워드로 점프할 수 있다. 전자 사전에도 검색하는 데 편리한 기능이 갖춰 있는 것이 많다.

수집한 정보를 정리할 때는 백링크(역방향 링크)를 만들 수 있는 메모 서비스나 앱을 사용할 수 있다. 대표적인 예로는 스크랩박스(Scrapbox), 롬 리서치(Roam Research), 옵시디언(Obsidian) 등 많은 서비스와 앱이 등장하고 있다.

필자는 궁금한 말을 메모할 때 장르나 관련 용어로 링크를 만든다. 예를 들어 'SQL 인젝션'이라면 '취약점'이라는 말에 링크하고, '크로스 사이트 스크립팅(XSS)'이라는 말을 '취약점'에 링크한다. 그러면 '취약점' 메모에서 각 용어로 이동할 수 있다. 여러분도 메모할 때 활용해 보기 바란다.

제2장

엔지니어 1년차라면
알아 둬야 할 기본 용어

Keyword 035~076

General Data Protection Regulation
GDPR

EU의 개인정보 보호 규정

유럽 연합(EU)에서 유럽 시민의 개인정보를 보호하기 위해 만든 통합 규정을 말한다. 유럽 연합 시민의 데이터를 활용하는 경우, GDPR을 준수해야 한다. 위반 시에는 과징금 등 행정 처분이 부과되는데, 이는 EU 국가 내 사업장을 운영하는 기업뿐 아니라 전자상거래 등을 통해 해외에서 EU 시민의 개인정보를 처리하는 기업에도 적용된다.

정중하게 다루겠다.

용어 관련 이야기

데이터 이식성(Portability)
어떤 서비스가 수집·축적한 특정 사용자의 아이디(ID), 사진, 비디오 등 다양한 형태의 개인 데이터를 이용자가 다른 서비스에서도 공유, 이동해 재이용할 수 있다는 것을 말한다.

프로파일링
범죄자 프로파일링과 마찬가지로 개인에 대한 기존 정보를 사용해 그 인물의 알려지지 않은 정보를 추정하거나 그 행동 등을 예측하는 것을 말한다.

위반 시 과징금
가벼운 경우라도 기업의 전 세계 매출액(연간)의 2% 또는 1,000만 유로(약 130억 원) 중 높은 쪽, 명확한 권리 침해의 경우에는 그 2배를 내야 한다.

용어 사용 예 💬 한국에서 제공하는 서비스라도 GDPR을 생각해 운용하자.

관련 용어 → CCPA ······P51 정보은행 ······P59

California Consumer Privacy Act
CCPA

캘리포니아 주의 개인정보 보호 장치

캘리포니아 주 주민을 대상으로 한 개인 데이터 보호에 관한 법률을 말한다. 캘리포니아 주 소비자 프라이버시법은 쿠키(Cookie), IP 주소와 같이 개인의 특정으로 연결되는 데이터도 개인 데이터로서 취급하는 등 그 정의의 범위가 넓고, 수집한 데이터를 제삼자에게 공개하거나 판매하는 것을 거부할 수 있다는 특징이 있다.

제2장

엔지니어 1년차라면 알아 둬야 할 기본 용어

📖 용어 관련 이야기

세대 정보가 대상
일본의 「개인정보보호법」이나 GDPR에서는 개인을 식별할 수 있는 정보를 대상으로 하는데 반해, CCPA에서는 개인뿐 아니라 세대를 식별할 수 있는 정보도 대상으로 한다.

CPRA*[1]
캘리포니아 주의 프라이버시 보호 강화를 위한 개정법으로, 'CCPA 2.0'이라고도 한다. 2020년 12월 16일 공식적으로 승인된 새 법은 2023년 1월 1일부터 시행될 예정이다.

ISO/IEC 27701 : 2019
EU의 GDPR과 캘리포니아의 CCPA, 인도의 PDPB*[2] 등 세계 각국에서 시행되고 있는 개인정보 보호 법규에 대한 포괄적인 운용 체제나 구조에 대응한 인증 규격을 말한다.

용어 사용 예 💬 CCPA와 같은 개인정보 보호 장치를 다른 주에서도 만들지 몰라.

관련 용어 ⋯→ (GDPR) ⋯⋯P50 (정보은행) ⋯⋯P59

＊1 California Privacy Rights Act ＊2 Personal Data Protection Bill

Chief Technical Officer, Chief Information Officer, Chief Information Security Officer
CxO (CTO, CIO, CISO,…)

다양한 업무 책임자의 총칭과 호칭

조직 전체에 대한 책임자를 통틀어 CxO라고 하는데, 이는 각 전문 분야에 따라 이름이 나뉜다. 기술 면의 CTO, 정보 시스템 전체의 CIO, 정보 보안의 CISO, 경영 면의 CEO 등이 있다. 업무별로 책임 소재를 가려 조직의 방향을 결정할 뿐아니라 비즈니스적인 측면에서 조직을 감독하는 역할을 하기도 한다.

📖 용어 관련 이야기

CTO
최고 기술 경영자(Chief Technical Officer)를 말한다. 기업에서 기술적인 측면, 특히 시스템 개발이나 연구 개발 등에 관한 책임을 진다.

CIO
최고 정보 관리 책임자(Chief Information Officer). 조직의 경영과 전략적 관점에서 정보 기술과 정보 시스템을 총괄하는 업무를 담당한다.

CISO
최고 정보 보호 책임자(Chief Information Security Officer)를 말한다. 기업에서 정보 보안에 관한 책임을 지는 최고 책임자로, CIO가 겸임하는 경우도 많다.

용어 사용 예 💬 대기업이라면 CxO 직책을 가진 사람이 많겠네.

관련 용어 ⟶ (VPoD) ┄┄ P53 (테크 리드) ┄┄ P54 (EMM) ┄┄ P55

Vice President of Engineering
VPoE

엔지니어를 이끄는 관리 책임자

규모가 큰 시스템 개발 프로젝트에는 다양한 구성원이 참여하는데, 그중에서 기술 담당 엔지니어를 이끄는 매니저의 역할을 한다. CTO(기술 최고 책임자)가 경영자의 입장에서 기술 면을 담당하는 데 반해, VPoE(엔지니어링 담당 부사장)는 채용, 교육, 평가라고 하는 인사 면의 방침을 결정하고, 조직 속에서 엔지니어가 일하기 좋은 환경을 만드는 일에 주력한다.

📖 용어 관련 이야기

팀 빌딩(Team Building)
소프트웨어 개발 등 팀을 이루어 진행하는 업무나 활동을 위해 실시하는 일종의 조직 개발 기법을 말한다. 각 구성원은 자신의 능력을 발휘해 조직의 효율을 높여야 한다.

터크만 모델(Tuckman Model)
팀을 구성하고 그 팀이 제기능을 할 때까지를 단계로 나눠 보는 모델을 말한다. '형성기', '혼란기', '통일기', '기능기', '해지기'의 5단계가 있다.

VPoT*1와 VPoP*2
VPoE와 비슷한 직종으로는 기술 면을 지원하는 VPoT(기술 담당 부사장), 프로덕트의 방향성을 결정하는 VPoP(제품 담당 부사장)가 있다. 둘 다 CTO를 지원하는 역할을 한다.

💬 **용어 사용 예** 🗨 최근 IT 기업에서는 VPoE를 자칭하는 사람이 늘고 있는 것 같아.

관련 용어 ⋯➤ (CxO) ⋯⋯P52 (테크 리드) ⋯⋯P54 (EM) ⋯⋯P55

＊1 Vice President of Technical ＊2 Vice President of Product

Tech Lead
테크 리드

개발팀을 이끄는 개발자

소프트웨어의 개발 프로젝트나 프로덕트의 개발에 관한 기술 면의 팀 리더를 말한다. 매니저의 입장보다 1명의 멤버로서 팀의 선두에 서는 역할을 한다. 기술 면에서 소스 코드 리뷰 등 품질을 확보하고, 조직 면에서 다른 팀과의 조율을 맡는 경우도 많다.

출발!

용어 관련 이야기

프로젝트
일정한 기간 안에 일정한 목적을 달성하기 위해 수행하는 활동을 말한다. 스케줄 관리, 인원 배치, 품질 관리, 리스크 관리 등을 수행하는 방식으로 진행한다.

프로덕트
제품을 말하는 것으로, IT 분야에서는 소프트웨어 등이 이에 해당한다. 제품이 시장에 존재하는 한, 운용 및 유지보수를 하고, 제품의 가치를 극대화해야 한다.

프로덕트 오너(Product Owner)
제품과 관련된 모든 활동을 담당하고, 관리하며 책임을 지는 사람으로, '프로덕트 매니저'라고 부르기도 한다. 스크럼 개발 프로세스에서는 팀 전체의 상황을 파악해야 한다.

> 용어 사용 예 💬 팀의 방향성은 테크 리드의 지식이나 경험으로 결정되는 거야.

관련 용어 → CxO ······P52 VPoE ······P53 EM ······P55

Engieering Manager
EM

엔지니어의 기술력과 근무 방식을 최대화한다

프로젝트나 프로덕트의 범위에 국한하지 않고, 팀으로서 엔지니어의 기술력을 높여 일하기 좋은 환경을 만드는 매니저의 역할을 말한다. 자사에서 사용하는 기술에 대한 지식이 있어야 할 뿐만 아니라 인원 채용, 인사 제도, 평가, 팀 간의 조정 등 팀으로서 생산성을 최대화할 수 있는 구조를 만들어야 하는 책임이 있다.

이제 얼마 안 남았어.

힘내!

파이팅

📖 용어 관련 이야기

온보딩(On–Boarding)
새로 들어온 구성원이 조직에 순조롭게 적응하고 정착할 수 있도록 지원하는 것을 말한다. 신규 입사자뿐만 아니라 중도 입사자 교육도 담당하는 경우가 많다.

인게이지먼트 향상
사원이 업무에 몰두하는 심리 상태를 '인게이지먼트(Engagement)'라고 한다. 자신에 대한 기대와 성장의 기회가 주어졌다는 것을 인식하면 인게이지먼트 향상에 긍정적인 영향을 미친다.

PM*과 EM의 다른 점
프로젝트 매니저는 프로젝트 전체를 총괄하는 역할을 한다. PM 예산이나 스케줄 관리 등을 하는 데 반해, EM은 프로젝트와 관계 없이 조직의 기술자를 지원한다.

용어 사용 예 💬 **EM의 업무 내용은 회사에 따라 크게 다를 지도 몰라.**

관련 용어 ⋯ CXO ⋯⋯P52 VPoE ⋯⋯P53 테크 리드 ⋯⋯P54 1 on 1 ⋯⋯P57

* Project Manager

Full Stack
풀스택

혼자서 다양한 영역의 기술을 망라

풀스택은 여러 기술 분야의 기술과 지식에 정통한 것을 말한다. 일반적으로 웹 앱을 개발하는 경우, 서버 구축부터 네트워크나 데이터베이스 등의 인프라 정비, 서버 사이드나 프론트엔드의 프로그래밍 언어에 이르기까지 폭넓게 이해하는 기술자를 '풀스택 엔지니어'라고 한다. 개발과 관련된 많은 부분을 혼자 해결할 수 있으므로 벤처 기업 등에서 환영하는 경우가 많다.

용어 관련 이야기

ITSS*¹와 UISS*²
'IT 기술 표준'과 '사용자 정보 시스템 기술'의 약어로, IT 개발자에게 요구되는 기술 수준이 정보 처리 기술자 시험과 대응된다.

스킬 맵(Skill Map)
업무를 수행하는 데 필요한 기술을 가시화한 일람표를 가리킨다. ITSS나 UISS를 참고해 작성하는 경우가 많아 업무 수행에 필요한 기술을 정리하는 데 사용한다.

그로스 해커(Growth Hacker)
비즈니스 성장(Growth)으로 연결되는 기법을 스스로 짜내 실행할 수 있는 사람을 말한다. IT에 관한 조예가 깊어야 하고, 개발에도 적극적으로 관여해야 한다.

용어 사용 예 ➡ 풀스택 엔지니어가 되려면 폭넓은 기술을 공부해야 해.

관련 용어 ⋯▸ (스크래치 개발) ⋯⋯ P176

▶ 원온원

one on one
1 on 1

부하의 성장을 지원하는 정기적인 모임

상사와 부하가 일대일로 진행하는 미팅을 말한다. 짧은 사이클로 정상적으로 실시하는 것이 특징이다. 일반적으로는 일주일에 한 번에서 한 달에 한 번 정도 실시하는데, 현재 어려운 일을 상담하거나 앞으로 도전하고 싶은 일을 부담 없이 상담할 수 있는 장을 만듦으로써 부하의 성장을 촉진하는 기회로 활용한다. 주로 '코칭', '티칭', '피드백'을 하게 된다.

제2장

엔지니어 1년차라면 알아 둬야 할 기본 용어

10년 후의 나….

사장상

용어 관련 이야기

코칭(Coaching)
상대방이 스스로 생각해 답을 도출해 내도록 지도하는 방법을 말한다. 의견을 차분히 듣는 경청, 적절한 질문을 통해 깊이 들여다보기, 성과 칭찬하기 등과 같은 방법을 사용한다.

티칭(Teaching)
경험이나 지식이 적은 상대에게 학교 수업과 같이 기술 등을 설명해 주는 것을 말한다. 그 배경이나 이유 등도 포함해 논리적으로 설명할 필요가 있다.

피드백(Feedback)
그동안의 활동을 정리하고 문제점이 있을 경우 조언이나 지적, 공헌에 대한 감사 등을 전하는 것을 말한다. '되돌아보기'라고 부르기도 한다.

> 용어 사용 예 💬 IT 기업 말고도 1 on 1에 대한 생각이 확산되는 것 같다.

관련 용어 ⋯ (OKR) ⋯⋯ P58

Objectives and Key Results
OKR

회사의 목표와 개인의 목표를 연계시키는 프레임워크

일에 대한 목표를 설정할 때 조직 전체의 목표와 조직에서 일하는 개인의 목표를 연계시키는 기법을 말한다. OKR의 목적은 조직의 생산성 향상인데, 목표가 공개돼야 목표에 대한 의식을 통일할 수 있다. 1개월, 4분기 등의 기한을 나눠야 현실성을 높일 수 있고, 각 개인이 책임을 지고 목표를 달성하려고 노력한다.

📖 용어 관련 이야기

MBO*1
많은 기업이 도입하고 있는 목표 관리 방법으로, 본인과 상사 간에 개인의 목표를 설정하고, 6개월, 1년 간의 달성도를 평가해 급여 등의 보수에 반영한다.

SMART*2
목표를 설정하는 데 사용하는 5가지 요소의 머리글자를 딴 것을 말한다. 구체적이고, 측정 가능하고, 달성할 수 있고, 관심사와 관련이 있고, 시간이 정해져 있는 목표를 말한다.

로드맵(Road Map)
회사나 프로젝트의 방향성이 담긴 구상도, 청사진을 의미한다. 10년 단위 등의 장기 계획을 세우기도 한다. 조직의 대략적인 목표라고 할 수 있다.

💬 **용어 사용 예** 😀 OKR의 달성률이 100%라는 건 목표를 너무 낮게 잡은 거야.

관련 용어 ⋯⟶ (1 on 1) ⋯⋯P57 (KPI와 KGI) ⋯⋯P77

＊1 Management by Objectives ＊2 Specific, Measurable, Achievable, Related, Time-bound

Information Bank
정보 은행

행동 이력과 구매 이력을 일원화해 관리

개인의 행동 이력, 구매 이력과 같은 정보를 수집·정리·축적해 뒀다가 필요에 따라 검색하거나 이용할 수 있는 형태로 보관된 데이터 파일을 말한다. 은행에 돈을 맡기면 이자 등의 이점이 있듯이 제공하는 정보가 본인이나 사회에 유익하게 환원되는 특징이 있다. 데이터는 본인이 동의한 범위 내에서 제공한다.

AM 6:00	기상
AM 6:20	아침식사
AM 7:30	산책
AM 8:30	출근
AM 9:00	근무
⋮	⋮

용어 관련 이야기

익명 가공 정보
특정인을 식별할 수 없도록 개인정보를 가공해 복원할 수 없게 만든 정보를 말한다. 법령에서 정한 가공을 하지 않은 경우에는 익명 가공 정보가 아니라 개인 데이터이다.

옵트인(Opt-In)
전화 이메일 또는 유료 서비스를 제공할 때 수신자의 사전 동의를 얻어야 하는 방식을 말한다. 정보 은행에서는 옵트인 방식이 전제돼야 한다.

옵트아웃(Opt-Out)
수신자가 발송자에게 수신 거부 의사를 밝히면 더 이상 광고 메일을 발송할 수 없는 메일 규제 방식을 말한다. 특정 이메일을 받지 않는다는 것을 선택할 수 있는 권리와 제도를 말한다.

용어 사용 예 🗨 정보 은행의 등장으로 개인정보를 활용하는 기업이 늘어날 것 같다.

관련 용어 ⇢ (GDPR) ······ P50 (CCPA) ······ P51

Society 5.0
소사이어티 5.0[※]

IoT로 새로운 가치를 창출해 과제와 어려움을 극복한다

수렵 사회, 농경 사회, 공업 사회, 정보 사회에 이은 새로운 사회를 말한다. IoT, 로봇 기술 등으로 사람과 물건이 연결돼 새로운 가치가 창출될 것으로 기대된다. Society의 목적은 물리 공간의 센서 등에서 얻은 정보를 가상 공간에서 AI가 분석하는 등 지금까지 할 수 없었던 것을 연계해 경제를 발전시키고, 사회적 과제를 해결하는 것이다.

용어 관련 이야기

카오스 맵
특정 업계의 플레이어(기업, 프로덕트)나 카테고리, 관계성을 나타낸 업계 지도를 말한다. 디지털 광고나 디지털 마케팅 관련 업계에서 만드는 경우가 많다.

CGM[＊]
인터넷상의 게시판이나 SNS, 입소문 등을 통해 일반 이용자가 정보를 교류해 콘텐츠가 만들어지는 미디어를 말한다.

라이브 커머스(Live Commerce)
실시간을 뜻하는 '라이브(Live)'와 상업을 의미하는 '커머스(Commerce)'가 합쳐진 말로, 실시간 온라인 방송을 이용해 상품을 판매하는 방식을 말한다.

용어 사용 예 😀 소사이어티 5.0에서는 어떤 과제를 해결할 수 있을까?

관련 용어 → (SDGs)······P37 (디지털 트윈)······P38 (인더스트리 4.0)······P63

＊ Consumer Generated Media ※ 일본 정부가 2016년에 제시한 제4차 산업혁명에 입각해 지향해야 할 미래 사회상

Connected City
커넥티드 시티

최첨단 기술로 만드는 미래 도시

자율주행이나 드론, 캐시리스(비현금결제) 결제, 원격 의료, 온라인 교육 등 물류, 금융, 의료, 교육 분야의 첨단 기술을 활용해 살기 좋은 도시를 만드는 것을 말한다. AI와 IoT, 빅데이터를 활용해 도시 과제를 해결하기 위한 실증 실험이 시작됐다. 2020년에는 (일본에서) 슈퍼시티법이 제정돼 커넥티드 시티를 '슈퍼 시티' 또는 '스마트 시티'라고도 한다.

제2장　엔엔지니어 1년차라면 알아 둬야 할 기본 용어

📖 용어 관련 이야기

스마트 그리드(Smart Grid)
IT 전력 공급자와 소비자가 정보를 실시간으로 교환해 효율성을 높인 차세대 지능형 전력망을 말한다. 정보 기술(IT)을 접목해 에너지의 수요를 정확하게 측정한다.

스마트 미터(Smart Meter)
전력, 가스, 수도의 사용량을 측정하는 기능을 갖출 뿐만 아니라 통신 기능을 통해 전력 회사에 검침 결과와 실시간 사용량을 송신할 수 있는 원격 전력 검침·관리 장치를 말한다.

스마트홈(Smart Home)
AI나 IoT 기술로 모든 것을 자동화 처리하는 집을 말한다. 스마트폰으로 현관문을 잠글 수 있고, 센서나 스마트 스피커로 조명이나 에어컨 등을 조절할 수 있다.

용어 사용 예 💬 우리나라에도 커넥티드 시티에 사는 사람이 늘어날 것 같아.

관련 용어 ⋯⋯ (LPWA) ⋯⋯P21 (LTE—M) ⋯⋯P22

61

Gig Economy
긱 이코노미

인터넷을 통해 일시적인 업무를 받는 새로운 근무 방식

빠른 시대 변화에 대응하기 위해 비정규 프리랜서 근로 형태가 확산되는 경제 현상을 말한다. 필요에 따라 임시로 계약을 맺은 후에 일을 한다. 기업은 복리 후생 등의 비용을 줄이는 동시에 즉시 실무에 투입 가능한 인재를 확보할 수 있고, 개인은 자신이 원하는 시간에 원하는 일을 골라 일할 수 있다는 장점이 있다. 이런 방식으로 일하는 사람을 '긱 워커(Gig Worker)'라고 부른다.

용어 관련 이야기

크라우드 소싱(Crowd Sourcing)
인터넷 등에서 개인이나 기업을 매칭시켜 일감 발주나 수주를 하는 구조를 말한다. 특정 업자가 아니라 불특정 다수에게 업무를 발주할 수 있다는 이점이 있다.

공유 경제(Sharing Economy)
인터넷 등을 통해 개인을 매칭해 물건이나 장소, 기술, 돈, 시간 등을 필요한 때에 필요한 만큼 개인 간에 공유하는 사회나 서비스를 말한다.

아웃소싱(Outsourcing)
특정 기업이나 개인에게 업무를 위탁하는 것을 말한다. 조직 내부에서는 본래 업무에 집중하고, 그 밖의 업무는 외부 전문가에게 의뢰하면 업무 효율이나 품질을 높일 수 있다.

용어 사용 예 ➡ 긱 이코노미(Gig Economy)에서는 프리랜서도 다양한 일에 도전할 수 있다.

관련 용어 ⋯ (SDGs) ⋯⋯ P37

Industry 4.0
인더스트리 4.0

제조업 분야의 새로운 산업 혁명

증기 기관과 방직기의 발명으로 인한 석탄에 의한 경공업의 기계화 등의 제1차 산업혁명, 철강, 화학, 자동차, 전기 등의 기술 혁신을 가져온 석유에 의한 중공업의 기계화 등의 제2차 산업혁명, 컴퓨터에 의한 기계의 자동화가 일어난 제3차 산업혁명에 이은 '제4차 산업혁명'을 가리킨다. AI나 IoT에 따른 고도의 자동화로, 스마트 팩토리라고도 하며, 보다 효율적으로 제조할 수 있다.

📖 용어 관련 이야기

라인 생산
단일 제품을 대량으로 제조하기 위한 방법을 말한다. 대량 생산 공장에서 제품의 조립 공정, 작업원의 배치를 일련화(라인화)해 기계에 부품 설치나 소가공을 하는 작업이다.

셀 생산
한 가지 제품을 소규모로 조립하는 방식으로, 사양 변경에도 유연하게 대응할 수 있어 소량 다품종 생산이 가능하다. 기존 생산 방식에 비해 작업자 한 명이 맡는 범위가 넓다.

다이내믹 셀 생산
실시간으로 변화하는 정보를 로봇이 인터넷을 통해 취득하고, 그 정보에 따라 생산하는 방식을 말한다. 라인 생산 방식과 셀 생산 방식의 좋은 점을 채택한 것이다.

용어 사용 예 💬 인더스트리 4.0으로 공장 현장이 크게 바뀔 것 같다.

관련 용어 ··· (소사이어티 5.0) ······P60

Proof of Concept
PoC

새로운 아이디어나 개념의 실현 가능성을 검증하는 것

'개념 증명'으로 번역되며 신기술이나 아이디어를 개발로 옮기기 전에 실현 가능성이나 효과를 검증하는 공정. 이론이나 계산만으로 판단하는 것이 아니라 제품이나 시스템을 실제로 만들어 보고, 그 실현 가능성이나 수요 등을 확인하기 위해 실시한다. 도입 효과의 유무를 적은 비용으로 판단할 수 있으며, 성과 예측이나 리스크 관리로 새로운 비즈니스에 도전할 수 있다.

📖 용어 관련 이야기

파일럿 프로젝트
일부 부서 또는 일부 이용자를 대상으로 시험적으로 실시하는 프로젝트를 말한다. 전면 전개가 가능한지의 여부를 결정하기 위해 실시한다.

PoT*1
'기술 증명'으로 번역되며 제안된 솔루션 또는 기술이 기존 환경에 미치는 영향을 사전에 검토, 평가하는 것을 말한다. 비즈니스적인 관점이라기보다는 기술적인 관점이며, 실현 여부를 조사하는 것을 말한다.

R&D*2
'연구 개발'을 의미하는 말로, 새로운 기술을 연구하거나 개발하는 부문을 가리키는 일이 많다. 특허를 받아 타사와 차별화하기 위해 조직한다.

용어 사용 예 😀 이번 안건은 실현 가능성을 확인하기 위해 PoC를 해 보자!

관련 용어 … 도그푸딩 ……P47

Product Lifecycle Manegement
PLM

제품의 기획에서 폐기까지를 관리하는 기법

제품 기획에서부터 설계, 개발, 운용, 보수에 이르는 전체 과정뿐만 아니라 폐기까지 일관적으로 관리해 제품의 부가가치를 높이는 것을 말한다. 제품은 시장에 투입되기까지 비용이 들지만, 그 후 이용자가 증가하면 이익으로 회수할 수 있다. 판매나 제공을 종료할 때까지 이익을 최대화하기 위해서는 필요한 데이터를 일관적으로 관리할 필요가 있다.

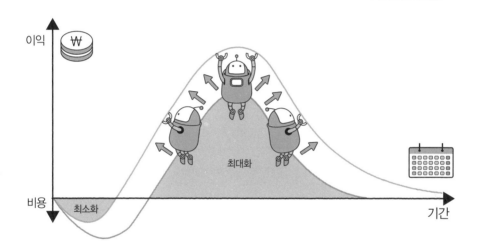

용어 관련 이야기

IoT와의 조합
이용자 사용 현황 등과 같은 데이터를 사물인터넷(IoT)을 통해 수집하고 비용 대비 효과를 분석해 필요성의 판단이나 검증, 향후의 유효 활용을 생각해야 한다.

프로덕트 아웃(Product Out)
기업 측이 '만들고 싶은 것을 만들고', '팔고 싶은 것을 판다'라는 생각으로, 고객의 요구보다 기업 측의 계획을 우선해 제품을 제조, 판매하는 것을 말한다.

마켓 인(Market In)
고객의 요구에 초점을 맞춰 '팔리는 것을 만든다'는 생각으로 기업의 계획보다 고객의 관점에서 제품을 개발, 판매하는 것을 말한다.

용어 사용 예　📌 새로운 제품을 도입할 때는 PLM(제품 수명주기 관리)을 의식해야 한다.

관련 용어 ···　디지털 트윈 ······P38

Business Process Management, Business Process Management Suite/System
BPM과 BPMS

기업의 업무 개선을 가시화

BPM(비즈니스 프로세스 관리)은 업무 진행 순서, 역할 분담, 규칙 등을 관계자들과 공유해 전체 업무 프로세스를 효율적으로 관리하고, 변화에 대응(지속적인 업무 개선)하는 방법론을 말한다. BPMS(비즈니스 프로세스 관리 시스템)는 IT 툴을 사용해 실시간으로 가시화하고, 툴을 순차적으로 도입해 업무를 전략적으로 개선·개혁하는 활동을 가리킨다.

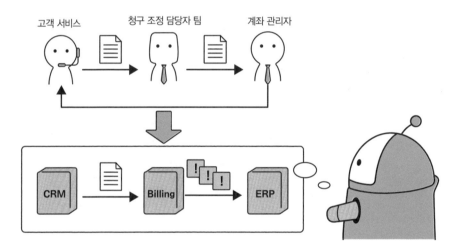

용어 관련 이야기

업무 개혁의 BPR*¹
기업 활동이나 전반적인 업무 흐름을 분석하고 조직의 구조 등을 재검토해 비효율적인 부분이 없도록 재설계하는 것을 말한다. '업무 프로세스 재설계'라고 할 수 있다.

BPMN*²
업무 프로세스를 시각적으로 모델링하기 위한 표준 표기법을 말한다. 누가 봐도 같은 의미가 되도록 그림으로 표현하는 방법으로, 사각형이나 동그라미와 같은 기호로 간단하게 작성한다.

EAI*³
'기업 애플리케이션 통합'이라는 의미이다. 기업 내에 상호 이질적 정보 시스템들의 데이터를 연계함으로써 상호 연동이 가능하도록 통합하는 것을 말한다.

> 용어 사용 **예** ⊜ BPMS의 개념은 PDCA 사이클을 이용해 개선하는 것과 비슷하네.

관련 용어 ···→ (BRMS) ····P67 (ERP) ····P68 (CRM) ····P70

*1 Business Process Re-engineering   *2 Business Process Model and Notation
*3 Enterprise Application Integration

Business Rule Management System
BRMS

실무 규칙을 관리해 시스템 개발을 효율화하는 비즈니스 규칙 관리 시스템

조직의 비즈니스 룰을 업무 애플리케이션에 짜 넣는 것이 아니라 '룰 엔진'이라는 장소에 등록해 두고 관리하는 기법이다. 애플리케이션을 수정할 필요 없이 룰을 고쳐 쓰기만 하면 되므로 비용이 들지 않고, 비즈니스의 룰이 바뀌었을 때 유연하고 쉽게 보수할 수 있다는 특징이 있다.

제2장 엔지니어 1년 차라면 알아 둬야 할 기본 용어

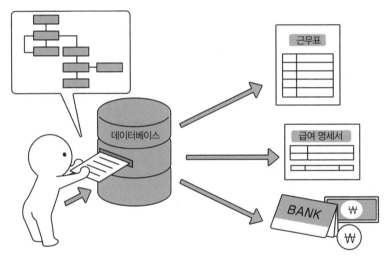

용어 관련 이야기

KM(지식 관리, Knowledge Management)
사원의 지식을 조직 내부에 축적해 뒀다가 조직에 활용하려는 시도를 말한다. 문서로 남기기 위해 전용 시스템을 도입하기도 한다.

DMN(의사결정 모델 표기법)[1]
BPMN 중 의사결정에 관한 부분을 표현하기 위한 표기법을 말한다. 의사결정에 필요한 정보, 지식, 근거 등을 그림으로 그려 공통된 인식을 갖기 위해 사용한다.

BABOK[2]
비즈니스 분석 업무를 원활하게 진행하기 위한 업무와 기술의 지식 체계를 정의하는 문서를 말한다. '비즈니스 분석 지식 영역'이라고 번역할 수 있다.

용어 사용 예   😑 비즈니스 룰이 바뀌어도 BRMS라면 변경하기 쉽겠네.

관련 용어 ⋯ (BPM과 BPMS) ⋯⋯P66

[1] Decision Model and Notation   [2] Business Analysis Body Of Knowledge

Enterprise Resource Planning
ERP

기업의 경쟁력을 강화하는 통합 정보 시스템

경영 활동에 쓰이는 기업 내의 '사람', '물건', '돈', '정보'와 같은 인적·물적 자원을 효율적으로 관리하기 위해 조직이 가진 정보를 일원 관리함으로써 경영 전략이나 전술을 결정하기 위한 개념을 말한다. '기업 자원 계획'이라고 부르기도 한다. 각 업무마다 개별 시스템이 있는 것이 아니라 통합해 관리하는 것이 특징이다.

용어 관련 이야기

BI(비즈니스 인텔리전스)*툴
데이터 분석을 잘 못하는 사람이라도 사내에 있는 데이터를 분석하고 결과를 활용할 수 있는 툴을 말한다. 다양한 관점에서 작성해 알기 쉽게 표현할 수 있다.

패키지
많은 기업에서 사용되고 있는 재고 관리, 고객 관리, 회계 시스템 등을 한꺼번에 제공하는 것을 말한다. 대부분의 경우, 업무를 시스템에 맞출 필요가 있다.

내부 통제에 대한 대응
업무의 유효성, 효율성, 재무 보고의 신뢰성, 법령 준수라는 내부 통제의 목적을 충족시키기 위해서는 ERP를 효과적으로 활용해야 한다.

용어 사용 예 ❤ 대기업에서 정보를 일원화해 관리하는 데는 ERP가 필수라고 하던데.

관련 용어 ⟶ (BPM과 BPMS)……P66 (CRM)……P70 (SFA)……P71

Supply Chain Management
SCM

수주에서 납품까지 업무 과정을 통합해 운영하는 전략

제품을 제조할 때 재료 조달(구입)에서 판매까지 전체의 흐름을 최적화하는 경영 시스템을 말한다. 소요 시간을 줄일 뿐만 아니라 재고가 최소한이 되도록 해 설비 가동률을 높이는 등 비용 삭감과 경영의 효율화를 꾀한다. 사내뿐만 아니라 기업의 테두리를 넘어 통합 물류 시스템을 구축할 필요가 있다.

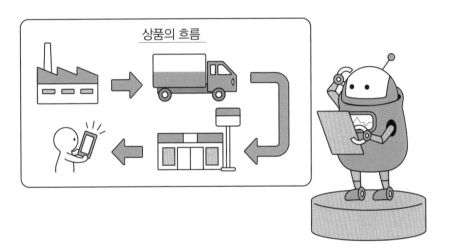

상품의 흐름

용어 관련 이야기

리드타임(Lead Time)
상품이나 용역을 발주한 후 납품될 때까지의 시간이나 일수를 말한다. 발주 측에서는 상품을 발주한 후 납품될 때까지의 시간, 제조 측에서는 수주에서 납품까지의 시간을 가리킨다.

재조명받는 이유
SCM(공급망 관리)은 2000년경에 주목받았는데, 그 중심에는 자동화와 효율화가 있었다. 현재는 AI나 사물인터넷(IoT)을 활용하고, 데이터로 예측해 '필요한 것을 필요한 만큼' 생산한다.

BCP(업무 연속성 계획) *
위기 상황에서도 업무의 연속성을 유지하기 위한 계획을 말한다. 재해·재난 등이 발생했을 때 기업의 핵심적인 업무가 지속될 수 있도록 준비하는 위기 대응 체계를 의미한다.

용어 사용 예 💬 여러 기업이 생산에 관여하는 지금은 SCM(공급망 관리)이 중요하다.

관련 용어 ···→ (EMS) ······P81

* Business Continuity Plan

제 2 장

엔지니어 1년차라면 알아 둬야 할 기본 용어

Customer Relationship Management
CRM

고객 정보를 관리해 고객에게 맞는 상품과 서비스 제공

고객과 관련된 기록을 분석해 업무에 활용하는 고객 관계 관리 기법 또는 이를 위한 툴을 말한다. 고객의 구매 이력, 문의, 클레임 등 모든 정보를 연계해 대응할 수 있기 때문에 고객의 신뢰를 획득하기 위한 목적으로 사용된다. 또한 실시간으로 일원화해 관리하기 때문에 사내에서 정보를 공유할 수 있는 효과도 있다.

📖 용어 관련 이야기

인사이드 세일즈(Inside Sales)
영업 담당자가 직접 고객을 방문하는 것이 아니라 전화나 이메일 등 비대면적인 방법을 통해 고객과 소통하는 영업 방법을 말한다. 고객의 요구에 맞춰 효율적으로 영업할 수 있다.

리드 제너레이션(Lead Generation)
잠재 고객을 잡기 위한 활동을 말한다. 불특정 다수가 아니라 자사의 제품·서비스에 관심을 보이는 개인이나 기업의 개인정보를 이용해 예상 고객을 확보하는 경우가 많다.

리드 너처링(Lead Nurturing)
확보한 잠재 고객의 구입 의욕을 높여 수주로 연결하는 마케팅 방법을 말한다. 메일 및 전화 등을 통해 유익한 정보를 제공함으로써 예상 고객의 구매 의욕을 높이는 것이 중요하다.

용어 사용 예 🗨 **구매 의욕이 높은 고객에게 접근하기에는 CRM이 편리하네.**

관련 용어 ⋯ (BPM과 BPMS) ⋯⋯P66 (ERP) ⋯⋯P68 (SFA) ⋯⋯P71 (DMP) ⋯⋯P76

Sales Force Automation
SFA

IT 기술을 적용해 영업 능력을 효율화하는 시스템

'영업 자동화'로 번역되는 SFA는 영업 부문의 정보와 업무 프로세스를 자동화해 영업 활동 관련 정보를 데이터화하고, 축적·분석할 수 있는 시스템을 가리킨다. 영업 담당자가 입력한 활동 보고를 정보로 축적하고, IT 기술을 적용해 영업 능력을 효율화하기 위해 사용한다. '영업 지원 시스템'이라고 하기도 한다.

제2장

엔지니어 1년차라면 알아 둬야 할 기본 용어

고객 데이터

회사명: ○○상사
사원수: ○○명
매출액: ○○○
상담 실적

○○상사

허둥 지둥

📖 용어 관련 이야기

정보의 개인화를 막는다
영업 담당자의 이동이나 퇴직으로 지금까지 쌓아 온 고객과의 신뢰 관계가 끊기는 것을 막고, 정보를 공유하기 위해 사용한다.

늘어나는 명함 관리 앱
영업 담당자가 교환한 명함을 스캔하거나 카메라로 촬영해 관리하는 기업이 증가하면서 SFA와 함께 영업에 활용되고 있다.

세그멘테이션(Segmentation)
고객을 다양한 관점에서 분류하고 세분화해 다양한 수요에 효과적으로 접근하는 것을 말한다. 시장을 세분화하는 데는 STP* 분석과 같은 기법을 사용한다.

용어 사용 예 💬 SFA를 도입해도 영업 담당자가 입력하지 않으면 의미가 없지.

관련 용어 ···▶ (ERP) ······ P68 (CRM) ······ P70

* Segmentation Targeting Positioning

Chatbot
챗봇

인공지능을 사용해 고객 문의 대응을 자동화

웹사이트 방문자의 문의에 자동으로 응답하고, 자율적으로 묻는 시스템을 말한다. 간단한 질문이나 흔히 하는 질문에 인공지능이 응답함으로써 담당자의 업무량을 줄일 수 있고, 이용자도 신속하게 답을 얻을 수 있는 장점이 있다. 흥미는 있지만, 문의할 만한 내용이 아니라고 생각하는 이용자를 만류하는 역할도 한다.

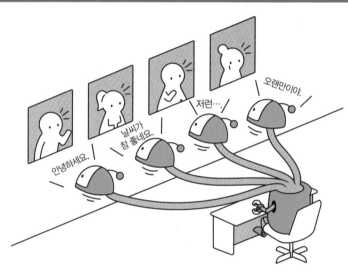

📖 **용어 관련 이야기**

검색 피로 회피
검색 결과가 너무 많은 탓에 이용자가 어느 페이지를 봐야 할지 몰라 지쳐버리는 상태를 말한다. 챗봇이라면 대화 형식으로 필요한 답변만 얻을 수 있다.

SNS상의 봇(Bot)
트위터(Twitter)나 LINE(메신저 프로그램) 등에는 API*1가 제공되고 있어 자체 프로그램으로 자유롭게 봇을 만들 수 있다. 이를 통해 고객과 SNS상에서 대화할 수 있다.

VOC*2 관리
'고객의 소리'라는 뜻으로, 고객의 불만 사항을 수집하는 것을 말한다. 웹에서는 고객의 목소리를 듣기 어렵지만, 챗봇을 사용하면 문의 내용을 수집할 수 있다.

💬 **용어 사용 예** 💬 바로 챗봇이 나오는 웹 페이지가 늘었네.

관련 용어 ··· 형태소 분석 ······P87 자연어 처리 ······P255

*1 Application Programming Interface *2 Voice Of Customer

Demand Side Platform, Supply Side Platform
DSP와 SSP

웹에서의 광고 게재 최적화

DSP와 SSP는 웹사이트에 광고를 게재하는 쪽과 전송하는 쪽의 이익을 최대화하는 구조 또는 도구를 말한다. DSP는 광고주나 광고 대행사처럼 광고를 전송하는 측의 플랫폼으로, 보다 싸게 게재할 수 있는 전송처를 찾는다. SSP는 광고를 개재하는 웹사이트 등 매체 측 플랫폼으로, 보다 고액의 광고를 찾아 입찰한다.

○○원에 낙찰!

📖 용어 관련 이야기

DSP에 사용하는 RTB*
웹사이트 광고를 표시할 때 실시간 경매 형식으로 매칭해 가장 높은 금액을 매긴 광고를 표시하는 방식을 말한다. '실시간 입찰'이라는 의미다.

애드 네트워크(Ad Network)
여러 웹사이트를 통합한 광고 네트워크를 말한다. 웹사이트마다 개별적으로 광고할 필요가 없다. DSP는 여러 애드 네트워크에 전송할 수 있다.

애드 익스체인지(Ad Exchange)
애드 네트워크가 지니고 있는 광고의 범위를 교환하고, 자유롭게 매매하는 구조를 말한다. 광고를 전송하는 룰이나 서식이 통일돼 있어 일원화해 관리할 수 있으므로 수고를 덜 수 있다.

> 용어 사용 예 💬 DSP와 SSP는 광고주와 매체 양쪽 모두 이익이 되겠군.

관련 용어 → (DMP) ····· P76 (서드파티 쿠키) ····· P145

＊ Real Time Bidding

Radio Frequency IDentification
RFID

상품을 ID 정보가 저장돼 있는 태그로 관리한다

작은 태그를 사용해 그 안에 기록돼 있는 데이터를 전파나 전자파에 의해 비접촉으로 읽고 쓰는 구조를 말한다. 바코드처럼 1장씩 읽을 필요 없이 가까이에 있는 태그를 한꺼번에 읽을 수 있으므로 효율적으로 스캔할 수 있다. 상자 안에 들어 있어 해당 태그가 보이지 않는 상태에서도 사용할 수 있다. NFC에 비해 통신 거리가 긴 특징이 있다.

🔖 용어 관련 이야기

패시브 태그(Passive Tag)
배터리가 내장돼 있지 않아 읽고 쓰는 기기로부터의 전력을 사용해 전파를 발송하는 태그를 말한다. 통신 거리는 짧지만, 값이 싸고 반영구적으로 사용할 수 있다.

액티브 태그(Active Tag)
배터리가 내장돼 있어 스스로 전파를 발송할 수 있다. 장거리(수십에서 수백 미터)에서도 통신할 수 있으며, 사람이나 물건의 위치를 실시간으로 파악하기 위해 사용한다.

NFC 태그
RFID에 가까운 것으로 NFC는 10cm 이내에서 무선 데이터를 주고받는 통신 기술을 말한다. 최근에는 스마트폰에서도 읽고 쓰기가 가능하고 데이터를 불러들여 다양한 처리를 할 수 있다.

용어 사용 예 💬 계산대에서 RFID 태그를 불러들이기만 해도 계산이 되니까 편리하겠네.

관련 용어 ⋯ (NFC) ⋯⋯P35

Appliance
어플라이언스

특정 기능에 특화된 기기

특정 기능과 용도에 특화된 전용 기기를 말하는 것으로, 특히 네트워크와 서버 등의 제품에 많다. 운영 체제나 애플리케이션을 설치하지 않아도 구입한 후에 전원만 연결하면 이용할 수 있게 설정돼 있으므로 도입을 하거나 관리하기가 편리하다는 장점이 있다. 반면, 새로운 기능을 추가하고 증설해 성능을 올리기 어렵고, 범용성이 부족한 면도 있다.

📖 용어 관련 이야기

파일 공유 NAS*
네트워크 기능과 스토리지 기능을 갖춘 제품으로, '네트워크 접속형 하드 디스크'라고도 부른다. 컴퓨터가 아닌 LAN에 접속해 파일 공유하는 데 사용한다.

간단히 VPN을 구축
기업이 VPN을 도입할 때 인터넷 접속 환경이 있다면 설치하기만 해도 VPN을 구축할 수 있는 어플라이언스가 주목받고 있다.

스스로 관리할 수 없는 리스크
어플라이언스는 편리한 반면, 밴더로부터 적절히 보수하지 않으면 운영체제나 소프트웨어가 갱신되지 않고, 취약점이나 결함이 남을 수 있다.

용어 사용 예 💬 서버 관리가 번거롭다면 어플라이언스를 도입해야지.

관련 용어 → (HCI) ⋯⋯ P26 (TM) ⋯⋯ P196 (VPN) ⋯⋯ P206

* Network Attached Storage

Data Management Platform
DMP

정보를 축적하고 광고를 고객에게 맞춰 전송한다

자사가 갖고 있는 액세스 분석 데이터나 외부에서 모은 정보 등을 통합, 관리해 광고 전송을 최적화하는 플랫폼을 말한다. 과거 자사 웹사이트에서 상품을 구입한 고객에게 광고를 전달하는 등 고객 맞춤형 마케팅을 실현하기 위해 사용한다. DSP나 SSP의 매칭 정확도를 높이는 데도 사용한다.

🎐 용어 관련 이야기

오픈 DMP

제삼자로부터 제공된 데이터를 관리하는 방법을 말한다. 자사에서는 파악할 수 없는 정보를 수집할 수 있어 신규 사업을 개시할 때 등에 유효하다. '공용 DMP'라고도 한다.

프라이빗 DMP

공개된 데이터와 기업 내부의 데이터를 활용하는 방법으로, 데이터의 서식을 통일해 관리한다. 일반적으로 DMP라고 하면 이것을 가리킨다.

애드테크(AdTech)

애드테크는 '애드 테크놀로지'의 줄임말로, 광고 전송을 시스템화해 효율적으로 조정하는 것을 말한다. 전송의 애드 네트워크나 거래 시장의 애드 익스체인지 등이 사용된다.

용어 사용 예 😃 DMP를 도입할 때는 무엇에 쓸지 목적을 정해야 하는 거야.

관련 용어 ⟶ (CRM) ······P70 (DSP와 SSP) ······P73 (서드파티 쿠키) ······P145

Key Performance Indicator, Key Goal Indicator
KPI와 KGI

기업과 부서의 목표 달성 지표

웹사이트를 운영할 때 등에 사용하는 평가 지표를 말한다. KPI는 '핵심 성과 지표'라는 의미로, 페이지 뷰, 전환율 등과 같은 수치 목표를 가리킨다. KGI는 '목표 달성 지표'라는 의미로, 기업 전체의 매출과 이익률 등의 목표를 가리킨다. KGI를 달성하기 위해서는 조직 내의 개별 업무에서 KPI를 정해야 한다.

제2장 엔지니어 1년차라면 알아 둬야 할 기본 용어

용어 관련 이야기

페이지뷰(PV)*1
웹사이트에서 특정 페이지가 열린 횟수를 말하며, 액세스 횟수의 지표로 사용된다. 같은 사람이 여러 번 액세스한 경우에도 그만큼 카운트된다.

전환율(Conversion Rate)
웹사이트에서 의도하는 행동을 방문자가 취하는 비율을 말한다. EC(전자상거래, Electronic Commerce) 사이트 방문자 중 제품 구매나 회원 등록, 신청, 문의 등 그 웹사이트가 의도한 최종 성과에 이른 건수의 비율을 말한다.

KSF*2
'중요 성공 요인'으로 번역되며 사업을 성공시키는 데 필요한 요인을 말한다. 외부 요인과 내부 요인으로 나누어 고객의 요구에 대응하기 위해서는 다양한 관점에서 분석된다.

용어 사용 예 ➡ **KGI를 결정하고 그것을 달성하기 위해 KPI를 생각해 보자.**

관련 용어 → (OCR)······P58 (WBS)······P110

*1 Page View *2 Key Success Factor

Churn Rate
이탈률

구독 해지율

서비스를 이용한 전체 고객 중 해지를 한 사람의 비율을 말한다. 구독형 서비스에서는 안정적으로 성장하기 위한 중요한 지표다. 이용자수로 측정하는 경우에는 전체 이용자 수 중 해지한 이용자나 유료에서 무료로 변경한 이용자 해약율이나 이탈률을 의미하며 수의 비율로 계산한다. 수익 등의 금액으로 측정하는 경우에는 전체 금액 중 해지한 이용자 금액의 비율을 계산한다.

📖 용어 관련 이야기

마이너스 이탈(Negative Churn)
해약에 따른 수익 감소보다 고액 계약 등으로 변경한 이용자 등의 수익이 웃돈 것을 말한다. 단가를 인상했을 경우 등에 흔히 발생하는데, 경영 상황으로서는 나쁘지 않다.

커스터머 석세스
자사의 제품을 사용한 고객의 성공을 말한다. 문제가 있을 때 고객 지원으로 문의하는 것이 아니라 지속적으로 성공할 수 있도록 적극 지원한다.

LTV*
고객의 생애 가치, 즉 한 고객이 그 기업에 가져다 주는 가치의 합계를 말한다. 상품 판매로 끝나는 것이 아니라 팬이 돼 오래 이용하게 하는 것이 중요하다.

용어 사용 예 💬 이탈률이 높으면 사업이 불안할 수밖에 없잖아.

관련 용어 → (구독)······P34 (MRR과 ARR)······P79

＊ Life Time Value

Monthly Recurring Revenue, Annual Recurring Revenue
MRR과 ARR

구독형 비즈니스 성장을 조사하는 지표

MRR은 구독형의 서비스 등으로 매월 반복적으로 발생하는 수익이나 매출을 말한다. 매월 경상 수익 또는 월간 반복 수입을 말하는 것으로, 단발로 발생하는 매출은 포함시키지 않는다. 신규 발견의 획득이나 보다 가격이 높은 플랜으로 전환되면 증가한다. ARR은 연간 경상수익을 말하는 것으로, MRR의 12배 값이다. 연간 계약이 많은 비즈니스에서 흔히 쓰인다.

제 2 장

엔지니어 1년차라면 알아 둬야 할 기본 용어

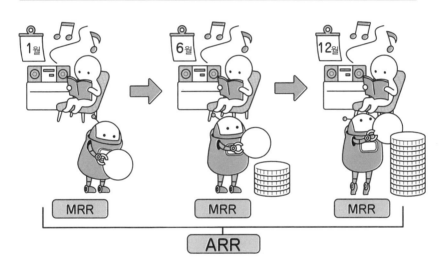

용어 관련 이야기

ARPU[1]
'사용자 평균 단가'를 말하는 것으로, 이용자 1인당 평균 수익을 말한다. 일반적으로 MRR을 이용자 수로 나눈 값을 사용한다. 일정 기간의 합계를 '누적 ARPU'라고 한다.

ARPPU[2]
특정 기간에 사용자가 지출한 평균 금액을 말한다. 즉, 유료로 계약한 이용자의 평균 수익을 말한다. 일반적으로 MRR 이용자의 수로 나눈 값을 사용한다.

CAC[3]
'고객 획득 비용'을 말한다. 고객 획득에 필요한 비용을 획득한 고객 수로 나눠 구한다. 광고비, 영업 담당자 인건비 등 투자 효과를 알아보기 위해 사용한다.

용어 사용 예 💬 B2B 비즈니스라면 MRR보다 ARR을 사용하는 것이 좋을 것 같아.

관련 용어 ···▶ 구독 ······P34 이탈률 ······P78

*1 Average Revenue Per User   ***2** Average Revenue Per Paid User   ***3** Customer Acquisition Cost

Agility
어질리티

사회 변화에 대응할 수 있는 민첩성

조직을 운영할 때 사회 변화에 임기응변으로 대응하는 민첩성을 말한다. 다만, 빨리 움직이는 것이 아니라 경험을 바탕으로 한 스킬 등으로 그 상황을 판단하고, 변화에 신속하게 대응할 필요가 있다. IT 분야에서는 메일보다 채팅을 사용하거나 클라우드를 도입하는 등 정보를 신속하게 공유할 수 있는 툴의 도입도 필요하다.

상황에 맞는 도구를 고른다.

📖 용어 관련 이야기

부가(VUCA)
Volatility(격동), Uncertainty(불확실성), Complexity(복잡성), Ambiguity(불투명성)의 머리글자로, 예측할 수 없는 불안정한 상황을 가리킨다.

임파워먼트(Empowerment)
구성원에게 권한을 이양하는 것을 말한다. 상사에서 부하에게, 본사에서 현장으로 권한을 이양하면 자주적이고 주체적인 체제 속에서 환경 변화에 신속하게 대응할 수 있게 된다.

우다 루프(OODA Loop)*1
관찰(Observe), 설정(Orient), 결정(Decide), 행동(Act)의 머리글자로, 스스로 판단하고 행동하기 위한 프레임워크를 말한다. 비즈니스 상황에서 사용하는 PDCA*2와 비교되는 일이 많다.

용어 사용 예 ➡ 저 경쟁사는 어질리티가 높으니 참고해 보자.

관련 용어 ···→ (애자일)······P102

　*1 Observe, Orient, Decide, Act　*2 Plan, Do, Check, Act

Electronics Manufacturing Service
EMS

제조업의 아웃소싱

전자 기기의 제조를 맡은 업체로, 스마트폰, 컴퓨터, 가전 등을 생산하는 데 쓰인다. 생산뿐만 아니라 설계와 부품의 조달, 조립, 배송까지 단번에 대응한다. 발주처는 제품의 기획이나 판매 등에 주력할 수 있어 비용을 삭감할 수 있다. 수주 측도 여러 업체와 거래하면 생산 라인이나 설비를 유효하게 활용할 수 있다.

 용어 관련 이야기

OEM*¹
제조업체가 자사의 브랜드가 아닌 타사의 브랜드로 제품을 만드는 것을 말한다. 비용 삭감이나 생산 효율의 향상 등을 위해 발주원이 자사에서 생산하지 않는 것을 의미한다.

ODM*²
수탁자가 제품 설계는 물론, 제품 개발까지 하는 것을 말한다. 발주 측의 기술력이 낮은 경우, 설계도를 포함해 의뢰하면 노하우나 기술력이 없어도 제품을 만들 수 있다.

BPO*³
기업의 내부 관리 부문인 총무나 인사, 급여 계산 등의 업무를 아웃소싱하는 것을 말한다. 기업이 본래의 업무에 집중하기 위해 이용하는 경우가 많다.

용어 사용 📖 ➡ 저 회사는 EMS를 활용해 새로운 제품을 만들고 있는 것 같다.

관련 용어 ⋯ SCM ⋯⋯P69

* 1 Original Equipment Manufacturing　* 2 Original Design Manufacturing　* 3 Business Process Outsourcing

Markdown
마크다운

문서의 구조를 손쉽게 지정할 수 있는 기법

표제, 강조, 항목별 쓰기 등 문서의 구조를 표현할 때 간단한 지정으로 쉽게 기술할 수 있는 기법을 말한다. HTML 등의 마크업 언어에서는 외워야 할 곳이 많아 전문적인 지식이 요구되지만, 간단한 기법이어서 외우기 쉽고 초보자도 이해하기 쉽다. 블로그 등의 서비스가 지원되며, HTML이나 Word 등으로 변환할 수 있는 툴도 있다.

📖 용어 관련 이야기

마크업 언어
문장의 구조를 컴퓨터에 지시하는 언어로, 웹 페이지를 작성하는 데 사용하는 HTML이나 이공계 논문 등에서 자주 사용하는 LaTeX 등이 있다.

팬독(Pandoc)
다양한 파일 형식을 변환해 주는 변환기. 마크다운, HTML, Word뿐만 아니라 LaTeX, RTF*, EPUB 등에도 지원된다.

마크다운 에디터
일반 텍스트 에디터에서도 마크다운 문서를 작성할 수 있는데, 마크다운에 특화된 에디터가 제공되며, 프리뷰 등과 같은 편리한 기능도 풍부하다.

용어 사용 예 😀 블로그나 메모에 마크다운을 사용하는 사람이 증가하고 있다.

관련 용어 ⋯→ (정적 사이트 생성기(SSG)) ⋯⋯ P143

Middleware
미들웨어

운영체제와 앱을 중개하는 소프트웨어

운영체제(OS)나 애플리케이션에 고도의 서비스나 기능을 제공하는 소프트웨어를 말한다. 웹 서버나 데이터베이스 서버 등이 이에 해당하는데, 단독으로는 이용하지 않는다. 데이터베이스를 개별 애플리케이션 소프트웨어로 구현하기는 힘들지만, 애플리케이션을 미들웨어로 이용하면 데이터베이스 기능을 간단하게 구현할 수 있다.

용어 관련 이야기

DBMS*
데이터베이스 관리 시스템의 약어로, 데이터가 많거나 여러 사람이 이용하더라도 정합성(Consistency)을 유지하고 등록, 참검색, 갱신, 삭제 등을 고속으로 처리할 수 있다.

웹 서버
웹브라우저 등과 'HTTP'라고 불리는 프로토콜을 통해 HTML 파일이나 화상 파일 등을 제공하는 컴퓨터나 소프트웨어를 말한다.

애플리케이션 서버
웹 앱에서 동적으로 처리를 바꾸는 경우 등 웹 서버상에서 애플리케이션을 실행하기 위한 소프트웨어를 말한다. 실행한 결과는 웹 서버에 반환한다.

용어 사용 예 💬 미들웨어가 있으니까 애플리케이션을 쉽게 개발할 수 있겠네.

관련 용어 ⋯ NoSQL ⋯⋯ P133

* Database Management System

Device Driver
디바이스 드라이버

하드웨어를 조작하는 소프트웨어

컴퓨터에 접속돼 있는 주변 기기의 하드웨어를 제어하기 위한 소프트웨어를 말한다. 컴퓨터에 인스톨하면 컴퓨터 OS나 애플리케이션이 주변 기기를 조작할 수 있게 된다. 또한 하드웨어의 차이를 흡수해 제조사나 기종의 차이를 OS나 애플리케이션 측이 의식하지 않고 사용할 수 있다.

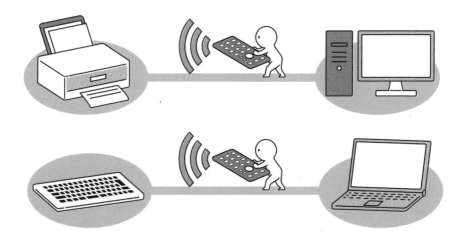

용어 관련 이야기

BIOS*
컴퓨터의 전원을 켰을 때 접속돼 있는 CPU나 메모리, 비디오 카드 등의 하드웨어를 제어하는 프로그램을 말한다. OS를 부팅하기 전에 사용한다.

OS 표준의 디바이스 드라이버
키보드, 마우스, USB 메모리 등의 경우, 제품이 달라도 제공하는 기능은 거의 같기 때문에 OS에 마련돼 있는 디바이스 드라이버로도 충분한 경우가 많다.

업데이트
하드웨어 제조사가 자사의 웹사이트에서 발매한 후에 갱신한 내용을 제공하는 경우가 있고, 기능 추가나 불량 수정이 이뤄지는 경우도 있다.

용어 사용 예 💬 그건 디바이스 드라이버를 인스톨해야 쓸 수 있는 거야.

관련 용어 ⋯→ (OTG) ⋯⋯P45

* Basic Input Output System

Benchmark
벤치마크

하드웨어나 소프트웨어의 성능을 평가하는 기준

하드웨어나 소프트웨어의 성능을 평가하는 기준으로, 여러 컴퓨터에서 성능의 차이를 비교하기 위해 사용된다. 시스템 전체의 처리 시간을 측정할 뿐만 아니라 CPU, 메모리, 하드디스크 등과 같은 기기별로 수치화된 성능을 비교하기 위해 사용한다. 카탈로그에 나와 있지 않은 성능을 비교하는 데 사용하기도 한다.

제2장

엔지니어 1년차라면 알아 둬야 할 기본 용어

어느 쪽이 좋을까?

📖 용어 관련 이야기

SPEC*
공평하고 유용한 벤치마크를 위해 벤치마크 지표를 작성하는 비영리 단체로, CPU, 가상화 환경 등 다양한 지표가 공개되고 있다.

3DMark
컴퓨터의 그래픽 성능을 살피는 데 사용하는 소프트웨어를 말한다. 3차원 등의 게임에 특화돼 있으며, 얼마나 쾌적하게 놀 수 있는지를 알아보기 위해 사용된다.

원주율 계산
원주율은 소수점 이하를 계산하면 무한히 이어진다고 알려져 있다. 몇 자리까지 요구되느냐를 벤치마크로 사용한다. 2020년에 50조 자릿수를 넘었다.

용어 사용 예 💬 컴퓨터를 사기 전에 벤치마크를 체크하자.

관련 용어 … (클러스터) ······P127

＊ Standard Performance Evolution Corporation

Advent Calendar
어드벤트 캘린더

12월에 엔지니어가 투고하는 블로그의 바통

매년 12월에 크리스마스까지의 일수를 카운트다운하기 위해 사용하는 캘린더지만, IT 개발자가 매일 교대로 블로그 등에 기사를 투고하는 기획을 가리키기도 한다. 혼자 여러 기사를 투고하기도 하지만, 정해진 주제에 따른 기사를 여러 사람이 바통을 넘기며 쓰는 것이 일반적이다. 평소보다 많은 사람에게 보여 줄 수 있다.

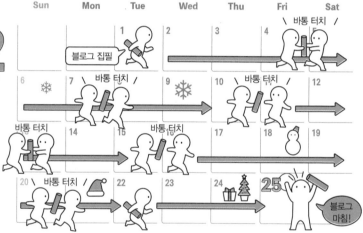

용어 관련 이야기

동인지 즉매회(동인 행사)
같은 취향을 가진 사람끼리 잡지를 만들고 판매하는 모임을 말한다. 동아시아 국가에서도 동인지 즉매회가 개최되고 있는데, 만화, 애니메이션 관련 동인지 쪽이 많다.

게이미피케이션(Gamification)
게임이 아닌 분야에 재미있는 요소를 부여해 게임처럼 만드는 것을 말한다. 흥미를 불러일으킬 수 있고, 집중하는 데 도움을 줄 수 있는 기법이다.

이스터 에그(Easter Egg)
소프트웨어 등 본래 기능과는 무관하게 만들어진 숨은 명령어 등을 말한다. 실용성은 없지만, 고객을 즐겁게 하려는 의도에서 만들어진다.

용어 사용 예 💬 **올해도 어김없이 어드벤트 캘린더의 계절이 돌아왔다.**

관련 용어 ⟶ (해커톤) ······ P130

Morphological Analysis
형태소 분석

구성 요소를 의미 있는 최소한의 단어로 나눠 분석하는 작업

자연 언어의 문장을 의미 있는 최소한의 단어로 나눠 그 품사 등을 분석하는 작업을 말한다. 예를 들어 '나는 고양이이다'라는 문장이라면 '나(명사)', '는(조사)', '고양이(명사)', '이다(조동사)'로 분해한다. 단어와 단어를 컴퓨터가 판단해 구분하기는 어렵지만, 다양한 사전이나 툴이 개발되고 있다.

재료

당근	70그램
감자	70그램
양파	80그램
고기	50그램
카레 가루	20그램

삐삐삐……

용어 관련 이야기

워드 클라우드(Word Cloud)
글에서 언급한 핵심 단어를 시각화하는 기법을 말한다. 단어가 출현하는 빈도 등을 고려해 자주 등장하는 단어는 시각적으로 크게 늘어놓아 웹사이트에 표시한다.

워드 샐러드(Word Salad)
말 비빔. 문법적으로는 맞지만, 의미가 통하지 않는, 자동으로 생성된 텍스트 콘텐츠를 가리킨다. 스팸 메일 등을 작성할 때 단어를 무작위로 나열해 문장을 생성하는 방법이다.

메캡(MeCab)
형태소를 분석할 때 자주 사용하는 툴을 말한다. 단체로도 실행할 수 있지만, 프로그래밍 언어에서 사용할 수 있을 뿐만 아니라 사전을 자유롭게 바꿔 형태소를 분석할 수 있다.

용어 사용 예 🔵 편리한 검색 기능을 구현하려면 형태소 분석은 필수다.

관련 용어 ⋯→ 챗봇 ⋯⋯P72 자연어 처리 ⋯⋯P255

Normalization
정규화

중복을 최소화해 데이터를 구조화하는 프로세스

데이터를 일정한 규칙에 따라 변형해 이용하기 쉽게 만드는 작업을 말한다. 관계형 데이터베이스의 경우 데이터의 중복을 제거해 데이터 불일치가 발생하지 않도록 하기 위해 실시하며, '제1정규형', '제2정규형', '제3정규형', '보이스 코드 정규형' 등으로 나뉜다. 정규화된 데이터베이스에서 데이터를 갱신할 때는 한 군데만 갱신하면 되는데, 대부분 전체 데이터의 양이 줄어든다.

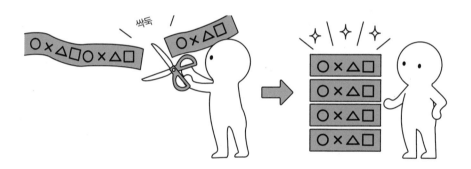

📖 용어 관련 이야기

제1정규화(First Normal Form)
한 행(레코드)에 특정 항목이 여러 번 반복되는 경우, 그것을 여러 행으로 나누는 것을 말한다. 다른 열에서 계산할 수 있는 항목은 제외한다.

제2정규화(Second Normal Form)
제1정규형이 된 테이블에서 기본 키가 복합열(복수의 열)이고, 그 일부만으로 다른 열이 정해질 경우를 배제하고 독립적인 표로 잘라 내는 것을 말한다.

제3정규화(Third Normal Form)
제2정규형이 된 테이블에서 기본 키 이외의 열 중 다른 기본 키 이외의 열에서 하나의 뜻으로 정해지는 열이 있는 경우, 이를 다른 테이블로 잘라 내는 것을 말한다.

🗨 **용어 사용 예** 😑 데이터베이스를 정규화했더니 검색이 늦어져 버렸군.

관련 용어 → (NoSQL) ⋯⋯ P133 (SQL 인젝션) ⋯⋯ P210

Regular Expression
정규 표현식

여러 문자열을 하나의 패턴으로 식별하는 표현

여러 개의 문자열을 1개의 문자열로 식별하는 표현 방법으로, 지정한 조건에 부합하는지를 알아보기 위해 쓰인다. 예를 들어 문장 속에 'macOS', 'MacOS', 'mac OS', 'Mac OS'라는 단어가 사용됐는지 살펴볼 때 각 문자열로 검색하는 대신, 정규 표현식으로 [mM]ac\s*OS라고 표현하면 모두 일치한다.

모두 똑같네.

📚 용어 관련 이야기

메타문자
정규 표현식 중 특별한 의미를 가진 문자를 말한다. 도트(.), 수직선(|) 등이 있으며, 도트는 임의의 한 글자, 수직선은 여러 개 중 1개와 매치하는 것을 의미한다.

최장 일치
정규 표현식으로 표현된 패턴에 매치하는 문자열이 여러 개 존재하는 경우, 가장 긴 문자열을 찾는 것을 말한다. 일반적으로 정규 표현식에서는 최장 일치를 사용한다.

최단 일치
정규 표현식으로 표현된 패턴에 매치하는 문자열이 여러 개 존재하는 경우, 가장 짧은 문자열을 찾는 것을 말한다. 마지막에 '?'를 추가하는 등 명시적으로 지정해야 한다.

용어 사용 예 💬 텍스트 파일을 검색하고 치환하는 데는 정규 표현식이 편리하겠네.

관련 용어 ··· 자연어 처리 ······P255

Traffic
트래픽

일정 기간 내에 네트워크를 통과하는 데이터의 양

특정 통신 장치나 전송로상에서 일정 시간 내에 흐르는 데이터의 양과 전송량을 말한다. 상정한 것보다 많은 데이터가 교환되면 통신 속도가 떨어지거나 네트워크 장애가 발생한다. 인터넷상의 통신량은 전 세계 이용자 수의 증가와 고품질 화상 및 동영상 사용 등으로 계속 증가하고 있다.

📖 용어 관련 이야기

스루풋(Throughput)
컴퓨터의 중앙 처리 장치가 단위 시간에 처리할 수 있는 데이터의 양을 말한다. 네트워크의 경우, 단위 시간에 실제로 통신한 데이터의 양을 말한다. 통신의 속도를 나타내는 데 쓰인다.

대역(대역폭)
도로의 너비에 비유할 수 있듯이 단위 시간당 보낼 수 있는 정보의 양을 말한다. 통신의 속도를 나타내기 위해 사용하기도 하지만, 주파수의 범위를 의미하기도 한다.

전송량
'트래픽'이나 '통신량'이라는 말은 네트워크에 사용하는 데 반해, 서버 등이 내보낸 파일의 양에 대해 사용하는 일이 많다.

💬 **용어 사용 예** 🗨 매월 트래픽이 늘고 있어 제한이 걸릴 것 같아.

관련 용어 … (CDN) …… P159 (스크래핑과 크롤링) …… P170

Trigger
트리거

동작을 유발한 계기나 도화선을 의미

컴퓨터가 동작을 시작하는 계기가 되는 것으로, 데이터베이스의 경우 데이터 등록, 삭제 등이 이
에 해당한다. 이때 모종의 처리를 수행하도록 설정할 수 있다. 데이터베이스 이외의 프로그램에
서도 미리 정해 놓은 조건을 만족하거나 어떤 동작을 수행하면 자동으로 수행하는 동작이 이에
해당한다.

📖 용어 관련 이야기

이벤트

프로그램의 내부에서 발생하는 모든
일을 말한다. 버튼을 누르거나 키보드
에서 뭔가를 입력하는 등과 같은 이
벤트가 발생하면 프로그램이 어떤 응
답을 한다.

인터럽트(Interrupt)

주변 기기 등으로부터 받는 요구를 말
한다. 프로그램에서 실행 중인 작업이
있는 경우에도 우선순위가 높은 인터
럽트가 있으면 그 처리를 받아들여 처
리해야 한다.

콜백(Callback)

어떤 처리를 할 때, 그 처리 도중에 다
른 처리를 실행하도록 지정하는 기법
을 말한다. 준비된 것을 처리하는 도
중에 임의의 처리를 실행하게 된다.

용어 사용 예 💬 트리거를 설정해 두면 자동으로 부팅할 수 있어 편리하네요.

관련 용어 → (킥하다) ······ P265

제2장 엔지니어 1년 차라면 알아 둬야 할 기본 용어

러버덕 디버깅을 활용해 보자

새로운 용어를 공부한 후 **자신이 얼마나 이해했는지 확인하는 방법은 다른 사람에게 설명해 보는 것이다.** '진짜로 안다는 것은 남에게 설명하고, 가르칠 수 있어야 한다'라는 말도 있듯이 설명하다 보면 얼마나 이해했는지를 확인할 수 있다.

러버 더킹이란?

프로그래밍의 세계에도 이와 비슷한 게 있다. '**러버 더킹**(Rubber Ducking), **러버덕 디버깅**(Rubber Duck Debugging)'이라는 기법으로, 머릿속이 정리되지 않을 때 주변 물건을 향해 말을 거는 방법이다. 원래는 러버덕(고무 오리)과 같이 대상이 되는 물체를 앞에 두고 하나하나 설명하는 방법을 통해 잘못된 부분을 찾아 고치는 것을 가리키는 말이다. 즉, 말을 걸어 설명하면서 해결책을 생각하는 것이다.

이처럼 남에게 설명하다 보면 자신이 얼마나 이해했는지 알 수 있을 뿐 아니라 설명용 자료를 작성하는 것만으로도 자신이 잘 모르는 부분이 무엇인지 파악할 수 있다.

더 나아가 말로 표현하면 기억에 잘 남는 효과도 있다. 책을 읽거나 설명을 듣는 데 그치지 않고 노트에 적거나 다른 사람에게 설명하는 작업은 머릿속이 정리돼 있지 않으면 어려울 수 있다. 용어를 배울 때 한번 시험해 보라.

제3장

시스템을 개발하거나
실행 환경을 구축할 때
사용하는 IT 용어

Keyword 077~119

Docker
도커

컨테이너형 가상화 플랫폼

가상화된 하드웨어 안에서 운영체제나 애플리케이션을 실행하는 것이 아니라 리눅스 커널이 갖고 있는 '컨테이너'라는 기능을 사용해 애플리케이션을 가상적인 환경에서 실행시키는 플랫폼을 말한다. 다른 프로세스나 컨테이너로부터 분리돼 있어 사용하고 싶은 애플리케이션과 무관한 처리는 되지 않기 때문에 낭비가 적다.

📖 용어 관련 이야기

도커 허브(Docker Hub)
도커 컨테이너를 공유하기 때문에 공개된 장소(레지스트리)에서 많은 컨테이너를 다운로드할 수 있을 뿐만 아니라 업로드해 공개할 수도 있다.

도커 파일(Docker File)
도커 컨테이너를 생성하기 위한 설정 파일로, 텍스트 파일이라서 텍스트 에디터 등으로 편집할 수 있다. 이 내용에 따라 컨테이너가 만들어진다.

도커 컴포즈(Docker Compose)
여러 컨테이너로 구성된 애플리케이션을 만들 때 관련 컨테이너를 개별적으로 시작하거나 중지하는 것이 아니라 한꺼번에 실행할 수 있는 도구이다.

용어 사용 예 🔁 **도커의 등장으로 개발 환경 구축이 편리해졌네.**

관련 용어 ⟶ Kubernetes ······P95 WSL ······P96 하이퍼바이저 ······P98 Iac ······P116

Kubernetes
쿠버네티스

컨테이너 단위로 앱을 자동으로 관리하는 오픈소스 기반

도커 등의 컨테이너형 가상화 플랫폼으로, 여러 컨테이너 조작을 자동화하는 소프트웨어다. 컨테이너의 가동 상황 관리나 부하 분산, 자동 배치 등의 기능을 갖추고 있어 가동 중 앱의 규모를 쉽게 확대할 수 있다. 또한 마이크로 서비스화가 진행되면 애플리케이션을 신속하게 개발할 수 있다. 'k8s'라고 줄여 쓰는 경우도 많다.

제3장 시스템을 개발하거나 실행 환경을 구축할 때 사용하는 IT 용어

A는 트럭, B는 탱커(유조선)

📖 **용어 관련 이야기**

파드(Pod)
쿠버네티스에서 생성하고 관리할 수 있는 가장 작은 컴퓨팅 단위를 말한다. 여러 컨테이너를 하나로 통합해 관리하므로 서비스를 한꺼번에 시동하거나 정지할 수 있다.

롤링 업데이트
소프트웨어 버전업 등을 갱신할 때 여러 컴퓨터에서 가동 중인 시스템을 완전히 정지하지 않고 조금씩 새로운 것으로 교체하는 것을 말한다.

미니큐브(Minikube)
로컬 환경에서 쿠버네티스 환경을 손쉽게 실행하기 위한 도구를 말한다. 가상 환경에서 작동하며, 애플리케이션 개발이나 테스트 환경으로 쓰인다.

용어 사용 예 💬 **쿠버네티스 덕분에 컨테이너 관리가 편리해져서 좋네.**

관련 용어 ⋯→ (마이크로서비스)⋯⋯P27 (Docker)⋯⋯P94 (CI/CD)⋯⋯P114

Windows Subsystem for Linux
WSL

윈도우상에서 리눅스를 네이티브로 실행하는 가상 환경

윈도우 내에서 리눅스를 서버 시스템으로 사용할 수 있도록 해 주는 기능을 말한다. 가상 머신으로서 리눅스를 실행하는 데 비해 운영체제를 시동하는 데 시간이 걸리지 않고, 불필요한 프로세스가 움직이지 않기 때문에 고속으로 동작한다. 대부분의 리눅스 애플리케이션이 그대로 동작할 뿐만 아니라 윈도우와 리눅스 사이에서 상호 파일에 액세스할 수 있다.

용어 관련 이야기

Hyper-V(하이퍼-V)
하드웨어를 가상화해 윈도우상의 가상 머신으로서 여러 운영체제를 실행할 수 있는 구조를 말한다. 윈도우 10에서는 64비트 버전 Pro 에디션 이상에서 이용할 수 있다.

시그윈(Cygwin)
윈도우상에서 유닉스와 비슷한 환경을 제공하는 프리 소프트웨어를 말한다. WSL이 등장할 때까지는 유닉스용 소프트웨어를 윈도우상에서 실행할 때 자주 사용했다.

에뮬레이터(Emulator)
특정 환경에서 동작하는 소프트웨어를 다른 환경에서 동작시키는 기법을 말한다. 오래된 환경에서 사용하던 소프트웨어를 새로운 환경에서 움직이기 위해 사용하는 일이 많다.

용어 사용 예 💬 윈도우에서 리눅스를 시험하고 싶다면 WSL이 편리하잖아.

관련 용어 ⋯ (Docker) ⋯⋯P94

Scalability
확장성

하드웨어나 소프트웨어 등을 유연하게 확장할 수 있다

시스템 규모(스케일)의 변화에 유연하게 대응할 수 있는 정도를 말한다. 장래의 시스템 규모를 사전에 상정해 대응할 수 있도록 설계돼 있는 것을 '확장성이 높다'라고 표현한다. 또한 상정한 부하를 넘었을 때 서버를 자동으로 추가하는 등 사용률에 맞춰 자동으로 확장하는 것을 '오토스케일(Autoscale)'이라고 한다.

제 3 장

시스템을 개발하거나 실행 환경을 구축할 때 사용하는 IT 용어

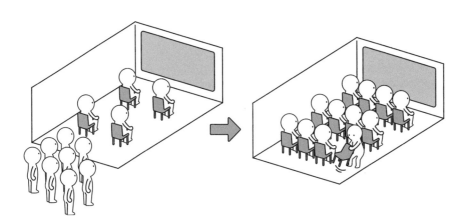

용어 관련 이야기

돌발적인 접근 집중
텔레비전에서 다뤄지거나 기사가 화제가 되는 등의 이유로 일시적으로 액세스 수가 증가했을 경우, 오토스케일이 가능하다면 서버를 자동으로 증감해 대응할 수 있다.

펍서브(Pub/Sub)
'출판하다'를 뜻하는 퍼블리시(Publish)와 '구독하다'를 뜻하는 '서브스크라이브(Subscribe)의 줄임말로, 메시지를 비동기적으로 주고받기 때문에 확장성이 뛰어나다.

로드 셰어(Load Share)
다수의 컴퓨터를 연결해 부하를 분산 처리하도록 하는 기법을 말한다. 로드 밸런싱에서는 부하에 따라 동적으로 할당하고, 로드 셰어에서는 정적으로 할당하는 경우가 많다.

용어 사용 예 🗨 클라우드의 매력은 확장성이 높은 것일까?

관련 용어 ⋯→ (HCI)⋯⋯P26 (신 프로비저닝)⋯⋯P99

Hypervisor
하이퍼바이저

가상화 환경을 구축하기 위한 제어 소프트웨어

물리적인 컴퓨터 안에 가상적인 컴퓨터를 만들어 실행하기 위한 소프트웨어를 말한다. 운영체제 상에서 가상 머신을 움직이는 호스트형 가상화가 아니라 운영체제 없이 하드웨어에서 직접 작동하기 때문에 호스트형 가상화보다 성능이 떨어지는 일이 적다. 가상적인 컴퓨터를 구축해 관리, 제어하는 소프트웨어를 가리키는 경우가 많다.

조명 OFF

용어 관련 이야기

완전 가상화
실제 하드웨어와의 교환을 소프트웨어로 구현함으로써 일반적인 운영체제를 변경하지 않고 실행시키는 기술을 말한다. 처리 속도는 약간 떨어진다.

준가상화
가상 환경에서 고속으로 작동하기 위해 일반 운영체제의 일부를 수정해 인스톨하는 기술을 말한다. 성능은 좋지만, 소스 코드가 공개되지 않은 운영체제는 실행할 수 없다.

P2V*
물리 서버에서 가동하고 있는 시스템을 가상 서버로 이행하는 것을 말한다. 전용 툴에서 자동으로 변환되므로 재인스톨이나 환경 설정이 불필요한 경우가 많다.

용어 사용 예 💬 하이퍼바이저라면 **호스트 운영체제가 불필요**하기 때문에 빨리 부팅할 수 있다.

관련 용어 ⟶ (Docker) ……P94 (아키텍처) ……P118

* Physical to Virtual

Thin Provisioning
씬 프로비저닝

저장 공간을 가상화해 대용량을 다룰 수 있도록 한다

실제 스토리지의 용량에 관계없이 외적 용량을 가상적으로 늘려 이용 효율을 높이는 것을 말한다. 서버 등의 경우, 실제로 사용하는 용량은 전체의 20~30% 정도인 경우가 많지만, 그만큼의 스토리지를 확보하면 낭비가 생긴다. 가상화하면 필요한 용량을 충족시키면서 최소한의 저장 공간만 준비하면 된다.

📖 용어 관련 이야기

커패시티 플래닝(Capacity Planning)
대상 시스템에 요구되는 수요를 고려했을 때 필요한 성능이나 디스크 용량 등을 견적해 최적의 구성을 생각하는 것을 말한다. 최대의 능력을 가리키는 경우가 많다.

중복 제거(Deduplication)
'중복 배제'라고도 한다. 중복 데이터를 제외하고 스토리지의 빈 용량을 늘리는 기능을 말한다. 스토리지 절약, 백업 시간 단축 등과 같은 효과도 있다.

오버커밋(Overcommit)
물리적으로 이용할 수 있는 용량을 초과한 자원을 게스트의 가상 머신에 할당하는 것을 말한다. CPU, 메모리, 스토리지 등을 할당하는 기능을 가리킨다.

용어 사용 예 💬 씬 프로비저닝이라면 낭비 없이 할당할 수 있겠는데.

관련 용어 ···➤ (어플라이언스) ······P75 (확장성) ······P97

제3장 시스템을 개발하거나 실행 환경을 구축할 때 사용하는 IT 용어

Refactoring
리팩터링

사용자가 보는 외부 화면은 그대로 두면서 내부 구조를 정리하는 것

소프트웨어를 개발할 때 사용자가 보는 외부 화면은 그대로 두면서 프로그램의 내부 구조를 변경해 보수성이나 효율성을 높이는 것을 말한다. 기능 추가 등에 따라 설계부터 다시 생각함으로써 보수를 쉽게 하거나 처리 효율이 나쁜 프로그램의 논리를 재검토하는 등과 같은 방법을 사용한다.

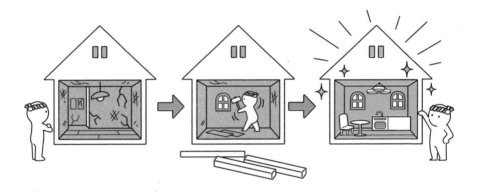

용어 관련 이야기

KISS*[1] 원칙

복잡해질수록 오류 등이 포함될 가능성이 높고, 유지보수하기도 어렵다는 것을 가리키는 말이다. 'Keep it simple, stupid.(심플하게 둬, 바보야)'의 약자로 해석하기도 한다.

YAGNI*[2] 원칙

'있으면 편리한 기능이라도 실제로 사용하지 않으면 의미가 없으므로 프로그래머가 필요성을 느낄 때까지 기능을 추가하지 않는 것이 좋다'라는 익스트림 프로그래밍(XP)의 원칙이다.

DRY*[3] 원칙

같은 처리를 하는 프로그램을 여러 곳에 쓸 것이 아니라 한곳에 모아 둬야 한다는 생각이다. 이렇게 해 두면 변경해야 할 경우 한 군데만 수정하면 된다.

용어 사용 예 ⇒ 소스 코드를 리팩터링했더니 훨씬 읽기 편해졌어!

관련 용어 ··· (테스트 주도 개발)······P109 (디자인 패턴)······P119

*1 Keep it simple, stupid *2 You ain't gonna need it *3 Don't repeat yourself

Garbage Collection
가비지 컬렉션

불필요한 영역을 자동으로 해제시키는 기능

프로그램 실행 도중 더 이상 사용하지 않는 메모리를 다시 사용할 수 있는 메모리로 전환하는 기능을 말한다. 프로그래머가 불필요한 메모리를 해제하는 지시를 쓰는 것이 이상적이지만, 잘못하면 확보 상태가 돼 버리기 때문에 메모리 부족이 발생한다. 많은 프로그래밍 언어가 불필요한 메모리 영역을 자동으로 해제시키는 기능을 갖추고 있다.

제3장

시스템을 개발하거나 실행 환경을 구축할 때 사용하는 IT 용어

불필요한 건
회수할게요.~

쓰레기

📖 용어 관련 이야기

참조 횟수 계산 방식
메모리를 제어하는 가비지 컬렉션의 한 방식이다. 사용하는 메모리 영역의 참조 수를 세어 뒀다가 그 수가 0이 되면 불필요하다고 판단해 가비지 컬렉션에서 제거한다.

마크 & 스위프
가비지 콜렉션을 구현하는 방법 중 하나이다. 어떤 오브젝트의 트래버스에 따라 도달할 수 있는 오브젝트에 표시(마크)해 표시되지 않은 오브젝트를 파기(스위프)하는 기법이다.

메모리 컴팩션
메모리 확보와 해제가 반복된 결과, 메모리가 빈 영역에 단편화가 발생했을 때, 빈 영역을 재배치하는 기능을 말한다. 애플리케이션이 아니라 운영 체제(Operating System)가 실행한다.

💬 용어 사용 예   😑 가비지 컬렉션이 한창일 때는 프로그램이 멈추는 거야?

관련 용어 ⋯→ 잡아먹다 ⋯⋯P268

Agile
애자일

요구사항 정의에서 릴리스까지 단기간에 반복하는 방법

소프트웨어를 개발할 때 요구사항 정의부터 설계, 구현, 테스트라는 일련의 흐름을 단기간에 반복함으로써 변경이 있어도 유연하게 대응할 수 있는 개발 방법 중 하나이다. 사양이 변경된다는 전제하에 고객과 대화하면서 '움직이는 소프트웨어'를 릴리스해 고객이 정말 갖고 싶은 것을 만든다. 유연성은 있지만, 방침이 바뀌면 개발의 방향성이 흔들리기 쉽다.

맛있게 드세요.

이제 뭘 드시겠습니까?

모든 메뉴를 한꺼번에 내놓는 정식
(워터폴)

고객의 의견을 들으면서 나눠 내놓는 코스 요리
(애자일)

용어 관련 이야기

워터폴(Waterfall)
요건 정의부터 설계, 구현, 테스트, 릴리스라는 흐름으로 개발하는 방법을 말한다. 계획을 정하기 쉽지만, 사양 변경이나 재작업이 발생하면 수정 시간이나 비용이 늘어나기 쉽다.

유저 스토리(Userstory)
고객이나 이용자의 눈높이로 소프트웨어의 요건을 간결하게 기술한 것을 말한다. 해당 소프트웨어로 이용자가 얻을 수 있는 가치를 적어 고객의 관점에서 방향성을 제시한다.

플래닝 포커(Planningpocker)
숫자가 적혀 있는 카드를 사용해 어떤 작업에 대해 함께 대화하면서 작업 공수를 유도하는 공수 견적 방법이다. 이 카드를 확인하면서 해당 공수를 논의하게 된다.

용어 사용 예 💬 다음 프로젝트는 애자일을 써 볼까?

관련 용어 ⋯ 어질리티 ⋯⋯ P80 린 스타트업 ⋯⋯ P106 DevOps ⋯⋯ P124

Scrum
스크럼

우선순위가 높은 것부터 움직이는 소프트웨어 개발 기법 중 하나

애자일 개발에 사용하는 기법 중 하나로, 소프트웨어 개발을 '스프린트'라고 불리는 단기간으로 구분하고 그 기간 내에 설계나 구현, 테스트 등을 반복한다. 무엇을 어떻게 만들 것인지를 명확히 하는 스프린트 계획이나 우선순위가 높은 것부터 개발을 진행하는 프로덕트 백로그를 사용함으로써 개발팀이 하나가 돼 개발을 효율적으로 진행할 수 있다.

제3장 시스템을 개발하거나 실행 환경을 구축할 때 사용하는 IT 용어

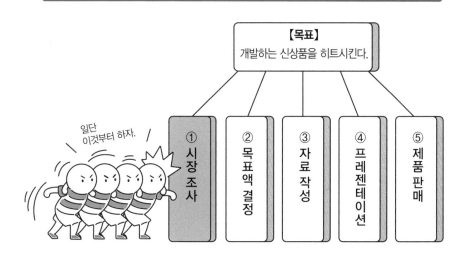

【목표】
개발하는 신상품을 히트시킨다.

일단 이것부터 하자.

① 시장 조사
② 목표액 결정
③ 자료 작성
④ 프레젠테이션
⑤ 제품 판매

📖 용어 관련 이야기

데일리 스크럼(Daily Scrum)
업무 공유 방식 중 하나로, 매일 아침 모든 구성원이 각자 업무와 현재 안고 있는 문제점 등을 공유한다. 이를 통해 구성원은 서로의 업무 일정을 쉽게 파악할 수 있다.

프로덕트 백로그
기능이나 요구, 요청, 수정 등 해당 소프트웨어 개발에 필요한 목록을 말한다. 순서를 구현했을 때의 가치 등으로 나열해 정기적으로 재검토한다.

스크럼 마스터(Scrum Master)
스크럼팀의 리더로, 프로젝트와 팀을 전반적으로 책임지는 관리자를 말한다. 각 프로젝트를 이끌고 단계별로 발생하는 문제를 해결하는 등과 같은 역할을 한다.

> **용어 사용 예** 💬 스크럼이라면 갑작스러운 사양 변경에도 유연하게 대응할 수 있을지 모르겠네.

관련 용어 ⋯▸ (애자일)⋯⋯P102 (이터레이션과 스프린트)⋯⋯P105 (린 스타트업)⋯⋯P106 (테스트 주도 개발(TDD))⋯⋯P109

Spiral
스파이럴

설계와 프로토타입 작성을 반복하는 개발 방법

설계와 프로토타입(시제품) 만들기를 반복하는 개발 기법으로, 시제품을 만들어 이미지를 확인하면서 개발을 진행한다. 피드백을 반영하기 때문에 고객의 요구에 부응하는 높은 품질의 제품을 개발할 수 있다. 다만, 의뢰인의 요구가 많아지면 시제품만 만들다가 기간 내에 완성하지 못할 수 있다.

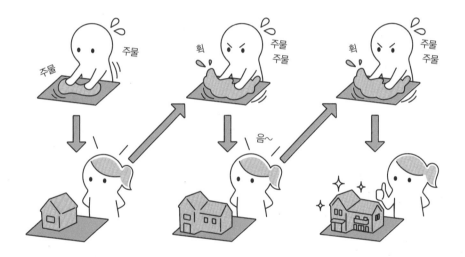

용어 관련 이야기

프로토타이핑
갑자기 완성품을 만드는 것이 아니라 최소한의 시제품을 만들어 이용자의 요구와 평가를 반영하면서 개발을 진행하는 기법을 말한다. 인식의 차이를 막기 위해 쓰인다.

점증 모형
요구되는 기능을 작은 단위로 분할해 각각 중요한 부분부터 우선해 완성시키고, 나머지를 추가 기능으로서 차례차례 릴리스해 나가는 개발 모델을 말한다.

이터레이티브(Iterative) 모델
소프트웨어 전체에 대해 처음에는 넓고 얕게 만든 후 조금씩 살을 붙여 나가는 기법을 말한다. 전체상을 처음부터 이미지화할 수 있고, 변화를 느끼면서 완성도를 높여 나갈 수 있다.

> 용어 사용 **예** 💬 스파이럴(나선형) 모델이라면 고객들이 완제품의 이미지를 갖기 쉽겠네.

관련 용어 ⟶ (노코드와 로우코드) ⋯⋯P44 (린 스타트업) ⋯⋯P106

Iteration and Sprint
이터레이션과 스프린트

애자일의 개발 주기

설계, 개발, 테스트, 개선이라는 사이클을 단기간(1주일에서 1개월 동안)에 반복하는 것을 말한다. 사양 변경 등이 발생해도 신속하게 대응할 수 있을 뿐만 아니라 눈앞에 있는 목표에 대해 전원이 높은 긴장감을 갖고 대응할 수 있다는 장점이 있다. '이터레이션(Iteration)'이라는 말은 주로 'XP', 스프린트(Sprint)라는 말은 주로 '스크럼(Scrum)'에서 사용한다.

설계자
개발자
검사원

🔔 용어 관련 이야기

XP(익스트림 프로그래밍)*
변경의 발생은 당연하다고 생각하고, 변경에 적극적으로 대응하는 개발 기법을 말한다. 소스 코드를 중시해 페어 프로그래밍이나 코드 리뷰로 코드를 계속 검토한다.

스프린트 계획
프로덕트 백로그 상위로부터 스프린트로의 항목을 선택하고, 그 스프린트로의 목표, 작업의 실행 계획을 세우는 것을 말한다. 팀으로서 작업량을 조정한다.

스프린트 리뷰
스프린트 종료 시 성과를 확인하는 것을 말한다. 프로덕트 백로그 항목의 추가나 삭제, 순서 교체 등을 통해 프로젝트의 가치를 최대화할 수 있도록 수정한다.

> **용어 사용 예** 💬 이터레이션과 스프린트는 개발 진행 방법이 똑같네.

관련 용어 ⋯ (스크럼) ⋯⋯ P103 (CI/CD) ⋯⋯ P114

* Extreme Programming

Lean Startup
린 스타트업

의사를 신속하게 결정하기 위해 가설 검증을 반복하는 방법

아이디어를 시제품으로 만든 후 시장의 반응을 다음 제품 개선에 반영하는 기법을 말한다. 시스템 개발의 경우, 가설 검증을 반복하면서 진행하는 개발 기법을 가리킨다. 최소한의 비용으로 개발해 신속하게 출시하고, 고객의 반응을 보고, 개선을 반복함으로써 수요에 맞지 않는 제품이나 서비스가 만들어지는 것을 예방한다. 시장의 인지도를 높일 수 있다는 장점이 있다.

싹둑

싹둑

좀 더 가볍게 만들 수 없을까?

화면이 좀 작은 것 같은데…

📚 용어 관련 이야기

MVP*1
말 그대로 최소 기능 제품이다. 정말 원하는 사람이 있는지를 검증하기 위해 최소한의 기능만 갖춘 제품을 시장에 내놓고 빠른 피드백을 받는다.

FDD*2
기능과 가치를 중시하는 개발 방법을 말한다. 비즈니스 관점에서 필요한 기능을 알아낸 후 소프트웨어를 적절한 간격으로 제공한다. 애자일 소프트웨어 개발 기법의 하나이기도 하다.

RUP*3
조직이나 프로젝트별로 커스터마이즈해 사용하는 것을 전제로 한 개발 기법을 말한다. 유스케이스(Use Case)라 불리는 시스템의 행동을 중심으로 개발을 반복적으로 추진한다.

용어 사용 예 🔵 전례 없는 프로젝트에는 린 스타트업이 좋을지 몰라.

관련 용어 ⟶ (애자일)······P102 (스크럼)······P103 (스파이럴)······P104

*1 Minimum Viable Product *2 Feature Driven Development *3 Rational Unified Process

Build(Build Tool)
빌드 (빌드 툴)

소스 코드로 실행 파일 생성

C 언어나 자바(Java) 등의 컴파일러형 언어로, 소스 코드를 작성한 후에 실시하는 컴파일이나 링크와 같은 작업을 말한다. 여러 소스 코드의 컴파일이 필요한 경우, 빌드 툴을 사용하면 복잡한 절차를 자동화할 수 있다. 변경하지 않은 소스 코드는 컴파일 작업을 실시하지 않기 때문에 컴파일 시간을 단축할 수 있다.

제3장 시스템을 개발하거나 실행 환경을 구축할 때 사용하는 IT 용어

용어 관련 이야기

make
자동 처리를 기술한 메이크 파일(Makefile)을 작성해 복잡한 절차라도 make라는 명령어만으로 실행할 수 있는 툴을 말한다.

Ant
자바 개발에서 자주 사용하는 빌드 툴을 말한다. 대부분의 자바 개발 툴에서 표준으로 사용되지만, 최근에는 메이븐(Maven)이나 그래들(Gradle)도 많이 사용한다.

Bazel
구글이 개발한 빌드 툴로, 다양한 언어나 환경을 위한 룰이 미리 준비돼 있다. 병렬 처리가 뛰어나 빌드 시간을 단축할 수 있다.

용어 사용 예 💬 대규모 소프트웨어라면 빌드에도 시간이 걸리잖아.

관련 용어 → (디플로이)……P108 (Webpack)……P155

Deploy
디플로이

개발된 소프트웨어를 사용할 수 있도록 배치

'배치한다'라는 의미로, 개발한 소프트웨어를 이용자가 사용할 수 있는 상태로 만드는 것을 말한다. 웹 애플리케이션의 경우는 웹 서버에 배치하고 설정해야 사용할 수 있는 상태가 된다. 단, 공개 여부와 관계없이 테스트용 환경에 배치하는 것도 가리킨다. 이용자에게 공개하고, 실제로 사용하는 것을 '릴리스(Release)'라고 한다.

용어 관련 이야기

프로비저닝(Provisioning)
네트워크나 서버에 필요한 소프트웨어를 도입하거나 적절히 설정해 사용할 수 있는 상태로 만드는 것을 말한다. 수요에 맞춰 준비해 두는 것도 포함된다.

디플로이 자동화
디플로이 작업을 명령어로 자동 실행할 수 있도록 설정하는 것을 말한다. 수작업에 따른 실수를 막을 수 있을 뿐만 아니라 디플로이에 걸리는 시간을 단축할 수도 있다.

스냅숏(Snapshot)
어느 시점의 파일이나 데이터베이스 등의 상태를 통째로 저장한 것을 말한다. 쉽게 복제할 수 있고, 다른 환경으로 옮겨도 이와 똑같은 상황을 재현할 수 있다.

용어 사용 예 ⊜ 디플로이가 생기면 동작을 확인하고 고객에게 연락해 주세요.

관련 용어 → (도그 푸딩) ……P47 (신 프로비저닝) ……P99 (빌드(빌드 툴)) ……P107 (CI /CD) ……P114

TDD(Test-Driven-Development)
테스트 주도 개발 (TDD)

테스트 코드를 사전에 준비해 개발을 추진하는 기법

테스트를 전제로 개발을 추진하는 개발 방법을 말한다. 실현하고자 하는 사양을 테스트 코드로 기술함으로써 구현한 코드가 테스트를 충족하고 있는지 체크하면서 개발을 추진해 오류를 만드는 것을 막는다. 테스트 코드가 성공했는지 실패했는지 판단하는 작업을 자동화하기 위해 흔히 단체 테스트 툴을 사용한다.

제3장

시스템을 개발하거나 실행 환경을 구축할 때 사용하는 IT 용어

📖 용어 관련 이야기

테스트 퍼스트(Test First)
소스 코드보다 테스트 코드부터 쓰기 시작하는 방법으로, 테스트 코드가 실패하지 않도록 코드를 수정한다. 주로 단체 테스트에서 사용한다.

페어 프로그래밍(Pair Programming)
1대의 컴퓨터를 사용해 두 사람 이상의 프로그래머가 작업하는 방법이다. 동시에 작업하면서 다른 사람의 의견을 수렴하므로 질을 높일 수 있다.

테스트 코드(Test Code)
프로그램이 올바르게 움직이고 있는지 확인하기 위한 소스 코드를 말한다. 개발자가 상정한 결과를 얻을 수 있는지 확인하기 위해 사용한다.

〰 용어 사용 예 🟰 테스트 주도 개발에서는 변경과 같은 유지 보수가 편하겠네.

관련 용어 ➡ (리팩터링)……P100 (CI/CD)……114

Work Breakdown Structure
WBS (업무 분류 체계)

프로젝트의 범위와 최종 산출물을 세부 요소로 분할한 계층적 구조

큰 프로젝트를 작은 단위(태스크)로 분할해 실시해야 할 작업을 명확히 한 것으로, 대·중·소로 나눈 트리(Tree) 구조로 표현하는 경우가 많다. 필요한 시간과 담당자, 납기 등을 일람할 수 있고, 누락이나 유출을 막을 수도 있다. 갠트 차트(Gantt Chart)와 함께 사용하는 경우도 많다.

📖 용어 관련 이야기

EVM(획득 가치 관리)*
프로젝트 성과 분석 방법으로, 완성하기까지 스케줄을 예측하는 데도 사용한다. WBS와 같은 시간이 아닌, 비용을 그래프로 만들어 표현한다.

갠트 차트(Gantt Chart)
태스크의 시작, 종료 시기와 공수, 담당자 등을 할당해 시계열로 나열하는 도표 등을 말하는 것으로, 작업 계획을 막대그래프와 같이 표현하기도 한다.

마인드맵(Mind Map)
머릿속으로 생각한 것을 조금씩 넓히면서 표현함으로써 사고를 정리하거나 새로운 발상을 하는 방식을 말한다. WBS를 작성할 때 많은 도움이 된다.

용어 사용 예	😑 큰 프로젝트라 WBS를 만들기도 쉽지 않네.

관련 용어 ⋯▶ (KPI와 KGI) ⋯⋯P77

* Earned Value Management

Unified Modeling Language
UML

객체지향 분석과 설계를 위한 모델링 언어

객체지향의 설계나 개발에서 통일된 서식으로 표현하기 위한 모델링 언어를 말한다. 문장이 아니라 알기 쉬운 그림으로 표현함으로써 발주자와 개발자 또는 개발자 간의 인식차가 발생하는 것을 막는다. 프로그래밍 언어와 관계없이 사용할 수 있으므로 기법의 의미를 익히면 프로그래밍에 대한 지식이 없어도 읽을 수 있다.

제3장

시스템을 개발하거나 실행 환경을 구축할 때 사용하는 IT 용어

건물의 외형은….

가구 배치는….

📖 용어 관련 이야기

플로차트(Flowchart)
'작업의 흐름'을 나타내는 도표를 말한다. 작업 현장의 평면도나 입체도에 작업의 경로를 선으로 표시한다. 프로그램의 처리를 표현할 뿐만 아니라 업무 흐름을 기술하는 데도 사용한다.

개체–관계 다이어그램(ERD)[*1]
데이터베이스 설계에서 테이블 간의 관계 등을 표현하는 도표를 말한다. 1대1, 1대n, n대n 등의 다중도를 직감적으로 표현할 수 있어 머릿속을 정리하기 쉽다.

자료 흐름도(DFD)[*2]
전체 정보 시스템으로 데이터가 어떻게 흘러가는지를 표현하는 그림을 말한다. 데이터의 흐름과 처리를 파악해 시스템의 기능을 알아 내는 데 사용한다.

용어 사용 예 💬 **프로그램을 개발하기 전에 UML을 그려 설계해 보자.**

관련 용어 ⋯→ (디자인 패턴) ⋯⋯P119

*1 Entity Relationship Diagram *2 Data Flow Diagram

DDD(Domain-Driven Design)
도메인 주도 설계(DDD)

고객과 개발자가 공통 언어를 사용해 설계하는 방법

발주자와 개발자가 소프트웨어 시스템을 공통 언어로 설계하고 모델화한 것을 코드로 구현하는 설계 기법을 말한다. 시스템의 내용을 이해할 수 없는 발주자와 업무 지식이 없어 고객의 비즈니스를 모르는 개발자 사이에서도 공통의 이해를 얻을 수 있을 뿐만 아니라 기능을 구현하기 쉬워 개발 속도를 향상시킬 수도 있다.

📖 용어 관련 이야기

VO(Value Object)
문자열, 정수와 같은 표준 프로그래밍 언어를 사용하는 것이 아니라 상품명 클래스나 금액 클래스를 만들어 말과 소스 코드를 일치시키는 것을 말한다.

SOLID(객체지향 설계) 원칙
단일 책임 원칙(SPR, Single Responsibility Principle), 개방 폐쇄 원칙(OCP, Open Closed Principle), 리스코프 치환 원칙(LSP, Liskov Substitution Principle), 인터페이스 분리 원칙(ISP, Interface Segregation Principle), 의존 관계 역전의 원칙(DIP, Dependency Inversion Principle)의 약자로, 소스 코드를 알기 쉽게 쓰는 가이드라인을 말한다.

RDRA(관계 기반 요구사항 분석)*
요구사항을 정의하는 데 사용하는 기법으로, 시스템화의 대상 범위를 결정하기 위해 외부 환경이나 접점에 주목해, 요구되는 기능이나 데이터와 관련 짓는 것이 특징이다.

용어 사용 예 💬 도메인 주도 설계를 하려면 업무 지식을 올바로 이해해야겠군요.

관련 용어 …▶ (클린 아키텍처) ……P113

Clean Architecture
클린 아키텍처

컴포넌트를 한 방향으로 관리하는 소프트웨어 설계 방법

사양을 변경해야 할 때 영향의 범위를 최소한으로 억제하기 위한 소프트웨어 설계 기법의 하나로, 소프트웨어를 개발할 때 그 구성하는 컴포넌트를 층(레이어)으로 분리함으로써 그 의존 관계를 한 방향으로 관리하는 기법이다. 흔히 동심원상의 그림을 사용하기 때문에 인터페이스를 통일하면 소결합(결합도가 약한 것)이 가능하고, 테스트하기도 쉽다.

제3장

시스템을 개발하거나 실행 환경을 구축할 때 사용하는 IT 용어

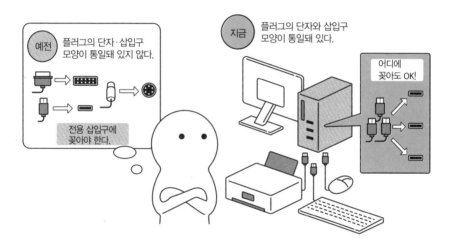

예전 플러그의 단자·삽입구 모양이 통일돼 있지 않다.

전용 삽입구에 꽂아야 한다.

지금 플러그의 단자와 삽입구 모양이 통일돼 있다.

어디에 꽂아도 OK!

📖 용어 관련 이야기

의존성 주입(Dependency Injection) 하나의 객체가 다른 객체의 의존성을 제공하는 방법을 말한다. 객체 사이에 생기는 의존 관계를 객체 내의 코드에 직접 기술하지 않고, 외부에서 제공한다.

레이어드 아키텍처(Layered Architecture) 소프트웨어를 개발할 때 각 모듈을 책무로 분할해 의존 관계를 줄이는 방법을 말한다. 클린 아키텍처 외에 어니언 아키텍처 등이 있다.

임피던스 불일치(Impedance Mismatch) 데이터 구조나 프로그래밍 패러다임 간의 불일치를 말한다. 프로그램이 객체지향으로 보유하고 있는 데이터를 데이터베이스에서 제대로 표현할 수 없는 상황 등을 가리킨다.

용어 사용 예 🗨 클린 아키텍처에서는 동심원 상의 그림을 자주 보게 되네.

관련 용어 ⋯⋯ 도메인 주도 설계(DDD) ⋯⋯ P112

Continuous Integration/Continuous Delivery
CI/CD

빌드, 테스트, 디플로이를 자동화하는 시스템

소스 코드를 커밋하면 빌드나 테스트가 자동으로 실행되는데, 실패했을 때 즉시 피드백되는 방법을 CI(지속적 통합)라고 한다. 상태가 좋지 않을 때 문제가 발견되기까지의 시간을 단축할 수 있고 원인을 찾아 내기 쉽다. 소프트웨어를 언제든지 릴리스할 수 있는 상태로 만들어 두는 것을 CD(지속적 배포)라고 한다.

용어 관련 이야기

블루 그린 배포

CD(지속적 배포)에서 파생된 배포 방법을 말한다. 운영 환경(블루)을 새로운 환경(그린)으로 즉시 전환해 서버의 다운타임을 제로로 만드는 것을 말한다.

카나리 릴리스(Canary Release)

새 버전의 소프트웨어를 출시할 때 소수의 사용자에게만 먼저 배포함으로써 리스크를 줄이는 기법으로, 신기능에 문제가 없다는 것을 확인하면서 단계적으로 전체를 향해 전개해 나간다.

CI/CD 파이프라인

CI나 CD 조작을 자동화함으로써 처리 분할에 따른 병렬 실행이나 조건을 만족했을 경우에만 실행하는 것을 말한다. 자동화해 두면 오류가 생겼을 때 간단하게 재실행할 수 있다.

용어 사용 예 💬 CI/CD라면 언제든지 실전 환경에 릴리스할 수 있을 거야.

관련 용어 ⋯ (Kuborneter) ⋯⋯P95 (이터레이션과 스프린트) ⋯⋯P105 (디플로이) ⋯⋯P108
(테스트 주도 개발(TDD)) ⋯⋯P109 (DevOps) ⋯⋯P124

Request for Proposal
RFP(제안요청서)

소프트웨어로 구현하는 범위를 문서로 결정한다

RFP는 정보 시스템의 도입이나 업무 위탁을 하는 업체에서 프로젝트를 진행할 후보 업체에 보내는 제안 문서를 말한다. RFP에는 시스템 도입의 목적이나 배경, 현재의 과제를 기술하고, 안건의 범위나 목표, 기준이 되는 스케줄이나 예산 규모 등을 제시하는데, 이 내용에 따라 비용과 구현 범위를 결정하게 된다.

맑게 갠 푸른 하늘….
아침 노을을 받아
산이 참 아름답다.
오늘의 파도는 잔잔해서….

드르륵

🗂 용어 관련 이야기

요구 분석(요구 정의)
기능 요건이나 비기능 요건을 포함해 어떤 것을 구현하고 싶은지, 실현되지 않으면 곤란한 점은 무엇인지를 고객 측의 관점에서 요구를 정리하는 것을 말한다.

요건 정의
구현하는 기능이나 성능과 같은 품질이나 개발하는 범위 등을 포함해 시스템이 무엇을 해야 하는지, 무엇이 필요한지를 개발 측의 관점에서 정리하는 것을 말한다.

RFI(정보 요청서)*
업무를 위탁하거나 입찰할 때 상대를 비교하기 위해 그 회사의 회사 정보나 실적, 제품의 카탈로그와 같은 정보 제공을 의뢰하는 서류를 말한다.

용어 사용 예 💬 RFP에 쓰여 있지 않은 거라면 개발자가 알 턱이 없잖아요.

관련 용어 ⋯▶ (RFC) ⋯⋯P157 (SLA) ⋯⋯P182

* Request For Information

Infrastructure as Code
IaC

인프라의 구성을 코드로 기술하고 관리하는 것

서버, 네트워크와 같은 인프라를 자동으로 설정하기 위해 소스 코드나 설정 파일 등을 통해 기술하고 관리하는 것을 말한다. 지금까지는 절차에 따라 구축했지만, 전문 지식이 없으면 대량의 서버를 구축하는 데 시간이 걸렸다. 이 작업을 프로그램으로 자동화하면 누구나 실수 없이 구축할 수 있다.

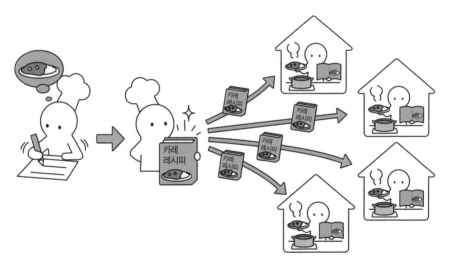

용어 관련 이야기

앤서블(Ansible)
파이썬(Python)에서 만든 인프라 구축 자동화 도구를 말한다. 대상 서버에 에이전트 등을 설치하지 않고 소프트웨어를 설치하거나 설정할 수 있다.

셰프(Chef)
루바(Ruby) 등으로 만든 서버 설정 툴을 말한다. 대상 서버에 에이전트를 도입하고, 관리 서버에서 설정 정보를 취득해 인스톨이나 설정을 한다.

멱등성(멱등 법칙)
동일한 작업을 여러 번 반복해도 결과가 달라지지 않는 성질을 의미한다. 실수로 다시 실행해도 파일이 이중으로 만들어지는 일 없이 누가 해도 같은 설정을 재현할 수 있다.

용어 사용 **예** 💬 IaC를 도입해 두면 간단하게 서버를 구축할 수 있겠군.

관련 용어 → (Docker) ⋯⋯P94 (DevOps) ⋯⋯P124

Field Programmable Gate Array
FPGA

내부 구성을 자유롭게 변경할 수 있는 집적 회로

현장에서 설계자가 구성을 설정할 수 있는 집적 회로를 말한다. 프로그램이 가능한 게이트 어레이이기 때문에 내부 구성을 자유롭게 변경할 수 있고, 전용 처리를 기입하기만 하면 고속으로 처리할 수 있다. 집적 회로의 예로는 이 밖에도 CPU가 있는데, 처음부터 구성이 정해져 있어 나중에 변경할 수는 없지만, 프로그램을 만들어 다양한 처리를 자유롭게 실행할 수 있다.

제3장 시스템을 개발하거나 실행 환경을 구축할 때 사용하는 IT 용어

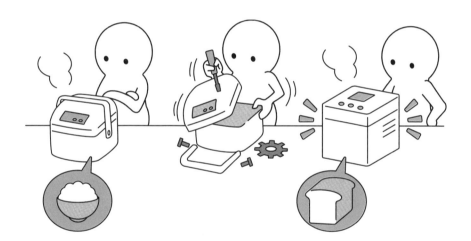

📖 용어 관련 이야기

HDL[*1]
FPGA 등의 설계에서 사용하는 하드웨어 기술 언어(회로의 구조나 동작을 기술하기 위한 언어)로, 프로그래밍 언어처럼 수식이나 조건 분기 등을 쓸 수 있다.

3D - MID[*2]
3차원 성형 회로 부품으로, 본체 케이스의 표면에 직접 배선된 부품을 가리킨다. 2차원의 배선보다 부품 점수를 삭감할 수 있어 경량화나 저비용화로 연결된다.

임베디드 소프트웨어
간단하게 조작할 수 있는 내장형 프로그램을 말한다. 텔레비전, 에어컨 등과 같은 각종 전자제품이나 정보 기기 등에 설치돼 미리 정해진 특정한 기능을 발휘한다.

용어 사용 예 😊 **소프트웨어 개발자도 FPGA를 알아야 한다.**

관련 용어 ⟶ (아키텍처) ······P118 (SDN과 NFV) ······P213 (ASIC과 TPU) ······P247

*1 Hardware Description Language　*2 Three-Dimensional Molded Interconnect Device

Architecture
아키텍처

하드웨어와 소프트웨어의 설계 방식

하드웨어와 소프트웨어를 포함한 컴퓨터 시스템 전체의 설계 방식을 의미한다. 어디까지나 '설계 방식'이므로 어떻게 구현돼 있는지는 묻지 않지만, 인터페이스나 프로토콜은 정해져 있다. 따라서 준비된 인터페이스에 맞춰 하드웨어나 소프트웨어를 개발하면 호환성이 있다는 것을 원칙적으로 보증한다.

🔖 용어 관련 이야기

x86

인텔 사의 CPU 아키텍처로, 8086, 80286과 같은 제품의 시리즈명을 말한다. 이 CPU의 명령 세트와 호환성이 있으면 타사의 제품을 포함하기도 한다.

x64

x86이 32비트인 CPU 명령 세트 아키텍처를 가리키는 반면, x64는 64비트인 CPU 명령 세트 아키텍처를 가리킨다. 현재는 x64가 주류를 이룬다.

프로그래밍 패러다임

프로그램 언어에 따른 특징적인 프로그래밍을 추상화한 개념을 말한다. '손쉽게 만들고 싶다', '처리 속도를 추구하고 싶다', '대규모 프로그램에서도 보수하기 쉽다' 등이 있다.

용어 사용 예 💬 애플 실리콘(Apple Silicon)은 CPU의 새로운 아키텍처 맞지?

관련 용어 ⋯ (FPGA) ⋯⋯ P117

Design Pattern
디자인 패턴

재사용성을 지닌 객체지향 소프트웨어의 핵심 요소

프로그램 개발에서 자주 나타나는 과제와 그에 대한 좋은 설계를 정리한 것을 말한다. 과거 소프트웨어 개발 과정에서 발견된 설계 노하우가 많으므로 이를 참고하면 효율적으로 설계할 수 있다. 유명한 것으로는 'GoF의 디자인 패턴'이 있는데, 아는 기술자끼리는 패턴명을 전하기만 해도 그 설계의 개요를 이해할 수 있어 설계나 개발을 순조롭게 진행할 수 있다.

제3장

시스템을 개발하거나 실행 환경을 구축할 때 사용하는 IT 용어

📖 용어 관련 이야기

코딩 규약
프로그램의 보수성과 품질을 높이기 위해 정해져 있는 프로젝트의 소스 코드 기술 규칙을 말한다. 프로그래밍 언어에서 쓰는 가이드라인도 있다.

GoF
'Gang of Four'라 불리는 4명의 개발자가 정한 23가지 디자인 패턴을 말한다. 객체지향 개발에서 자주 사용한다.

안티패턴
소프트웨어 개발에서 하기 쉬운 실수나 피해야 할 사례를 말한다. '읽기 힘든 스파게티'라 불리는 소스 코드나 긴 처리를 담은 함수 등을 가리킨다.

용어 사용 예 ☰ 디자인 패턴을 모르는 사람과 이야기하면 시간이 많이 걸리는 건 당연하다.

관련 용어 ⋯→ (리팩터링) ⋯⋯P100 (UML) ⋯⋯P111

Framework
프레임워크

많은 소프트웨어에서 사용되는 토대

소프트웨어의 구체적인 기능들에 해당하는 부분의 설계와 구현을 재사용할 수 있도록 준비된 소프트웨어 환경을 말한다. 개발자는 이 토대 위에서 개별적인 기능을 구현하기만 하면 되기 때문에 개발 효율의 향상을 기대할 수 있다. 반면, 같은 프레임워크를 사용한 것은 외관이나 동작이 비슷해 개발자가 독창성을 발휘하기 어렵다.

용어 관련 이야기

스캐폴드(Scaffold)
프레임워크에 마련돼 있는 기능을 말한다. 대부분의 애플리케이션에서 사용하는 처리 서식 소스 코드를 자동으로 생성할 수 있어 개발에 걸리는 시간이 단축된다.

라이브러리와의 차이
라이브러리는 프로그램에 편리한 기능을 추가할 수 있지만, 개발자가 지시하지 않는 한 아무것도 처리하지 않는다. 프레임워크는 처리를 구현하지 않아도 어느 정도 자동으로 처리한다.

SDK(소프트웨어 개발 키트)*
애플리케이션을 쉽고 편하게 개발하도록 프로그래머에게 제공하는 도구를 말한다. 라이브러리뿐만 아니라 샘플 코드, 관련 도큐먼트 등을 패키지로 제공한다.

용어 사용 예 💬 새로운 프레임워크가 등장하면 공부하기가 힘들 것 같은데….

관련 용어 ⋯→ (CSS 프레임워크) ⋯⋯P149 (스크래치 개발) ⋯⋯P176

　* Software Development Kit

Thread, Process
스레드와 프로세스

소프트웨어가 CPU를 이용하는 단위

컴퓨터는 여러 프로그램을 동시에 실행할 수 있기 때문에 어느 처리가 CPU를 사용할지 OS를 할
당하는데, 이때 분할하는 단위를 말한다. 프로세스(Process)는 OS가 실행하는 프로그램의 단위
이다. 일반적으로는 프로그램 1개를 실행하면 프로세스가 1개 동작한다. 1개의 프로세스 안에
서는 여러 스레드(Thread)를 실행할 수 있다.

제3장

시스템을 개발하거나 실행 환경을 구축할 때 사용하는 IT 용어

용어 관련 이야기

CPU 코어

하나의 CPU 안에서 실제로 처리하는
부분을 가리킨다. 최근에는 여러 개의
코어를 내장하는 CPU가 많은데, 코어
의 개수만큼 동시에 여러 처리를 수행
할 수 있다.

멀티스레드(Multi-Thread)

1개의 애플리케이션이 몇 개의 처리
를 병렬적으로 처리하는 형태를 말한
다. 장시간 동안 처리할 때 메인 스레
드와는 별도의 스레드를 사용하면 응
답성이 향상된다.

뮤텍스(Mutex)

복수의 스레드나 프로세스 간에 배타
제어나 동기화를 구현할 때 사용하는
기술을 말한다. 여러 프로세스가 동
시에 시동하는 것을 막기 위해 사용
하기도 한다.

용어 사용 예 💬 하나의 프로세스 안에서 여러 스레드를 동시에 실행해 봐요.

관련 용어 ⋯ 끊다 ⋯⋯ P267 잡아먹다 ⋯⋯ P268

Immutable
이뮤터블

나중에 상태를 변경할 수 없는 것

한 번 정해지고 나면 변경 자체가 불가능한 것을 가리키는 말이다. 프로그램의 경우, 변수에 대입한 객체의 내용을 변경할 수 없다는 것을 의미한다. 변숫값을 변경할 때는 새로 메모리 영역을 확보해 객체를 다시 작성해야 객체를 함수로 넘겨도 값이 변하지 않아 예상치 못한 오류를 줄일 수 있다.

작잖아…

🌊🌊 용어 관련 이야기

이뮤터블 인프라스트럭처
서버를 구축한 후에는 버전업이나 갱신 프로그램을 적용하지 않는 기법을 말한다. 새로운 환경을 구축해 두고 바꿔 사용한다.

부작용
상정되는 처리가 이뤄질 뿐만 아니라 그 밖의 영향이 나타나는 것을 말한다. 예를 들어 함수나 메서드를 실행했을 때 상태를 관리하는 변수나 객체의 내용이 바뀌는 것을 가리킨다.

참조 투과성
똑같이 입력하면 반드시 같은 결과를 얻는 것을 말한다. 함수의 다른 변수로 결과가 바뀌지 않기 때문에 테스트가 쉬워지는 등의 이점이 있다.

용어 사용 예 😊 의도치 않은 버그를 예방하려면 이뮤터블한 코드를 쓰자!

관련 용어 ⋯ 정적 분석 ⋯⋯ P131

Open Source Software
오픈소스(OSS)

소스 코드가 무료로 공개된 소프트웨어

소프트웨어 개발자가 소스 코드를 무상으로 공개하고 있어 이용이나 수정, 재배포가 자유롭게 허가된 소프트웨어를 말한다. 전 세계 개발자가 수정이나 기능 추가에 참여할 수 있기 때문에 공헌하는 사람이 늘면 기능이나 품질이 높아진다. 무료로 이용할 수 있으면 이용자가 증가하기 때문에 보다 사용하기 쉬운 소프트웨어가 되는 경우가 많다.

오므라이스 레시피
① 재료를 잘게 썬다.
② 프라이팬에 버터를 두고 재료를 볶는다.
③ 밥을 넣고….

[재료]
달걀 2개
밥 200그램
닭 다리살 40그램
양파 1/4개
파슬리 잘게 썬 것
우유

용어 관련 이야기

라이선스
OSS(오픈소스소프트웨어)의 이용이나 수정, 재배포 등은 그 소프트웨어의 라이선스에 따라야 한다. 대표적인 예로 GPL*, BSD License, MIT License 등이 있다.

카피레프트(Copyleft)
저작권(Copy-right) 소유자가 자신의 창작물을 복사하거나 변경, 재배포하는 권리를 이용자에게 허용하는 것을 의미한다.

사유(Proprietary)
오픈소스와 대비되는 개념으로, 소스 코드나 프로그램의 소유권을 주장해 이용자의 권리를 제한하는 것을 말한다. 소스 코드는 공개하지 않고 바이너리만 배포된다.

용어 사용 예 💬 **오픈소스를 사용할 때는 라이선스에 유의해야 해.**

관련 용어 ⋯ (버전 관리 시스템)⋯⋯P136

＊ General Public License

Development + Operation
데브옵스(DevOps)

개발부터 유지보수까지 신속 대응

'데브옵스(DevOps)'는 '개발(Development)'과 '운영(Operation)'의 합성어로 개발자와 운용 담당자가 긴밀하게 제휴해 시스템을 유연하고 스피디하게 개발하는 것 또는 조직으로서의 문화를 말한다. 새로운 기능을 추가하는 개발자와 시스템을 안정적으로 작동시키는 운용 담당자가 협력함으로써 고객의 요구에 신속하게 대응할 뿐만 아니라 엔지니어도 폭넓은 스킬을 몸에 익힐 수 있다.

지글지글   제깍   제깍   제깍

📖 용어 관련 이야기

QA*1(품질 보증)
시스템을 개발할 때 리뷰나 테스트 등으로 그 성능이나 기능의 품질을 보증하는 것을 말한다. 합격 기준을 충족하는지 제삼자가 검사하는 경우가 많다.

필요한 조직 문화
데브옵스를 도입할 뿐만 아니라 서로를 존중하고, 신뢰하며, 실패에 대한 건전한 태도와 비난을 피하는 조직 문화가 필요하다.

ITIL*2
IT 서비스 관리의 성공 사례를 모은 문서로, 전 세계 기업으로부터 효율성을 인정받아 사실상의 표준 IT 서비스 관리로 활용되고 있다.

용어 사용 예 😑 **구성원들이 협조해 줘야 데브옵스를 추진할 수 있다.**

관련 용어 ··· (애자일) ··· P102 (CI/CD) ··· P114 (IaC) ··· P116 (SRE) ··· P125 (SoE와 SoR) ··· P126

* 1 Quality Assurance   * 2 Information Technology Infrastructure Library

Site Reliabilty Engineering
SRE

신뢰성을 높이기 위한 시스템 자동화

SRE는 IT 운영에 대한 소프트웨어 엔지니어링 접근 방식을 말한다. SRE팀은 시스템 전체의 신뢰성을 향상시키기 위해 사고 관리, 구성 관리와 같은 시스템 관리에 툴을 도입해 자동화하는 등 기업의 서버나 네트워크 기기 등의 시스템을 효율적으로 관리해 문제를 해결한다. 개발 부문과 인프라 부문의 가교 역할을 하기도 한다.

제 3 장

시스템을 개발하거나 실행 환경을 구축할 때 사용하는 IT 용어

딸칵　딸칵

주르륵

자동화하면 시간을 단축할 수 있다.

 용어 관련 이야기

CRE*
고객의 신뢰성을 높이는 엔지니어를 말한다. 고객의 문의에 대한 원인을 조사하고 고객 지원 담당자가 사용하는 시스템을 개발한다.

토일(Toil)
자동화하려고 해도 끝까지 수작업이 남게 되는 부분을 말한다. 몇 번 실행하는 작업이므로 제로로 만들기는 어렵지만, 가능한 한 줄이는 것이 중요하다.

오차 예산(Error Budgets)
문제가 발생해도 허용할 수 있는 에러의 양을 말한다. '에러 제로'를 목표로 하면 새로운 것에 도전하지 않게 되므로 허용할 수 있는 범위를 정해 그 범위 내에서 도전하게 한 것이다.

> **용어 사용 예** 💬 SRE는 회사에 따라 다르지만, 개발 경험은 그 무엇보다 중시된다.

관련 용어 ⋯ (DevOps) ⋯⋯P124

* Customer Reliability Engineer

System of Engagement, System of Record
SoE와 SoR

시스템 설계의 방향성

시스템을 만들 때 사내용과 사외용은 그 목적과 특징이 다르다. 주로 사외용으로 사용하는 SoE 는 개발자의 눈높이로 개발된 이용자 중심의 '정보계 시스템'으로, 이용자의 활용이 중요하다. 사내용인 SoR은 정보 축적 등을 목적으로 개발된 데이터 기록 중심의 '기간계 시스템'으로, 무엇보다 정확한 기록이 중요하다.

용어 관련 이야기

시스템 인티그레이터
기업이 사용하는 전반적인 IT 시스템을 고려해 설계, 개발, 운용하는 회사를 말한다. 'System Integrator'를 줄여 'Sler'이라 하기도 한다. 시스템의 안정적인 가동이 요구된다.

Web계 기업
SNS나 EC 사이트 등 자사에서 웹 사이트를 운영하고 여기서 제공하는 서비스를 개발하는 기업을 말한다. 새로운 기술에 적극적으로 임하는 회사가 많다.

Sol*
빅데이터나 AI 등을 활용하는, 데이터 분석의 기반이 되는 부분을 말한다. 분석해 얻은 결과는 SoE나 SoR을 지원하는 역할을 기대할 수 있다.

> 용어 사용 예 ➡ SoE와 SoR은 서로 상부상조하는 관계니까 모두 중요해.

관련 용어 ⋯ (DevOps) ⋯⋯ P124

* Systems of Insight/Intelligence

Cluster
클러스터

수많은 컴퓨터를 모아 놓은 집합체

클러스터는 무리 또는 집단을 의미하며, 여러 컴퓨터를 하나의 컴퓨터 시스템으로 통합해 처리하거나 운용을 효율화하는 시스템을 말한다. 다수의 컴퓨터로 분산해 병렬 처리를 하면 슈퍼컴퓨터와 같은 성능을 구현할 수 있는데, CPU, 메모리, 통신 속도 등의 균형뿐 아니라 병렬 계산을 고려해 프로그램을 만들어야 한다.

제3장

시스템을 개발하거나 실행 환경을 구축할 때 사용하는 IT 용어

📖 용어 관련 이야기

HPC*
대용량의 정보를 고속으로 처리해 주는 고성능 컴퓨팅으로, 시뮬레이션처럼 방대한 양을 계산해야 하는 작업을 더욱 빠르고 효율적으로 수행하는 것을 말한다.

GPU 클러스터
최신 GPU를 내장한 소형 컴퓨터를 말한다. 클러스터를 작성해 주목을 받는 기계로, 학습 등에서 매우 빠르게 계산할 수 있는 구성을 말한다.

그리드 컴퓨팅(Grid Computing)
모든 컴퓨팅 기기를 하나의 네트워크로 연결해 정보 처리 능력을 극대화하는 구조를 말한다. 분산된 컴퓨팅 자원을 유효하게 활용하는 개념이다.

용어 사용 **예** 💬 **클러스터가 성능을 발휘하려면 병렬 실행을 의식해야 한다.**

관련 용어 ⋯→ (벤치마크)⋯⋯P85 (클러스터링)⋯⋯P224 (GPU)⋯⋯P248

＊ High Performance Computing

Migration
마이그레이션

다른 운영 환경으로 옮기는 과정

프로그램, 데이터 등을 새로운 환경으로 옮기는 과정을 말한다. 일반적으로 운영체제(OS)와 같은 실행 환경이 변하는 경우를 말하는데, 호환성이 없어 소프트웨어를 다시 만드는 경우가 많다. 지금까지 사용하던 환경 지원이 종료되는 경우에는 짧은 기간에 정확하게 마이그레이션 작업을 수행해야 하기 때문에 면밀한 계획을 세워야 곤란한 일이 발생하지 않는다.

 용어 관련 이야기

리플레이스(Replace)
지금까지 사용하던 시스템을 새로운 환경이나 동등한 기능을 가진 다른 시스템으로 교체하는 것을 말한다. 운영체제는 바꾸지 않고 데이터만 교체하는 경우가 많다.

레거시 마이그레이션
기존 구형 시스템을 저비용, 고효율의 신형 시스템으로 전환하는 것을 말한다. 코볼(COBOL)과 같은 프로그래밍 언어로 쓰인 시스템을 전환하는 경우가 많다.

라이브 마이그레이션
어느 컴퓨터상에서 동작하는 가상 머신을 실행한 채 다른 컴퓨터로 옮기는 것을 말한다. 하드웨어를 유지 관리, 교체, 구성 변경을 할 때도 소프트웨어를 정지하지 않고 이행할 수 있다.

용어 사용 예 💬 이 시스템도 마이그레이션 대상에 들어가 있거든요.

관련 용어 ⋯ (DX) ⋯⋯P17 (시들다) ⋯⋯P260

Cross Platform
크로스 플랫폼

둘 이상의 플랫폼에서 실행할 수 있게 개발

다른 하드웨어나 OS에서도 같은 프로그램을 그대로 실행할 수 있다는 것을 의미한다. 같은 소스 코드로 각 OS에 맞는 실행 파일을 생성할 수 있는 툴이나 개발 기법을 가리키기도 한다. 윈도우와 맥OS에서 같은 프로그램을 실행할 수 있고, iOS와 안드로이드 전용 앱을 생성할 수도 있는데, 이것이 바로 크로스 플랫폼에 해당한다.

제3장

시스템을 개발하거나 실행 환경을 구축할 때 사용하는 IT 용어

📖 **용어 관련 이야기**

이식
어떤 환경을 위해 작성한 소스 코드를 다른 하드웨어에서도 움직이도록 변환하는 것을 말한다. 32비트에서 64비트로, 윈도우에서 매킨토시 운영체제로 이식하는 경우가 있다.

바이트코드(Bytecode)
실행 환경의 OS나 CPU에 상관없이 작성한 '중간 코드'를 말한다. 기계어로 변환하면서 실행하므로 환경에 맞게 작성할 필요는 없다.

JIT* 방식
스크립트 언어로 작성된 앱 등을 여러 번 실행할 경우에 대비해 1차로 내부에서 컴파일 처리를 하는 방식을 말한다. 2차부터는 고속으로 실행할 수 있다.

〰️ **용어 사용 예** 💬 이 앱은 크로스 플랫폼을 지원한다.

관련 용어 ⋯ (트랜스파일러) ⋯⋯ P162

* Just In Time

Hackathon
해커톤

개발에 몰두하는 행사나 공모전

해커톤(Hackathon)은 '해크(Hack)'와 '마라톤(Marathon)'의 합성어로, 프로그래머와 디자이너 등 연관 작업을 하는 사람들이 협업해 소프트웨어를 개발해내는 행사나 공모전을 말한다. 정해진 기간 내에 개발해 그 성과를 겨루는데, 다른 직종이 모이므로 새로운 아이디어가 탄생할 뿐 아니라 제로 상태에서 개발하므로 새로운 기술을 배울 수도 있다.

새로운 시스템 개발

📖 용어 관련 이야기

매시업(Mashup)
다양한 서비스와 정보를 융합해 새로운 서비스를 만들어 내는 것을 말한다. 원하는 정보를 여러 번 검색하지 않아도 한번에 얻을 수 있다는 장점이 있다.

오픈 데이터(Open Data)
국가나 지방 공공 단체 등이 보유한 데이터를 인터넷 등을 통해 누구나 자유롭게 이용·재배포할 수 있는 개방형 데이터를 말한다. 영리·비영리 목적과 관계없이 사용할 수 있다.

메이커 무브먼트(Maker Movement)
3D 프린터 등의 기계의 등장으로 간편하게 제조를 할 수 있는 것으로부터 확산되고 있는, 디지털 기술을 사용한 제품 만들기의 조류를 말한다. 제3의 산업혁명이라고도 한다.

용어 사용 💬 **이번 사흘 연휴에는 해커톤에 참가해 볼까?**

관련 용어 ┈› (어드벤트 캘린더) ······P86

Static Analysis
정적 분석

프로그램을 실행하지 않고 확인하는 방법

컴퓨터를 사용해 소스 코드 오류를 진단하는 작업을 '정적 분석', 사람이 육안으로 확인하는 것을 '코드 검사'라고 한다. 프로그램을 실행하지 않고 다양한 문제를 발견하기 때문에 테스트 이전 단계에서 검증할 수 있다. 에러를 초기 단계에서 발견할 수 있어 재작업을 방지하고 영향을 최소화하기 위해 실행한다.

사전 체크!

음.~

제3장

시스템을 개발하거나 실행 환경을 구축할 때 사용하는 IT 용어

용어 관련 이야기

리버스 엔지니어링(Reverse Engineering)
소스 코드를 공개하지 않는 소프트웨어 실행 파일을 분석해 기술 정보를 알아보는 것으로, 멀웨어 동작 분석 등 보안 면에서 사용하기도 한다.

매트릭스(Matrix)
소스 코드의 규모나 복잡함, 보수성 등을 정량적 수치로 나타내는 지표를 말한다. 예를 들어 복잡성의 지표에는 응집도, 결합도, 사이클로매틱 복잡도 등이 있다.

워크스루(walk-through)
원래는 프로그램의 오류를 검토 과정에서 발견하기 위해 인쇄한 소스 코드를 점검하는 것을 말한다. 오류를 발견하기 위해 성과물을 점검한다는 의미로 사용하는 경우가 많다.

용어 사용 예 💬 **소스 코드를 정적 분석해 좋고 나쁨을 숫자로 판단하자.**

관련 용어 ⟶ (이뮤터블) ······P122 (커버리지) ······P132

Coverage
커버리지

테스트의 망라율을 측정하는 지표

망라성의 척도로서 사용하는 값을 말한다. 소프트웨어 테스트에서는 품질을 높이기 위한 목표로 사용한다. 예를 들면 모든 명령을 실행했는지 점검하는 'C0(명령 망라)', 모든 분기를 실행했는지를 점검하는 'C1(분기 망라)', 모든 편성을 적어도 1회 실행했는지를 점검하는 'C2(조건 망라)'가 있다.

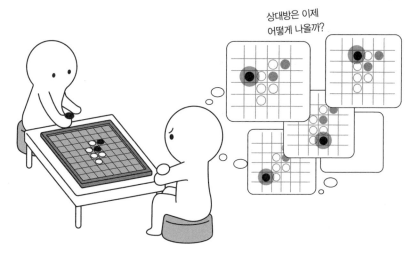

상대방은 이제 어떻게 나올까?

📚 용어 관련 이야기

화이트박스 테스트(WhiteBox Test)
소스 코드의 내용을 보고 각 처리에 사용하는 명령이나 분기, 조건 등이 망라돼 있는지 점검하는 방법을 말한다. 사양서에 쓰여 있는 대로 동작하는지 확인한다.

블랙박스 테스트(BlackBox Test)
소스 코드를 보지 않고 프로그램 입출력에만 주목해 동작이 사양대로인지를 판정하는 방법을 말한다. 정해진 테스트 케이스에서 올바른 결과를 얻을 수 있는지 확인한다.

BTS*
프로젝트에서 검출한 버그(결함)를 등록하고 수정 상황을 관리하는 시스템을 말한다. 담당자나 대응 상황, 이력을 파악하고 정보를 공유하기 위해 사용한다.

용어 사용 예 💬 **커버리지는 100%로 하는 게 목적이 아니야.**

관련 용어 → (정적 분석) ⋯⋯P131

non SQL (또는) non relational SQL (또는) Not only SQL
NoSQL

관계형 데이터베이스 이외의 데이터베이스

관계형 데이터베이스의 과제를 해결하기 위해 만든 데이터베이스를 말한다. 표 형식의 구조와 상관없이 다양한 형식의 데이터를 그대로 저장할 수 있다. 데이터를 여러 서버로 분산해 저장할 수 있는 등 확장성이 높고, 다수의 액세스가 집중돼 있을 경우에도 성능을 올리기 쉬운 특징이 있다. 데이터 분석 등의 용도로 많이 사용한다.

📖 **용어 관련 이야기**

비정형 데이터
주소록의 우편번호, 주소, 전화번호와 같은 항목의 내용에 따라 넣을 장소가 정해져 있는 것이 아니라 블로그 기사나 이미지, 동영상처럼 자유로운 형식을 말한다.

키 밸류 스토어(Key Value Store)
'키(Key)'와 '밸류(Value)'의 조합으로 만들어지는 단순한 데이터 구조를 말한다. 키의 값으로 검색하면 대응하는 값을 고속으로 찾아 낼 수 있다.

컬럼(열)지향형
보통 관계 데이터베이스가 행 단위로 데이터를 취급하는 데 반해, 열 단위로 데이터를 취급하는 기법을 말한다. 같은 열에 비슷한 값이 들어가는 경우에 집계 처리를 하기 편리하다.

용어 사용 **예** 💬 방대한 데이터를 검색하는 것이므로 NoSQL을 사용해 보자!

관련 용어 ⋯→ 미들웨어 ⋯⋯P83 정규화 ⋯⋯P88

Stored Procedure
스토어드 프로시저

데이터베이스 관리 시스템에 저장되는 정형 처리

데이터베이스 안에 저장되는 함수로, 데이터베이스 내에서 조건 분기나 루프 등의 제어를 포함한 여러 처리를 한꺼번에 실행하는 역할을 한다. 사전에 컴파일해 두면 고속으로 처리할 수 있고, 호출 측의 프로그램도 단순해진다. 호출 측의 프로그램 반환값이 있는 경우에는 '스토어드 함수 (Stored Function)'라고 부르기도 한다.

📖 용어 관련 이야기

PL/SQL
오라클(Oracle) 사가 개발한 SQL의 확장 언어로, 오라클 데이터베이스 (Oracle Database)의 스토어드 프로시저를 작성하는 데 사용한다. DB2나 Maria DB 등에서도 사용할 수 있다.

트랜잭트 SQL(Transact–SQL)
SQL(구조화 질의어)에 기능을 확장한 것으로, T–SQL이라고도 한다. Microsoft SQL Server 등에서 스토어드 프로시저를 작성하는 데 사용하는데, 대부분 DBMS와의 호환성은 없다.

O/R* 맵핑
객체지향 언어로 작성한 프로그램의 내부에 보관, 유지하는 데이터를 관계형 데이터베이스에 저장할 때 자동으로 대응시키는 방법을 말한다.

용어 사용 예 💬 복잡한 갱신 처리를 하는 데는 스토어드 프로시저를 사용하는 게 좋아.

관련 용어 … 실체화 뷰 ····· P135 SQL 인젝션 ····· P210

Materialized View
구체화 뷰

데이터베이스 참조 성능을 향상시키는 기술

관계형 데이터베이스에서 추출한 데이터를 원래의 테이블로부터 복제해 두면 검색할 때 원래의 테이블을 참조할 필요가 없어 응답 속도가 향상되는 구조를 말한다. 원래의 테이블로부터 갱신이 반영되기까지는 조금 시간이 걸리기 때문에 최신 내용이라고는 할 수 없지만, 갱신이 적고 참조가 많은 테이블에서는 고속으로 동작한다는 장점이 있다.

📖 **용어 관련 이야기**

데이터 웨어하우스(Data Warehouse)
'데이터의 저장고'라고도 하며, 데이터의 분석과 검색에 특화돼 있다. 시스템을 횡단해 목적에 맞게 필요한 데이터를 통합해 취급할 수 있다는 특징이 있다.

데이터 레이크(Data Lake)
구조화 데이터뿐만 아니라 비구조화 데이터도 저장할 수 있는 장소를 말한다. 머신러닝(기계학습) 등의 데이터 분석에 사용되며, 대량의 데이터를 저비용으로 저장하는 데도 사용한다.

ETL*
추출(Extract), 변환(Transform), 적재(Load)의 약자로, 다양한 데이터베이스나 시스템에서 데이터를 추출해 다루기 쉬운 포맷으로 변환하고 통합해 저장하는 처리를 가리킨다.

용어 사용 예 💬 집계하는 데 시간이 오래 걸린다면 구체화 뷰를 사용해 보는 게 좋지 않을까?

관련 용어 ⋯ (스토어드 프로시저) ⋯⋯P134 (SQL 인젝션) ⋯⋯P210

* Extract, Transform, Load

제3장

시스템을 개발하거나 실행 환경을 구축할 때 사용하는 IT 용어

Version Control System
버전 관리 시스템

파일 변경 사항을 관리하는 소프트웨어

파일을 변경할 때 차이와 이력을 관리하는 소프트웨어를 말한다. '언제 누가 어디를 어떻게 수정했는지', '새로운 버전은 어느 것인지' 등을 관리한다. 이전 버전으로 되돌리거나, 변경한 내용을 확인하거나, 개발 환경에서 실제 환경에 소스 코드의 차이만을 반영하는 등 다양하게 사용할 수 있다.

변경한 곳이 어디죠?

Ver.1 → 몇 년 후 → Ver.2

📚 용어 관련 이야기

깃(Git)
사용자의 리포지토리(Repository)에 모든 기록이 저장되는 분산형 버전 관리 시스템으로, 중앙 리포지토리에 액세스할 수 없는 환경에서도 변경,기록 등이 가능하다.

서브버전(Subversion)
이력을 한곳의 서버에서 관리하는 집중형 버전 관리 시스템으로, 커밋할 때마다 새로운 번호가 부여되기 때문에 버전을 직감적으로 관리할 수 있다.

리그레션(Regression)
프로그램을 수정했을 때 수정 부분 이외의 곳에서 오류가 발생하거나 버전 관리 소홀로 인해 이전 상태로 돌아가 버리는 것을 말한다.

용어 사용 예 ➡ **소프트웨어를 개발하려면 버전 관리 시스템에 대한 지식은 필수다.**

관련 용어 → 오픈소스(OSS) ······ P123 포크하다 ······ P266

자격 시험의 출제 범위를 활용하자

관련 자격증이 없어도 IT 업계에서 일을 하는 데는 아무런 지장이 없다. 자격증이 있어도 업무에 하등 도움이 되지 않는 경우도 많다. 이 때문인지 IT 업계에서는 자격증의 가치가 종종 화제에 오르기도 한다.

하지만 IPA(독립 행정 법인 정보 처리 추진 기구)가 실시하는 **IT 패스포트 시험이나 기본 정보 기술자 시험 등은 특정 업계나 업무 내용에 관계없이 폭넓은 지식을 요구한다.** 이런 시험에 출제되는 내용을 알아 두면 최소한의 지식을 얻는 데 도움이 된다.

이들 시험의 출제 범위(시험에서 요구하는 지식이나 기능의 폭과 깊이가 정리된 자료)는 공개돼 있는데, 그 내용을 보면 응시자가 알아야 할 용어를 확인할 수 있다(다음 페이지 참조).

자격증을 따는 것이 목적이 아니라 하더라도 어떤 용어를 알아야 하는지에 대한 기준을 삼을 수 있다. 물론 자신이 얼마나 알고 있는지 확인하기 위해 시험을 보는 것도 좋을 것이다.

자격 시험 대비 서적도 도움이 된다

이런 면에서는 자격 시험 대비 서적을 곁에 두는 것도 도움이 된다. 용어에 대한 설명이 돼 있을 뿐만 아니라 그 용어에 대한 예제나 기출 문제도 나와 있으므로 **관련 화제에 대해 알 수 있고, 그 분야에 대한 깊이 있는 지식을 쌓을 수 있다.**

5년, 10년 전의 기출 문제를 살펴보면 자주 쓰는 용어가 보인다. 시대가 바뀌어도 기출 문제를 보면 빈출 용어가 무엇인지 파악할 수 있을 뿐만 아니라 트렌드의 변화도 읽을 수 있다.

자격 시험 대비 서적은 매년 새로운 연도의 시험을 위해 개정되므로 몇 년 간격으로 손에 들고 비교해 보는 것도 재미있을 것이다.

IT 패스포트 시험의 출제 범위 예

대분류 4: 개발 기술   중분류 9: 소프트웨어 개발 관리 기술

26. 개발 프로세스·기법

【목표】
  대표적인 개발 기법에 관한 개요, 의의 및 목적을 이해한다.

【설명】
  소프트웨어를 효율적으로 개발하기 위해 소프트웨어 개발에 관한 방법이나
  개념을 이해한다.

(1) 주요 소프트웨어 개발 방법
  • 대표적인 소프트웨어 개발 방법의 특징
  [용어 예] 구조화 기법, 객체지향, 유스 케이스, UML, DevOps

(2) 주요 소프트웨어 개발 모델
  • 대표적인 소프트웨어 개발 모델의 특징
  [용어 예] 워터폴 모델, 스파이럴 모델, 프로토타입 모델, RAD(Rapid Application
     Development), 리버스 엔지니어링

(3) 애자일
  • 신속하게 소프트웨어를 개발하는 경량 개발 기법인 애자일의 특징
  • 애자일 개발과 관련된 기본적인 용어
  [용어 예] XP(익스트림 프로그래밍), 테스트 주도 개발, 페어 프로그래밍, 리팩터링,
     스크럼(Scrum)

(4) 개발 프로세스 관련 프레임워크
  • 개발 프로세스 관련 대표적인 프레임워크의 특징

  ① 공통 프레임
    • 소프트웨어 개발과 거래의 적정화를 위해 그 기반이 되는 작업 항목을 하나하나
      정의하고 표준화된 공통 프레임으로 SLCP(Software Life Cycle Process)가 있
      다는 점과 그 기본 개념

  ② 능력 성숙도 모델
    • 개발과 유지 보수의 프로세스를 평가하고 개선하는 데 시스템 개발 조직의 프로
      세스 성숙도를 모델화한 CMMI(Capability Maturity Model Integration: 능력 성
      숙도 모델 종합)이 있다는 것과 성숙도를 5단계 수준으로 정의하는 등 CMMI의
      기본적인 개념

출처:정보처리 기술자 시험- IT 패스포트 출제 범위(Ver.5.0)
https://www.jitec.ipa.go.jp/1_13download/syllabus lp _ ver 5_0.pdf

제4장

웹을 제작하거나 운용할 때
사용하는 IT 용어

Keyword 120~157

Accelerated Mobile Pages
AMP

스마트폰에서 디스플레이를 가속화하는 기술

AMP는 구글 검색 결과에서 웹 페이지를 빠른 속도로 표시하는 기술을 말한다. 단순한 HTML과 CSS로 데이터의 양이 적은 페이지를 작성해 휴대전화의 통신량을 줄이고, CDN을 사용해 불러들이는 시간을 줄인다. AMP를 도입하면 검색 결과가 상위에 올라가기도 해 대응하는 웹사이트가 늘어난다.

📖 용어 관련 이야기

모바일 프렌들리(Mobile Frendly)
웹 페이지를 모바일 단말기에서도 보기 좋고 이용하기 쉽게 디자인하는 것을 말한다. 이용자의 편리성을 높일뿐만 아니라 검색 사이트의 순위도 높일 수 있다.

확장 컴포넌트
AMP 페이지 내에서 광고나 동영상 등을 넣고 캐러셀(Carousel), 아코디언(Accordion)과 같은 디자인을 구현해 페이지를 보기 좋게 작성하기 위한 컴포넌트를 말한다.

캐노니컬 태그(Canonical Tag)
URL 정규화에 사용하는 태그를 말한다. AMP를 통해 CDN에서 웹 페이지를 전달하면 같은 콘텐츠로 여러 URL을 지정할 수 있기 때문에 정규 URL를 지정한다.

용어 사용 예 💬 AMP를 도입하기만 해도 검색 결과가 상위에 노출될 거야!

관련 용어 ⋯ 캐러셀 ⋯⋯P148 CDN ⋯⋯P159

Open Graph Protocal
OGP

웹사이트의 내용을 SNS상에서 공유하기 위한 구조

OGP는 'Open Graph Protocol'의 머리글자를 딴 것으로, 웹사이트의 콘텐츠 내용을 SNS상에 전달하기 위해 사용하는 프로토콜이다. 페이스북, 트위터 등에서 웹 기사를 공유하면 그 기사의 URL과 타이틀, 간단한 내용이나 섬네일 화상이 박스에 정리돼 표시된다. 웹 페이지를 만들 때 적절한 OGP를 설정해 두는 것은 필수라고 할 수 있다.

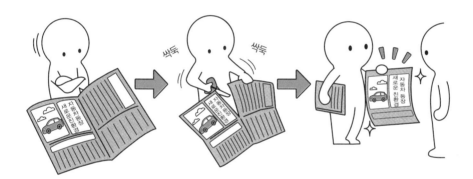

싹둑 싹둑

용어 관련 이야기

아이캐치(Eyecatch)
사람들의 이목을 끌어 그 의도하는 내용에 주목하게 하는 시각적 요소를 말한다. 기사 제목이나 영상을 사용해 흥미를 끌고, 기사를 읽기 쉽게 페이지의 위쪽과 OGP에서 사용되기도 한다.

파비콘(favicon)
즐겨찾기(Favorites)와 아이콘(Icon)의 합성어로, 웹사이트의 주소 옆이나 웹 브라우저의 탭에 표시되는 즐겨찾기 아이콘을 말한다. 확장자는 '.ico'이다.

웹 클립
스마트폰의 홈 화면에 웹사이트 바로가기를 배치했을 때 표시되는 아이콘을 말한다. 확장자는 '.png'.이며, 아이콘의 크기가 파비콘보다 크다.

용어 사용 예 💬 OGP를 설정하지 않은 페이지는 SNS에서 클릭되지 않는다.

관련 용어 ⋯→ (SPA) ⋯⋯P142

제4장

웹을 제작하거나 운용할 때 사용하는 IT 용어

Single Page Application
SPA

단일 웹 페이지에서 콘텐츠를 전환하는 구조

웹브라우저에서 링크를 클릭했을 때 페이지가 바뀌지 않고 새로운 페이지의 내용을 표시하는 구조를 말한다. 하나의 웹 페이지에서 애플리케이션이 구성돼 있으며, 페이지의 일부만 갱신하면 되기 때문에 서버와의 통신량을 최소한으로 억제할 수 있다. 이용객들도 페이지를 새로 쓰는 시간이 줄어들기 때문에 스트레스가 적다.

용어 관련 이야기

에이잭스(Ajax)
자바스크립트(JavaScript)와 XML를 사용해 서버와 비동기로 통신하고, 그 결과에 따라 페이지의 내용을 고쳐 쓰는 기법을 말한다. XML 대신 제이슨(JSON)을 사용하기도 한다.

히스토리 API(History API)
자바스크립트로 URL의 이력을 관리하는 기능을 말한다. SPA의 웹 앱에서는 콘텐츠를 재기록할 때 URL이 바뀌지 않지만, API로 이력을 추가하면 URL이 바뀔 수 있다.

프리렌더링(Pre-Rendering)
HTML을 사전에 생성해 SEO 대책을 세우는 것을 말한다. SPA에서는 콘텐츠가 동적으로 변경되기 때문에 검색 엔진의 크롤러에 수집되지 않는 것을 막을 수 있다.

용어 사용 예 💬 SPA라면 이용자의 스트레스를 줄여줄 수 있을 거야.

관련 용어 → (OGP) ······P141 (SSR과 CSD) ······P144 (JAMstack) ······P163 (가상 DOM) ······P164

Static Site Generator
정적 사이트 생성기(SSG)

마크다운(Markdown)에서 웹사이트를 생성하는 소프트웨어

이용자가 접속할 때마다 웹 페이지의 내용을 생성해 표시하는 것이 아니라 사전에 정적 사이트를 생성해 두는 소프트웨어를 말한다. 블로그 등의 경우, 사전에 페이지를 생성해 두면 사이트 표시가 고속화될 뿐 아니라 관리 화면 등의 동적인 웹 앱이나 데이터베이스가 없는 만큼 보안 면에서도 장점이 있다.

제 4 장

웹을 제작하거나 운용할 때 사용하는 IT 용어

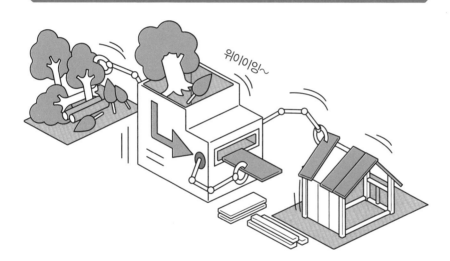

위이이잉~

용어 관련 이야기

CMS*
웹사이트의 콘텐츠를 구성하는 텍스트나 이미지, 디자인·레이아웃 정보 등을 일원적으로 저장·관리하는 시스템을 말한다. 기업의 웹사이트에서도 많이 사용하고 있다.

사이트 이동 경로(Breadcrumb Trail)
웹사이트 내에서, 열람 중인 페이지의 속성, 경로, 위치 등을 하이퍼링크로 나타내는 기법 중 하나이다. 사용자의 웹사이트 내 이동을 지원하는 것으로, 대부분의 SSG에서 자동 생성된다.

대표적인 SSG 툴
대표적인 SSG 툴로는 Hugo, Gatsby, Next.js 등이 있으며, GitHub Pages나 Netlity와 같은 호스팅 서비스를 많이 사용한다.

용어 사용 예 💬 정적 사이트 생성기를 사용했더니 페이지 로드가 빨라졌어!

관련 용어 ⋯ (Markdown)⋯⋯P82 (헤드리스 CMS)⋯⋯P161 (JAMstack)⋯⋯P163

* Contents Management System

Server Side Rendering, Client Side Rendering
SSR과 CSR

자바스크립트 코드를 렌더링하는 위치의 차이

동적인 웹사이트에서 HTML을 생성하는 기술을 말한다. SSR은 서버 측에서 HTML을 생성해 페이지 전체를 반환하고 웹브라우저로 그것을 보여 준다. 반면, CSR은 서버 측에서 제이슨(JSON) 등의 파일을 생성하고, 웹브라우저 측에서 HTML 안의 자바스크립트가 콘텐츠 부분의 HTML을 생성해 표시한다.

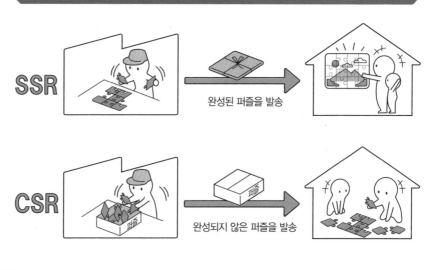

SSR
완성된 퍼즐을 발송

CSR
완성되지 않은 퍼즐을 발송

용어 관련 이야기

렌더링(Rendering)
주어진 데이터의 내용을 고쳐 표시하는 것을 말한다. 웹 페이지의 경우 HTML 파일의 기술을 바탕으로 화상이나 텍스트를 배치해 표시하는 처리를 가리킨다.

노드닷제이에스(Node.js)
서버 사이드 개발에 사용하는 소프트웨어 플랫폼을 말한다. 작성 언어로는 자바스크립트를 활용하며, 난블로킹 I/O와 단일 스레드 이벤트 루프를 통해 가볍고 효율적으로 동작한다.

난블로킹(Non-Blocking) I/O
시간이 걸리는 처리를 실행할 때 그 처리의 종료를 기다리지 않고 바로 응답하고 난 후 시간이 걸리는 처리를 실행하는 것을 말한다. 그동안 다른 처리를 계속 실행할 수 있다.

용어 사용 예 💬 SSR과 CSR을 적재적소에서 잘 다룰 수 있도록 공부하자.

관련 용어 → (SPA) ······ P142

Third-Party Cookie
서드파티 쿠키

서로 다른 도메인에서 사용하는 쿠키

방문한 웹사이트와 다른 도메인에서 발행되는 쿠키를 말한다. 도메인을 넘어 접속할 수 있으며, 다양한 웹사이트 이용 현황을 파악할 수 있어 주로 광고를 표시하는 데 사용된다. 이용자의 흥미와 속성 등의 프라이버시를 지키기 위해 차단하는 설정을 제공하는 웹브라우저도 있다.

서드파티 쿠키

📚 용어 관련 이야기

퍼스트파티 쿠키
(First-Party Cookie)
방문한 웹사이트에서 발행하는 쿠키를 말한다. 퍼스트파티 쿠키는 로그인 상황이나 액세스 이력 등을 관리하는 데 사용한다.

비콘(Beacon)
웹 페이지 내에 내장된 화상을 말한다. 읽으면 이용자가 액세스한 것을 확인할 수 있다. 크기가 작아 이용자가 그 존재를 알아차리지 못하는 경우도 많다.

리타깃팅(Re-Targeting)
자사 사이트에 방문한 사람에게 광고하는 것을 말한다. 이들은 자사에 관심이 있으므로 접촉 횟수를 늘리기 위해 사용한다. '리마케팅(Remarketing)'이라고도 한다.

용어 사용 예 💬 서드파티 쿠키는 광고가 아닌 곳에도 사용되거든.

관련 용어 ⋯ (DSP와 SSP)⋯⋯P73 (DMP)⋯⋯P76 (트래킹과 ITP)⋯⋯P188 (FQDN)⋯⋯P219

Search Engine Optimization
블랙햇 SEO (블랙햇 검색 엔진 최적화)

악성 기술로 검색 결과를 조작한다

블랙햇 SEO는 품질이 낮은 콘텐츠의 검색 순위를 불법적인 방법으로 상위에 표시하는 기술을 말한다. 블랙햇 SEO에서는 링크를 구입하거나 본문 속에 키워드를 부자연스러운 형태로 대량 채워 넣어 퀄리티에 맞지 않는 순위를 획득하는 방법을 사용한다.

시끄러워 홍보를 할 수 없네.

용어 관련 이야기

화이트햇 SEO
검색 웹사이트가 추천하는 방법으로 SEO 대책을 실시하는 것을 말한다. 접속한 사람에게 도움이 되는 질 높은 콘텐츠를 작성할 필요가 있다.

블랙햇(Blackhat)
취약점 등을 노려 공격하거나 악용하는 사람을 말한다. 일반적으로는 나쁜 사람을 가리키지만, 보안의 국제적인 컨퍼런스 이름으로도 사용한다.

펭귄 업데이트(Penguin Update)
구글 검색 결과 표시 순서를 결정하는 알고리즘을 변경하는 것을 말한다. 블랙햇 SEO를 하는 사이트의 순위를 하락시키거나 인덱스에서 삭제하는 것을 들 수 있다.

> 용어 사용 예 💬 블랙햇 SEO에 대한 대책은 다람쥐 쳇바퀴 돌 듯하네.

관련 용어 → (리퍼러) ······ P177

Responsive Design
반응형 디자인 (리스폰시브 디자인)

다른 크기의 화면에서도 보기 쉽게 배치하는 디자인

컴퓨터, 스마트폰과 같이 화면 크기가 다른 단말에서도 읽기 쉽게 자동적으로 레이아웃되는 구조를 갖는 디자인이다. 웹사이트 운영자가 하나의 HTML 파일을 만들기만 하면 사용자의 단말기 화면 크기에 따라 콘텐츠가 자동으로 배치되고, 표시되는 분량 등이 달라지도록 CSS를 만든다.

제 4 장

웹을 제작하거나 운용할 때 사용하는 IT 용어

너무 멀어 집이 잘 안 보이네.

너무 가까워 경치가 잘 안 보이네.

집도, 경치도 조화롭게 보인다!

📚 용어 관련 이야기

모바일 퍼스트(Mobile First)
컴퓨터 전용보다 스마트폰 전용 웹사이트를 우선 작성하는 것을 말한다. 최소한의 정보를 적절한 레이아웃으로 표현해 어느 환경에서도 보기 쉬운 페이지를 만든다.

점진적 향상
(Progressive Enhancement)
콘텐츠에 주목해 어떤 환경에서도 표시될 뿐만 아니라 이용자의 환경에 따라 고기능의 디자인을 추가하는 기법을 말한다.

햄버거 메뉴
스마트폰으로 웹 페이지를 열었을 때 ☰모양의 버튼을 누르면 메뉴가 표시되는 구조를 말한다. 햄버거처럼 보인다고 해서 붙여졌다.

용어 사용 예 ➡ 🗨 회사의 웹사이트라면 반응형(리스폰시브) 디자인은 필수야.

관련 용어 ⋯➡ (CSS 프레임워크)⋯⋯P149

Carousel
캐러셀 (회전목마)

페이지 내의 요소를 좌우로 이동해 전환하는 기법

웹 페이지 내에 배치한 화상 등을 가로 방향으로 이동해 내용을 전환하는 기법을 말한다. 일정한 시간이 경과하면 바뀌기도 하고, 마우스로 클릭하면 바뀌기도 한다. 한정된 영역에 많은 화상을 표시할 수 있는 반면, 이용자가 그 존재를 눈치채지 못하고 일부밖에 보지 못할 수 있다. 모든 내용이 표시될 때까지 시간이 걸린다는 문제점도 있다.

용어 관련 이야기

슬라이드 쇼(Slide Show)
프레젠테이션처럼 연속되는 그림이나 슬라이드를 차례대로 표시하는 것으로, 같은 내용을 반복하는 것이 아니라 한 번만 표시하는 것이 많다.

마퀴(Marquee)
문자를 가로 방향으로 스크롤하는 기법을 말한다. 1990년대 홈페이지에서 흔히 볼 수 있었는데, HTML5에서는 폐지됐다. 최근에는 CSS에서 구현하는 경우가 있다.

히어로 이미지(Hero Image)
웹사이트 화면을 완전히 채우도록 배치한 사진이나 그래픽 요소를 말한다. 이용자의 인상에 남을 뿐 아니라 배경에 동영상을 배치하면 캐러셀보다 많은 정보를 표시할 수 있다.

용어 사용 예 💬 캐러셀은 편리하지만 모두 보는 데는 시간이 걸려.

관련 용어 → (AMP) ······ P140

Cascading Style Sheets Framework
CSS 프레임워크

전형적인 웹 디자인의 토대

웹 페이지의 디자인을 지정하는 언어 CSS로, 레이아웃 배치나 버튼을 디자인하는 바탕이 되는 것을 말한다. 초기 설정 그대로도 어느 정도 보기 좋은 디자인이 될 수 있고, 리스폰시브 웹 디자인(반응형 웹 디자인) 등에 자동으로 대응할 수 있는 것이 많다. 다른 웹사이트와 비슷한 디자인이 되기 쉽다는 단점도 있다.

제4장

웹을 제작하거나 운용할 때 사용하는 IT 용어

📖 용어 관련 이야기

Sass*
CSS를 확장한 언어로, 변수, 사칙 연산 등 프로그래밍 언어에 가까운 구문을 도입해 보다 효율적으로 CSS를 쓸 수 있다. CSS로 변환해 사용할 수 있다.

로렘 입숨(Lorem Ipsum)
화면 이미지 등을 설명할 때 문장이 들어간다는 것을 나타내기 위해 사용하는 의미 없는 문구(더미 텍스트)를 말한다. 시각적인 연출을 보여 주기 위해 사용된다.

유틸리티 퍼스트
CSS에서 클래스에 대한 스타일을 설정하는 것이 아니라 미리 준비된 클래스를 조합해 디자인하는 것을 말한다. Tailwind Css가 많이 알려져 있다.

용어 사용 예 💬 CSS 프레임워크를 사용했더니 비슷한 디자인이 돼 버렸다.

관련 용어 ···▶ (프레임워크) ·····P120 (리스폰시브 디자인) ·····P147 (머티리얼 디자인) ·····P165

＊Syntactically awesome style sheets

Web Assembly
웹어셈블리(WASM)

웹브라우저상에서 고속으로 실행하는 프로그래밍 언어

웹브라우저상에서 기계어에 가까운 속도로 프로그램을 실행하기 위한 구조를 말한다. 웹브라우 저에서 프로그램을 실행하는 데 흔히 사용하는 자바스크립트(JavaScript)는 인터프리터 방식 프 로그래밍 언어이다. 컴파일형에 비해 실행 속도가 떨어지긴 하지만 C, C++, Rust와 같은 언어로 작성된 프로그램을 웹브라우저로 실행할 수 있도록 한 것이다.

위이이잉

용어 관련 이야기

러스트(Rust)
모질라 재단(Mozilla Foundation)이 개발 한 언어로, 웹어셈블리와의 친화성이 높다. 메모리 관련 안전성이 높아 주 목을 받고 있다.

WASI*
웹어셈블리를 웹브라우저 이외의 환 경에서도 실행할 수 있는 인터페이 스를 말한다. WASI를 지원하면 같 은 코드를 다양한 환경에서 실행할 수 있다.

asm.js
C나 C++로 쓴 소스 코드를 자바스 크립트로 변환해 웹브라우저로 실행 하는 기술을 말한다. 사전에 코드를 컴파일로 최적화하면 고속으로 실행 할 수 있다.

용어 사용 예 😑 웹어셈블리를 사용하니 네이티브 앱만큼이나 빠르네.

관련 용어 ┄→ (서버리스) ┄┄┄ P160

*WebAssembly System Interface

Web Socket
웹소켓

웹에서 양방향 통신을 구현하는 구조

웹브라우저와 웹 서버 사이의 양방향 통신을 저비용으로 구현하기 위한 구조를 말한다. HTTP 에서는 웹브라우저의 요구에 웹 서버가 응답하는데, 이것을 웹 서버 측에도 송신해 서버 측의 갱신 상황을 웹브라우저에 실시간으로 알릴 수 있다. 커넥션을 한 번 확립하면 그 후에는 전용 프로토콜로 교환한다.

제4장

웹을 제작하거나 운용할 때 사용하는 IT 용어

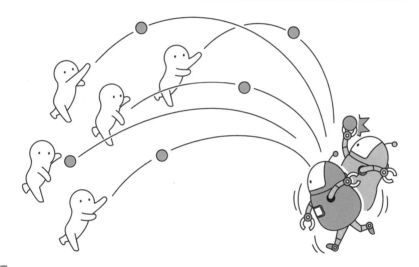

용어 관련 이야기

MQTT*1

IoT 단말기와 같이 성능이 낮은 단말기나 네트워크의 통신 속도가 느린 단말기에서도 양방향 통신이 가능한 프로토콜을 말한다. 비동기이며 다수의 디바이스 간 통신에 적합하다.

QUIC*2

TCP가 갖는 혼잡 제어나 재전송 제어 같은 신뢰성이 높은 통신을 실시하는 기술과 UDP와 같이 실시간 통신을 구현하는 기술을 겸비한 새로운 프로토콜을 말한다.

웹트랜스포트(WebTransport)

QUIC를 사용한 양방향 통신 구조로, TCP*3와 UDP*4의 각 장점을 살린 통신이 가능하다. 웹 소켓의 차세대 기술이다.

용어 사용 예 ➡ 웹 소켓을 사용해 대전 게임을 만들어 보면 재미있을 것 같다.

관련 용어 ···➤ (WebRTC) ······ P45

* 1 Message Queuing Telemetry Transport　* 2 Quick UDP Internet Connections　* 3 Transmission Control Protocol
* 4 User Datagram Protocol

Web Real-Time Communications
WebRTC

실시간 통신을 웹으로 구현하는 구조

웹브라우저끼리 웹 서버를 통하지 않고 실시간으로 주고받는 구조를 말한다. 최초로 각 단말기가 웹 페이지를 열 필요는 있지만, 그 후에는 단말기끼리 카메라나 마이크 등을 사용해 음성이나 영상, 데이터를 양방향으로 통신할 수 있다. 전용 소프트웨어를 설치할 필요 없이 웹 회의나 채팅, 파일 공유 등을 할 수 있다.

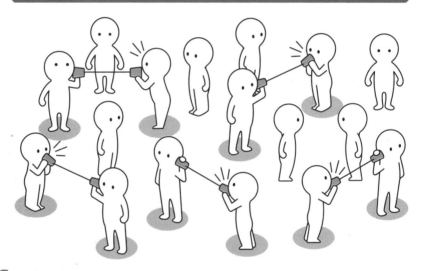

용어 관련 이야기

미디어스트림(Media Stream)
컴퓨터나 스마트폰의 카메라나 마이크를 사용해 동영상이나 음성 등을 취급하기 위한 API를 말한다. 웹브라우저 등에서 단말의 카메라나 마이크를 조작할 수 있다.

P2P*형 통신
웹 소켓이 클라이언트와 서버 간의 통신으로 구현되는 데 반해, WebRTC에서는 단말기끼리 P2P로 통신할 수 있다(P2P 이외의 통신도 가능).

시그널링(Signaling)
단말끼리 P2P로 교환하기 전에 각 IP 주소나 포트 번호 등 통신에 필요한 정보를 서버를 경유해 교환하는 구조를 말한다.

> 용어 사용 예 💬 WebRTC를 사용해 웹 회의 시스템을 만들어 보자.

관련 용어 ⋯→ (WebSocket) ⋯⋯P151

* Peer to Peer

Web Graphics Library
WebGL

웹브라우저에서 3D를 표시하는 시스템

웹브라우저에 플러그인을 인스톨하는 일 없이 2차원이나 3차원 그래픽스를 그릴 수 있는 구조를 말한다. 컴퓨터의 GPU를 사용하기 때문에 고속 연산이 가능하고, 매끄러운 영상을 그릴 수 있다. 대부분의 웹브라우저가 지원되며, 플래시 플레이어(Flash Player) 등과 같은 플러그인이 필요 없으므로 스마트폰 등에서도 작동한다.

용어 관련 이야기

오픈지엘(OpenGL)
OS를 불문하고 이용할 수 있는 그래픽 관련 라이브러리를 말한다. GPU를 사용한 소프트웨어를 여러 플랫폼에서 작동시킬 수 있다.

플러그인(Plug in)
소프트웨어에 제삼자가 기능을 추가할 수 있는 기법으로, '플러그인' 또는 '애드온(Add-On)'이라 부른다. 웹브라우저에서는 번역이나 동영상 재생, 사전 등 편리한 기능을 제공한다.

Three.js
자바스크립트만으로 3D의 콘텐츠를 작성하고 실행할 수 있는 라이브러리를 말한다. 소재와 샘플도 준비돼 있어 3D의 CG의 표시를 손쉽게 시도할 수 있다.

> 용어 사용 예 ⬥ 웹사이트에서 3차원(3D)을 표현한다면 WebGL의 시대구나.

관련 용어 ···→ (xR)·····P29

Scalable Vector Graphics
SVG

벡터 형식으로 작성하는 이미지 포맷

벡터 형식으로 불리는 화상 포맷 중 하나로, 아이콘이나 로고에 많이 사용한다. 확대해도 들쭉날쭉한 계단 모양의 화상 균열이 눈에 띄지 않기 때문에 이용자의 화면 크기와 해상도에 맞춰 영상을 준비할 필요가 없다. 실체는 XML로 쓰인 텍스트 파일이기 때문에 텍스트 에디터에서도 편집할 수 있고, 자바스크립트와 같은 프로그램에서도 조작할 수 있다.

📚 용어 관련 이야기

재기(Jaggy)
화상을 확대했을 때 윤곽 등이 깨져 보이는 들쭉날쭉한 계단 모양의 화상 균열을 경감시키기 위해 윤곽을 매끄럽게 하는 안티에일리어싱(Anti-Aliasing)을 설정하는 방법 등이 사용된다.

래스터(Raster)
벡터와 쌍이 되는 개념으로, 화상을 작은 점(픽셀)으로 표현한다. 화상을 확대하면 재기가 눈에 띄지만, 사진 등에 사용한다. '비트맵'이라고도 한다.

VML(벡터 마크업 언어) *
XML 형식으로 생성되는 벡터 형식의 화상 포맷을 말한다. 인터넷 익스플로러에서 많이 사용됐지만, 현재는 SVG로 대체됐다.

용어 사용 예 🗨 **로고를 SVG로 만들었더니 페이지 로드가 빨라졌다.**

관련 용어 ⋯ (WebP) ⋯⋯P156

＊ Vector Markup Language

webpack
웹팩

자바스크립트 등 여러 파일을 정리하는 툴

여러 자바스크립트 파일 등을 하나로 묶는 소프트웨어를 말한다. 웹 앱에서는 여러 자바스크립트 파일로 분할하는 경우가 있지만, 낡은 웹브라우저에서도 읽을 수 있도록 할 필요가 있다. 순서 등을 자동으로 검출해 의존 관계가 바뀌었을 경우에도 최소한의 변경으로 대응할 수 있다. 자바스크립트 이외에 CSS나 화상 등도 채울 수 있다.

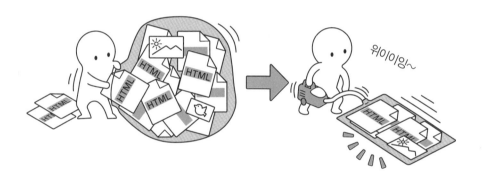

위이이잉~

용어 관련 이야기

태스크 러너(Task Runner)
웹사이트 구축에 필요한 파일의 저장이나 변환과 같은 처리를 자동화하는 프로그램을 말한다. npm-scripts, gulp, grunt 등의 툴이 있다.

미니파이(Minify)
자바스크립트나 CSS 등에서 불필요한 줄 바꾸기나 들여쓰기 등을 삭제해 파일의 용량을 줄이는 것을 말한다. 가독성은 떨어지지만, 통신량을 줄일 수 있어 고속으로 표시할 수 있다.

롤업(Rollup)
웹팩과 마찬가지로 자바스크립트의 여러 소스 코드를 묶어 하나의 파일로 출력하는 툴이다. React나 Vue.js 등 많은 라이브러리에서 사용한다.

용어 사용 예 ➡ 웹팩을 사용하면 서버의 부담도 줄일 수 있을 것 같다.

관련 용어 ⋯→ (빌드(빌드 툴)) ⋯⋯P107

WebP
웹P

압축률이 높은 새로운 이미지 저장 형식

JPEG, PNG, GIF와 같은 이미지 파일 형식을 대체할 것으로 기대되는 이미지 저장 형식을 말한다. 압축률이 높아 PNG와 같은 배경의 투과나 GIF와 같은 애니메이션에도 대응하고 있다. 대응하는 웹브라우저가 증가해 사진의 JPEG, 일러스트의 PNG, 애니메이션의 GIF와 같은 사용법을 대체할 가능성이 있다.

돌돌

📖 용어 관련 이야기

GIF*¹
최대 256색으로 제한된 이미지 형식으로 아이콘이나 도형 등 간단한 도형, 로고나 버튼 등에 유용할 뿐 아니라 애니메이션에서도 자주 사용한다.

PNG*²
GIF의 과제였던 256색이라는 제한을 없애 가역 압축으로 화질이 떨어지는 일이 없다는 것이 특징이다. 일러스트나 로고 등 웹상의 이미지에서 많이 사용한다.

JPEG*³
비가역 압축의 이미지 형식을 말한다. 배경을 투명하게 할 수 없고, 압축률을 올리면 화질이 떨어지지만, 색상 수가 많아도 예쁘게 표시할 수 있어 사진 등에 많이 사용한다.

용어 사용 예 💬 WebP에 대응한 앱이 증가하면 급속히 보급될 것 같지 않아?

관련 용어 ···→ (SVG) ······P154

　＊1 Graphics Interchange Format　＊2 Portable Network Graphics　＊3 Joint Photographic Experts Group

Request for Comments
RFC

웹 기술에 관한 사양 제안이나 결과에 대한 문서

'코멘트를 모집한다'라는 의미로, 보다 좋은 사양이 되도록 인터넷으로 연구자의 코멘트를 모집하는 것을 말한다. 인터넷을 통해 그 사양을 확산시키는 것이 목적이며, 기술 사양을 공개하기 때문에 누구나 이용할 수 있고, 논의에 참여할 수 있다. 한 번 발행된 것은 변경되지 않으며, 내용이 개정될 경우 새로운 번호가 할당된다.

제 4 장

웹을 제작하거나 운용할 때 사용하는 IT 용어

용어 관련 이야기

IETF[*1]와 IESG[*2]
인터넷 표준 규격을 개발하고 있는 미국 조사위원회로, 워킹 그룹으로 나뉘어 논의하고 있다. IESG에 의해 승인되면 RFC 번호가 부여된다.

대문자로 쓰인 강조
RFC 문서에서는 'MUST(~해야 한다. ~하지 않으면 안 된다)'와 'SHOULD(마땅히 ~해야 한다)', 'MAY(~해도 된다)' 등 요청 정도를 대문자로 표시한다.

TC39[*3]
자바스크립트 개발자와 전문가 그룹으로 자바스크립트 사양(ECMAScript) 책정과 논의를 한다. 주요 브라우저 벤더에도 참여한다.

용어 사용 예 💬 네트워크를 공부하려면 RFP를 읽어 보는 게 좋아.

관련 용어 ⋯ RFP ⋯⋯ P115

* 1 Internet Engineering Task Force * 2 Internet Engineering Steering Group * 3 Technical Committee 39

Reverse Proxy
리버스 프록시

외부 처리를 중개하는 서버 기능

외부 인터넷에서 서버에 액세스되는 통신을 중개(仲介)하는 구조를 가리킨다. 인터넷에서 조직의 내부에 접근하는 것을 대리하는 기능을 말한다. 조직 내부에 위치한 웹 서버 등에 접속을 중개할 때 부하 분산이나 캐시 등을 통해 내부 서버의 부하를 낮추는 효과가 있다. 보안을 관리하기 쉬워 내부 서버의 시스템 구성을 자유롭게 변경할 수 있다는 장점도 있다.

📚 용어 관련 이야기

프록시 서버(Proxy Server)
조직 내부에서 인터넷으로 접속하는 것을 대리하는 서버를 말한다. 익명성을 확보하는 보안 면 뿐만 아니라 캐시에 의해 웹사이트의 표시를 고속화할 수 있다.

로드밸런서(Load Balancer)
부하 분산 장치를 말한다. 시스템에 대한 액세스를 자동으로 여러 서버에 배분하는 장치로, 특정 서버에 부하가 걸리는 것을 피하기 위해 사용한다.

CASB*
대부분의 클라우드 서비스를 사용하다 보면 데이터의 유출이나 소실의 가능성이 있는데, 이때 일관된 폴리시를 적용하기 위한 툴이다. 섀도 IT 방지에도 사용된다.

- - - - - - -

용어 사용 📖 **= 리버스 프록시가 있으면 웹 서버를 간단하게 늘릴 수 있겠네.**

관련 용어 → CDN ······ P159

* Cloud Access Security Broker

Content Delivery Network
CDN

많은 콘텐츠를 효율적으로 전송하는 구조

사전에 웹 페이지의 내용을 이용자에게 가까운 서버에 캐시해 둠으로써 고속으로 표시하는 기술을 말한다. 대규모 웹사이트나 대용량의 파일을 취급하는 웹사이트의 경우, 서버의 부하를 대신할 수 있어 액세스가 집중됐을 경우의 영향을 억제할 수 있다. 운영자는 고부하에 대비한 환경을 저렴하게 구축할 수 있으며, 이용자도 웹사이트를 고속으로 열 수 있다.

📖 용어 관련 이야기

웹 액셀러레이터
한 번 액세스한 페이지의 데이터를 캐시로 저장해 두고, 다음 번 이후의 액세스를 고속화하는 툴을 말한다. 화상 등을 압축하는 기능을 가진 것도 있다.

네거티브 캐시
데이터가 존재하지 않았다는 것을 캐시에 남겨 두는 것을 말한다. 몇 번이든 체크해 서버에 부하가 걸리지 않도록 하기 위해 사용한다. DNS에서 사용하는 경우가 많다.

C10K* 문제
하나의 웹 서버에 접속하는 클라이언트의 수가 많아지면(기준으로서는 약 1만 대에 이른다) 하드웨어의 성능에 여유가 있더라도 성능이 크게 떨어지는 문제를 말한다.

> 용어 사용 예 😃 💬 해외의 웹사이트도 국내에 CDN이 있으면 고속으로 표시된다.

관련 용어 ⋯ ▸ (트래픽)⋯⋯P90 (AMP)⋯⋯P140 (리버스 프록시)⋯⋯P158 (JAMstack)⋯⋯P163

* Client 10 Kilo

Serverless
서버리스

서버 보수나 운용 없이 이용하는 방법

서버의 구축, 보수, 운용을 하는 일 없이 서버상에서 프로그램 등을 실행할 수 있도록 하는 기법을 말한다. 서버는 존재하지만, 그 관리를 맡기면 개발자가 서버를 관리할 필요가 없다. 분 단위나 초 단위, 리퀘스트 단위로 부과되기 때문에 사용되지 않는 경우, 비용이 발생하지 않는다는 장점도 있다.

용어 관련 이야기

FaaS*¹
서버 단위가 아니라 함수 단위로 처리하는 아키텍처를 말한다. 개발자는 하드웨어나 운영체제를 의식할 필요가 없다.

BaaS*²
인증이나 데이터베이스 등의 기능을 API로 제공하는 아키텍처를 말한다. 최근에는 모바일과 조합해 'mBaaS'라고 부르는 경우도 많다.

벤더락인(Vendor Lock-in)
특정 벤더에 의존하는 것을 말한다. 서버리스 기술은 서비스를 제공하는 회사의 기술에 특화하는 일이 많아 타사에 이행하기 어렵다.

용어 사용 예 😀 서버리스라고 해도 실제로는 서버가 있는 것이지?

관련 용어 ⋯ (WebAssembly(WASM)) ⋯⋯ P150 (XaaS) ⋯⋯ P169

Headless Content Management System
헤드리스 CMS

외형을 자유롭게 만들 수 있는 웹 콘텐츠 관리 구조

표시하는 화면이 없는 콘텐츠 관리 시스템(CMS)을 말한다. CMS를 이용하면 전문적인 개발 지식이 없는 상황에서도 웹사이트를 좀 더 쉽게 갱신·관리할 수 있다. 헤드리스 CMS에서는 열람 화면을 준비하지 않고 콘텐츠를 관리하는 기능만을 가진다. 다른 시스템에서 API를 통해 그 콘텐츠를 불러와 사용할 수 있다.

제4장

웹을 제작하거나 운용할 때 사용하는 IT 용어

📖 용어 관련 이야기

멀티 디바이스 대응
다른 디바이스에서도 같은 내용을 시청하거나 이용할 수 있는 환경을 가리킨다. PC든, 태블릿이든 각각 최적화된 내용의 콘텐츠를 볼 수 있다.

웹훅(Webhook)
웹 훅은 애플리케이션에 갱신 같은 특정의 이벤트가 발생하면 다른 애플리케이션에 통지하도록 이용자가 지정하는 구조를 말한다. 수신 측에서는 시동할 필요가 없다.

보안 면의 장점
콘텐츠의 갱신이나 표시를 위한 화면을 인터넷 측에 공개할 필요가 없기 때문에 동적인 프로그램이 적고, 외부로부터 공격받을 리스크를 줄일 수 있다.

용어 사용 예 💬 헤드리스 CMS와 스마트폰 앱의 조합이 편리하네.

관련 용어 ···▶ 정적 사이트 생성기(SSC) ······P143　JAMstack ······P163

Transpiler
트랜스파일러

다른 프로그래밍 언어의 소스 코드를 생성한다

어떤 언어의 소스 코드를 변환해 다른 프로그래밍 언어의 소스 코드를 만들어 내는 컴파일러의 일종이다. 웹브라우저에서는 기본적으로 자바스크립트의 소스 코드만 실행할 수 있기 때문에 자바스크립트 이외의 편리한 특징을 갖는 프로그래밍 언어로 소스 코드를 작성해 자바스크립트로 변환하는 기법을 흔히 사용한다.

📖 용어 관련 이야기

AltJS
트랜스파일러로 자바스크립트의 코드를 생성하는 대체 언어를 통틀어 이르는 말이다. 커피스크립트(CoffeeScript)나 타입스크립트(TypeScript)와 같은 프로그래밍 언어를 들 수 있다.

소스 맵(Source Map)
트랜스파일러 등으로 생성한 소스 코드를 원래의 소스 코드와 관련 짓는 파일을 말한다. 디버깅에서 에러가 난 곳을 파악하는 데 사용한다.

신택틱 슈거(Syntactic Sugar)
프로그래밍 언어를 읽고 쓰기 편하게 이미 존재하는 구문에 다른 기법을 제공하는 것을 말한다. 사람이 이해하고 표현하기 쉽게 간략화된 기법을 가리키는 경우가 많다.

용어 사용 예 💬 **트랜스파일러로 생성된 소스 코드는 읽기가 어렵네.**

관련 용어 ⋯▸ (크로스 플랫폼) ⋯⋯P129

JavaScript, API and Markup
잼스택 (JAMstack)

자바스크립트와 API로 동적인 웹사이트를 구현하는 방법

자바스크립트(JavaScript), API, Markup을 합친 말로, 모던한 웹 앱을 만드는 방법을 일컫는다. 웹 서버에서는 주로 정적인 웹사이트를 반환함으로써 높은 성능을 유지하고, 웹브라우저에서 동적인 자바스크립트를 실행한다. 서버 측은 API로 처리함으로써 재이용하기 쉽고, 보안 면의 장점도 있다.

제 4 장

웹을 제작하거나 운용할 때 사용하는 IT 용어

📖 용어 관련 이야기

LAMP

Linux, Apache, MySQL/MariaDB, Perl/PHP/Python의 머리글자를 딴 말로, 웹 앱 개발에 많이 쓰이는 구성을 말한다. 잼스택(JAMStack)과 비교하기도 한다.

디커플링(Decoupling)

연동성이 강한 2가지를 분리하거나 연동하지 않도록 하는 것을 말한다. 특정 시스템의 영향을 다른 곳에 주지 않기 위해 분리하는 경우가 많다.

에코시스템(Ecosystem)

다양한 서비스가 연동해 공존, 공영하는 것을 가리키며, 서로 이익을 얻는 것을 말한다. 잼스택(JAMStack)에는 CDN, SSG, 헤드리스 CMS 등이 연동돼 있다.

> **용어 사용 예** 💬 잼스택(JAMStack)은 정적 사이트라서 저렴한 서버로 충분하다.

관련 용어 ⟶ (SPA)···P142 (정적 사이트 생성기(SSG))···P143 (CDN)···P159 (헤드리스 CMS)···P161

Virtual Document Object Model
가상 DOM

브라우저 내의 요소를 조작해 고속으로 표시하는 시스템

웹브라우저가 HTML 파일을 해석하거나 표시할 때 쓰는 문서 객체 모델(DOM)을 자바스크립트의 객체로 표현한 것을 말한다. 자바스크립트 프로그램에서 DOM을 고쳐 썼을 때 그 차분을 반영함으로써 동적으로 웹 페이지의 내용을 고쳐 쓰는데, DOM의 변경을 최소한으로 억제함으로써 고속으로 표시하는 시스템을 가리킨다.

술술

음...

용어 관련 이야기

리액트(React)
페이스북에서 개발한 라이브러리로, 대규모 앱에서 많이 채용한다. 웹 앱 이외에도 스마트폰 앱을 개발하는 데도 사용된다.

Vue.js
웹 애플리케이션의 사용자 인터페이스를 만드는 데 사용하는 프레임워크로, Vue.js를 활용해 간단히 SSR 애플리케이션을 작성할 수 있는 Nuxt.js도 주목받고 있다.

웹 컴포넌트(Web Components)
HTML의 요소를 캡슐화해 재사용할 수 있게 하는 기법을 말한다. 커스텀 요소나 Shadow DOM, HTML 템플릿과 같은 기술로 구성된다.

> 용어 사용 예 💬 가상 DOM은 변경 내용의 반영을 맡길 수 있어 편리하네요.

관련 용어 ⋯ (SPA) ⋯⋯ P142

Material Design
머티리얼 디자인

구글이 추천하는 새로운 디자인의 일종

플랫 디자인의 장점을 살리면서도 입체감을 살리는 디자인 방식으로, 버튼 등에 깊이나 그림자, 움직임 등을 표현하는 디자인을 말한다. 깊이나 그림자를 표현하려면 요소의 겹침 등을 의식할 필요가 있고, 애니메이션에서 움직임을 표현하려면 그 물체의 무게나 질감을 체감할 수 있어야 한다. 머티리얼 디자인의 목적은 통일감 있는 디자인이다.

용어 관련 이야기

플랫 디자인(Flat Design)
입체적인 표현은 사용하지 않고 불필요한 장식을 생략한 디자인을 말한다. 최근에는 희미하게 그림자를 붙인 '플랫 디자인 2.0'이라는 말도 자주 쓰인다.

스큐어모피즘(skeuomorphism)
또는 **스큐어모프**(skeuomorph)
대상을 원래의 모습으로 표현하는 디자인 기법을 말한다. 3차원적이고 사실주의적 디자인으로 플랫 디자인과는 반대되는 개념이다.

뉴모피즘(Neumorphism)
'New(새로운)'와 'Skeuomorphism(스큐어모피즘)'의 합성어로, 새로운 스큐어모피즘을 뜻한다. 색도 적고 심플하지만, 요철로 깊이를 표현하는 듯한 디자인을 말한다.

> 용어 사용 **예** 💬 머티리얼 디자인이라면 질감이나 촉각이 전해져 알기 쉽다.

관련 용어 ··· (CSS 프레임워크)······P149

제4장

웹을 제작하거나 운용할 때 사용하는 IT 용어

Progressive Web Apps
PWA

스마트폰 앱처럼 취급할 수 있는 웹 앱

스마트폰에서 네이티브 앱을 사용하는 것처럼 느낄 수 있는 웹 앱으로, HTML, CSS, 자바스크립트를 사용해 개발한다. 앱 스토어는 웹 앱이라서 인스톨이 불필요할 뿐만 아니라 네트워크 상태가 나빠도 사용할 수 있고, 푸시 알림(일반적으로 원시 애플리케이션을 요구하는 기능)이나 전체 화면 표시 등에 대응해 원활하게 조작할 수도 있다.

용어 관련 이야기

웹에서 검색 가능

스마트폰 앱의 경우, 앱 스토어에서 검색해 인스톨하는 것이 일반적이지만, PWA라면 콘텐츠의 내용도 포함해 웹 검색 결과에 표시된다.

홈 화면 아이콘

웹 앱의 경우, 웹브라우저의 마음에 드는 것부터 액세스하는 것이 일반적이지만, PWA에서는 스마트폰의 홈 화면에 아이콘을 추가해 간단히 액세스할 수 있다.

오프라인에서 사용

웹브라우저에 캐시를 저장해 놓고, 오프라인의 경우 웹 서버에 접속하지 않고 로컬 파일을 표시하기 때문에 전파가 닿지 않는 곳에서도 쓸 수 있다.

용어 사용 예 🗨 웹 앱이 PWA에 대응하면 스마트폰 앱은 필요 없네.

관련 용어 ⋯ (Service Worker) ⋯⋯⋯ P167

Service Worker
서비스 워커

백그라운드에서 움직이는 스크립트

웹브라우저가 실행하지 않는 상태에서도 웹브라우저가 웹 페이지와는 별도로 백그라운드에서
실행하는 스크립트를 말한다. 캐시와 푸시 알림 등의 기능을 제공해 스마트폰 앱을 사용하는 것
처럼 웹 앱을 이용할 수 있다. 웹 앱의 일부 기능은 오프라인에서도 동작하기 때문에 웹 페이지를
열지 않아도 최신 정보로 갱신할 수 있다.

제 4 장

웹을 제작하거나 운용할 때 사용하는 IT 용어

📖 용어 관련 이야기

Promise
자바스크립트에서 비동기 처리를 할
때 여러 처리를 하게 되면 결과 관리
나 처리 순서 제어가 어려운데, 이를
해결하기 위해 만들어진 구조다.

Cache API
PWA에서 오프라인 표시에 대응하기
위해 캐시를 사용하기 위한 API를 말
한다. 네트워크 접속을 중개하고 오프
라인에서는 캐시를 반환한다.

푸시 알림
Push API와 Notifications API라는 두
API를 사용해 웹 서버 측의 갱신 등을
웹브라우저에 통지한다. 이용자는 한
번만 허가해야 한다.

> **용어 사용 예** 💬 웹 앱에서 푸시 알림을 사용하려면 서비스 워커가 필요하다고?

관련 용어 ⋯ (PWA)······P166

Virtual Private Server
VPS

대여로 자유롭게 사용할 수 있는 가상 전용 서버

인터넷상에서 제공하는 렌털형 '가상 사설 서버(가상 전용 서버)'를 말한다. 하드웨어는 공용 서버이지만, 계약자별로 개별 가상 환경이 할당돼 소프트웨어의 추가 및 설정 변경을 자유롭게 할 수 있다. 렌털 서버와 달리 계약자 스스로 서버의 구축이나 운용이 필요하지만, 전용 서버보다 저렴한 가격에 사용할 수 있다.

 용어 관련 이야기

렌털 서버
인터넷상에서 제공되는 서버 환경을 대여해 사용하는 형식을 말한다. 저렴하게 웹 서버나 메일 서버를 이용할 수 있고, 운용을 맡길 수도 있다.

호스팅
렌털 서버나 VPS와 같이 사업자가 준비하는 서버를 빌려 이용하는 것을 말한다. 웹 서버나 메일 서버를 운용하는 데 많이 사용한다.

관리자 권한 유무
렌털 서버에서는 관리자 권한이 부여되지 않기 때문에 설정을 자유롭게 바꿀 수 없지만, VPS에서는 관리자 권한이 부여되기 때문에 자유도가 높다.

용어 사용 예 💬 VPS를 사용해 보고 싶지만, 서버를 관리하기가 귀찮을 것 같아.

관련 용어 ···→ (XaaS) ······P169

Everything as a Service(Software as a Service, Platform as a Service, Infrastructure as a Service)
XaaS (SaaS, PaaS, IaaS)

클라우드에서 제공하는 서비스 형태

소프트웨어, 하드웨어, 네트워크 등을 인터넷을 통해 서비스로 제공하면 이용자가 사용하고 싶은 양이나 기간에 따라 유연하게 이용하는 형태를 말한다. 엔지니어 전용 PaaS나 IaaS에서는 웹서버나 데이터베이스, 기계 학습이나 사물인터넷(IoT) 등 폭넓은 서비스가 제공되고 있으므로 이를 조합해 이용하면 편리한 서비스를 저렴하게 개발할 수 있다.

제4장

웹을 제작하거나 운용할 때 사용하는 IT 용어

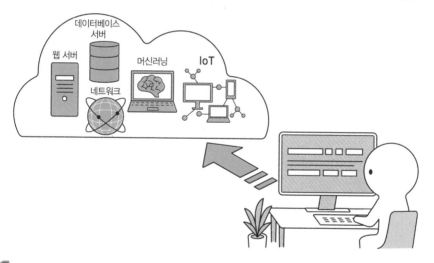

데이터베이스 서버
웹 서버
머신러닝
IoT
네트워크

용어 관련 이야기

AWS*1
아마존에서 제공하는 클라우드 서비스를 말한다. 세계에서 가장 많이 이용되고 있으며, 서적, 동영상 해설, 이용 사례 등도 많이 공개돼 있다.

애저(Azure)
마이크로소프트 사가 제공하는 클라우드 서비스를 말한다. 윈도우와의 친화성이 높아 Office 365나 온프레미스로 사용하는 액티브 디렉터리(Active Directory)와 연동하기 쉽다.

GCP*2
구글에서 제공하는 클라우드 서비스를 말한다. 머신러닝이나 데이터 분석 등에 있어 편리한 기능을 갖추고 있다. '파이어베이스(Firebase)'라고 하는 모바일 앱의 개발 기반도 강점이다.

용어 사용 예 💬 AWS와 애저(Azure), GCP를 어떻게 선택하면 좋을까?

관련 용어 ⋯ (MaaS) ⋯⋯P25 (온프레미스) ⋯⋯P32 (서버리스) ⋯⋯P160 (VPS) ⋯⋯P168

*1 Amazon Web Services　*2 Google Cloud Platform

Scraping, Crawling
스크래핑과 크롤링

웹사이트에 있는 정보를 끄집어 낸다

스크래핑은 웹사이트에 있는 정보를 끄집어 낸 후 그 정보를 가공해 새로운 정보를 생성하는 것으로, '웹 스크래핑'이라고도 한다. 정보를 끄집어 내는 과정까지는 크롤링과 동일한 의미로 쓰지만, 스크래핑에는 끄집어 낸 정보를 가공하는 공정도 포함하는 경우가 많다. 명확한 정의가 있는 것은 아니기 때문에 크롤링과 스크래핑을 같은 의미로 사용하기도 한다.

📖 용어 관련 이야기

스파이더(Spider)
크롤링하는 프로그램을 '크롤러'라고 한다. 크롤링하는 웹사이트는 거미줄처럼 서로 연결돼 있어 '스파이더(Spider)'라고 부르기도 한다.

캡차(CAPTCHA)[*1]
인터넷에서 컴퓨터 사용자가 실제 사람인지, 봇(bot) 프로그램인지를 구별하기 위해 사용하는 문자 인증 보안 기술을 말한다. 흔히 봇이 구별할 수 없는 문자를 제시하는 방식이 사용된다.

DoS[*2] 공격(서비스 거부 공격)
대량의 접속 신호를 한꺼번에 보내 웹 서버를 무력화시키는 해킹 기법을 말한다. 공격자가 한 대의 기기에서 대상 기기(서버 등)에 과도한 공격을 가하는 사이버 공격이다.

용어 사용 예 💬 스크래핑을 하려면 HTML 지식이 필요하지 않을까?

---

*1 Completely Automated Public Turing test to tell Computers and Humans Apart *2 Denial of Service

Representational State Transfer
REST

URI를 지정해 자원을 조작하는 구조

심플한 HTTP와 같이 해당 자원의 상태(정보)를 주고받아 웹 앱의 다양한 작업을 가능하게 하는 구조를 말한다. URI를 지정하기만 하면 처리를 실행할 수 있기 때문에 특정 OS나 프로그래밍 언어에 관계 없이 이용할 수 있다. 일반적으로 XML, JSON과 같은 파일 형식으로 교환하기 때문에 인간과 머신이 다루기 쉬워 가장 널리 사용된다.

제 4 장

웹을 제작하거나 운용할 때 사용하는 IT 용어

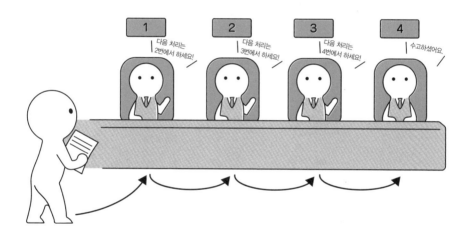

용어 관련 이야기

RESTful API
REST의 원칙에 따라 설계된 웹용 API로, 특정 URI에 HTTP로 요청을 보내 다양한 정보를 취득, 조작할 수 있게 만드는 것을 말한다.

OData*
REST의 관점에 따라 만들어진 프로토콜로 XML뿐만 아니라 JSON도 취급할 수 있다. 마이크로소프트 사가 만든 구조로, OASIS 표준이 됐다.

퍼센트 인코딩(Percent-Encoding)
URI에서 사용할 수 없는 문자를 사용하고 싶을 때 변환하는 방법을 말한다. '%'라는 기호에 이어 16진수로 표현하는 방법으로, 반각 스페이스라면 '%20'이 된다.

용어 사용 예 ➡ **WebAPI를 만들 때는 REST 규칙을 따라야 한다.**

관련 용어 ⋯ (SOAP) ⋯⋯P172 (GraphQL) ⋯⋯P173 (OpenAPI(Swagger)) ⋯⋯P174

* Open Data Protocol

Simple Object Access Protocol
SOAP

웹서비스 간 데이터를 교환하는 프로토콜

애플리케이션 간에 정보를 교환하기 위한 사양으로, HTTP 이외에도 다양한 통신 프로토콜에서 사용할 수 있다. 요구와 응답 모두 XML로 표현하기 때문에 특정 운영체제나 프로그래밍 언어에 의존하지 않고 이용할 수 있다. 대규모 프로젝트에서 사용됐지만, 최근에는 대부분의 웹 앱이 REST 등을 사용하게 되면서 이용자가 줄어들고 있다.

용어 관련 이야기

XML−RPC*1
SOAP의 전신이라 할 수 있는 프로토콜로, 인코딩 형식에서는 XML, 전송 방식에서는 HTTP 프로토콜을 사용한다.

WSDL*2
웹 서비스 사양을 기술하기 위한 XML 형식의 서식을 말한다. 개발 툴에 불러들이면 그 웹 서비스 코드가 자동으로 생성된다.

UDDI*3
웹 서비스를 검색, 조회하기 위한 시스템으로, 인터넷상에 공개되는 퍼블릭 UDDI와 사내 등에서 사용하는 프라이빗 UDDI가 있다.

용어 사용 예 🗨 인터넷에서는 SOAP를 잘 안 쓰나?

관련 용어 ⋯ (REST) ⋯⋯P171 (GraphQL) ⋯⋯P173

* 1 eXtensible Markup Language Remote Procedure Call　* 2 Web Services Description Language
* 3 Universal Description, Discovery and Integration

GraphQL
그래프QL

웹 API용 질의 언어

웹 앱 등에서 API(응용 프로그램 인터페이스)를 사용할 때 편리한 질의 언어를 말한다. REST에서는 단순한 질의가 가능하지만, 응답에는 불필요한 것이 포함되기도 해 통신량이 낭비된다. 데이터 베이스에 SQL(구조화 질의 언어)을 발행하도록 요구사항을 세세하게 지정하면 웹을 통해서도 원하는 것만 얻을 수 있다.

제 4 장

웹을 제작하거나 운용할 때 사용하는 IT 용어

📖 용어 관련 이야기

gRPC

XML–RPC나 SOAP는 XML 등 텍스트 형식으로 교환하기 때문에 불필요한 데이터가 많지만, gRPC는 바이너리로 통신하기 때문에 데이터의 양을 줄일 수 있다.

BFF*

API 호출과 HTML 생성을 담당하는 서버를 말한다. 마이크로서비스가 증가했을 때 여러 API를 정리하면 요청수를 줄일 수 있다.

GraphiQL

웹브라우저 등에서 실행할 수 있는 GraphQL의 통합 개발 환경을 말한다. 요청 내용을 입력하고 해당 요청에 대한 응답을 간단하게 확인할 수 있다.

용어 사용 예 💬 GraphQL은 하나의 URL로 전체 요청을 처리하는 거야?

관련 용어 ···→ (마이크로서비스)······P27 (REST)······P171 (SOAP)······P172

* Backends For Frontends

Open Application Programming Interface(Swagger)
OpenAPI (Swagger)

REST API를 정의하는 툴

REST에서 제공하는 API에 대한 문서를 생성하는 도구를 말한다. REST는 URL만으로 조작하기 때문에 처리가 늘어나면 API의 수도 그만큼 증가한다. 각 API의 처리 내용 내용에 대해 문서를 생성하는 것은 번거롭기 때문에 소스 코드로부터 문서를 자동으로 생성하고, 유지보수를 하는 툴이 필요했다.

용어 관련 이야기

YAML*
XML이나 JSON 같이 설정 파일 등에 사용하는 서식으로, 계층을 들여쓰기로 표현한다. 스웨거(Swagger)에서는 YAML이나 JSON으로 API를 기술한다.

스웨거 에디터(Swagger Editor)
Open API에서 취급하는 API의 사양서를 작성하기 위한 에디터를 말한다. 사양을 YAML 형식으로 기술하고, 프로그래밍 언어의 호출용 코드를 자동 생성할 수 있다.

Swagger Inspector
웹브라우저에서 API 호출을 테스트할 수 있는 툴을 말한다. 파라미터뿐만 아니라 HTTP 헤더를 바꿔 실행할 수 있기 때문에 로그인이 필요한 경우에도 대응할 수 있다.

용어 사용 예 💬 **OpenAPI로 문서를 멋지게 만들 수 있거든.**

관련 용어 … (REST) ······ P171

Security Assertion Markup Language
SAML

도메인 간에 이용자를 인증하기 위한 규격

서로 다른 인터넷 도메인 간에 사용자 인증을 하기 위한 표준 규격을 말한다. 쿠키(Cookie)에서는
같은 도메인 내에서만 송신할 수 있지만, HTTP로 XML 형식의 데이터를 송신하면 다른 도메인
에서도 교환할 수 있으므로 다른 서비스와의 사이에 인증 정보를 연동할 수 있다. 싱글 사인온을
구현할 때 등 인증 정보를 서비스 간에 주고받기 위해 사용한다.

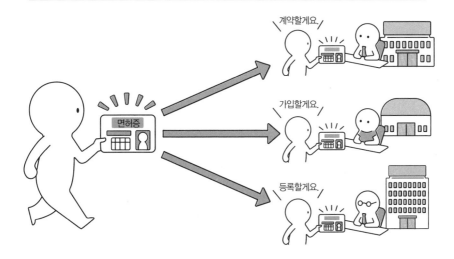

용어 관련 이야기

페더레이션(Federation)
어떤 웹사이트에서 인증된 인증 정보
를 다른 도메인 사이트와 연계해 허
가한 서비스를 이용할 수 있도록 하
는 구조를 말한다. 싱글 사인온(Single
Sign-On) 방식 중 하나이다.

IDaaS*1
인증이나 ID 관리, 싱글 사인온 등의
기능을 클라우드 서비스로 제공하는
클라우드 기반 ID 서비스를 말한다.
IDaaS를 이용하면 앱 개발 시 인증 기
반을 마련할 필요가 없다.

SCIM*2
여러 도메인 간에 이용자의 ID를 교
환하기 위한 규격을 말한다. REST나
JSON을 사용해 HTTP에서 교환하는
데, 자동적인 생성, 갱신, 취소 등이
가능하다.

용어 사용 예 ▶ 대부분의 웹 서비스가 SAML을 지원한다.

관련 용어 ⋯▶ (싱글 사인온(SSO))⋯⋯P184 (OAuth)⋯⋯P185 (OpenID Connect)⋯⋯P186

*1 Identity as a Service *2 System for Cross-domain Identity Management

제4장 웹웹을 제작하거나 운용할 때 사용하는 IT 용어

Development from Scratch
스크래치 개발

소프트웨어나 컴퓨터 시스템을 제로 상태에서 만들어 내는 개발 기법

패키지 개발의 반대 개념으로 기존의 프레임워크나 패키지 등을 사용하지 않고 제로 상태에서 오리지널 시스템을 개발하는 것을 말한다. 개발하는 데 시간과 비용이 들 수는 있지만, 기존의 프레임워크 등에 의존하지 않기 때문에 자유도가 높고, 타사의 제품과 차별화할 수도 있다. 프레임워크 버전 업이나 지원 종료 등의 영향을 받지 않는다는 장점도 있다.

📖 용어 관련 이야기

바닐라
소프트웨어나 알고리즘 등을 제공받은 상태로 사용하는 것을 말한다. 웹 애플리케이션을 개발할 때 프레임워크를 사용하지 않고 구현하는 것을 가리키기도 한다.

기술적 부채(Technical Debt)
제대로 설계되지 않고 만들어진 소프트웨어나 시대의 변화에 대응하지 못한 오래된 설계의 소스 코드를 말한다. 지식이 공유돼 있지 않아 유지보수하기 어려운 경우를 가리킨다.

바퀴의 재발명
널리 쓰이는 좋은 방법이 있는데도 아예 처음부터 만드는 것을 말한다. 쓸데없는 비용과 노력이 드는 것을 가리키지만, 배우기 위해 일부러 도전하기도 한다.

💬 **용어 사용 예** 😀 프로그래밍을 잘하는 사람은 스크래치 개발도 할 수 있겠지?

관련 용어 → (노코드와 로우코드) ····· P44 (풀스택) ····· P56 (프레임워크) ····· P120

Referrer
리퍼러

접속처에 제공하는 접속원 정보

액세스 로그에 기재돼 있는 정보 중 하나로, 해당 파일을 취득하기 직전에 열람했던 페이지의 URL을 내용으로 하는 정보이다. 검색 엔진에서 방문했을 경우, 어떤 키워드로 검색했는지를 파악할 수 있으며 검색 엔진 최적화(SEO)를 생각할 때도 중요한 정보가 된다. 광고를 여러 매체에 내보냈을 때의 효과 측정뿐 아니라 상호 링크를 작성하는 데 사용하기도 한다.

제4장

웹을 제작하거나 운용할 때 사용하는 IT 용어

📖 용어 관련 이야기

리퍼러 스팸(Referrer Spam)
스팸 참고 사이트 URL을 이용해 반복적으로 웹사이트 요청을 전송하는 스팸 행위를 말한다. 악성코드를 다운로드할 위험도 있다.

액세스 로그(Access Log)
웹사이트에 접속할 때마다 웹 서버에 기록되는 로그를 말한다. 리퍼러뿐만 아니라 접속 시각과 사용자 에이전트, IP 주소 등이 기록된다.

사용자 에이전트(User Agent)
웹사이트에 접속할 때마다 웹브라우저에서 웹 서버에 통지되는 이용자 정보를 말한다. 사용하는 운영체제나 웹브라우저 버전 등이 이에 해당한다.

용어 사용 예 💬 검색 엔진 최적화(SEO)에는 리퍼러 정보가 많은 도움이 되겠어.

관련 용어 ···▶ (블랙햇 SEO)······P146

전문 용어를 쓰지 않고는
대화하기 어려운 이유

일반인은 무슨 말인지 모를 만한 전문 용어를 IT 전문가들끼리 사용하는 일이 많다. IT 개발자 말고도 변호사나 의사가 대화하는 상황을 떠올려 보라. 이것은 일반인이 IT 개발자끼리 나누는 대화를 듣고 느끼는 상황과 비슷할 것이다. IT 개발자끼리라면 전문 용어를 사용해 한마디로 설명할 수 있는 말이라도, '그걸 누구나 이해할 수 있는 말로 설명해 달라'라고 하면 그것 역시 쉽지 않다.

예를 들어 프로그래머끼리 대화할 때라면 디자인 패턴의 패턴명만 말해도 모두 알아듣는다. 그런데 일반인에게 설명하려고 하면 객체지향에 대해 알고 있는지를 확인해야 하고, 변수나 메모리에 대해서도 설명해야 한다. 이렇게 해야 하는 건 분명 귀찮지만, **그 전문 용어를 아는 사람끼리라면 힘들이지 않고 편하게 말할 수 있을 것이다.**

IT 용어에 외래어나 알파벳이 많은 이유

전문 용어 중에는 말 바꾸기가 어려운 것도 있다. 특히 컴퓨터에 관한 기술은 해외를 중심으로 연구가 시작돼 우리말에 해당하는 말이 없는 것도 있다. 이것이 IT 용어에 외래어나 영문 머리글자가 많이 사용되는 이유다. '우리말로 하면 무슨 뜻이냐?'라는 질문을 자주 받지만, 우리말로 번역하는 것이 꽤 어려운 부분도 있다. 예를 들어 'SAML'을 영어를 쓰지 않고 설명하기 힘들다는 것은 누구나 상상할 수 있지 않을까?

대화하는 상대방의 지식을 전제로 하지 않고 초등학생에게 설명한다면 어떻게 할 것인지를 생각하는 훈련을 해 보는 것은 좋은 연습이 될 것이다. 한번 시도해 보기 바란다.

제5장

공격으로부터 지키는
보안·네트워크 용어

Keyword 158~199

Confidentiality, Integrity, Availability
CIA (기밀성, 무결성, 가용성)

보안의 3요소, CIA 삼각형(Triad)

기밀성(Confidentiality), 무결성(Integrity), 가용성(Availability)의 머리글자로, 정보 보안의 3요소를 말한다. 정보 보안 관리 체계(ISMS, Information Security Management System)에 관한 국제 규격의 일본어판인 JIS Q 27000에서는 '정보보안'의 정의로서 이 3가지를 들고 있다. 보안의 3요소 또는 CIA 삼각형(Triad)이라고도 하는데, 이들의 균형을 의식하는 것이 중요하다.

유지보수 OK   비밀 유지 OK   전원 OK!

📖 용어 관련 이야기

기밀성(Confidentiality)
정당한 권한을 가진 자만이 정보를 이용할 수 있도록 제한을 가하는 것을 말한다. 기밀성을 확보하는 방법으로는 암호화, 패스워드 설정, 접근 권한 부여 등이 있다.

무결성(Integrity)
데이터를 최신 또는 올바른 상태로 유지하는 것을 말한다. 무결성은 전자 서명이나 해시 값을 통한 확인, 백업 등을 이용해 확보할 수 있다.

가용성(Availability)
시스템 장애(기기나 부품의 고장·재해·사고 등)가 발생해도 정지하지 않고 정상적으로 사용할 수 있는 정도를 말한다.

용어 사용 예 💬 보안을 생각할 때는 CIA의 균형을 의식하자.

관련 용어 ⋯ SLA ⋯⋯ P182

Payment Card Industry Data Security Standard
PCI DSS

신용카드 업계의 정보보호 기준

신용카드 회원의 정보를 보호하기 위해 만든 신용카드 업계의 정보보호 기준이다. PCI DSS가 책정되기 전까지는 카드 사가 독자적으로 보안 기준을 정했기 때문에 명확한 통일 규칙이 존재하지 않아 신용카드 회원 데이터가 유출되거나 악용되는 사고가 발생하기도 했다. PCI DSS 기준에 준거한다는 것을 증명하면 인증받을 수 있다.

점검
점검

제 5 장

공격으로부터 지키는 보안·네트워크 용어

용어 관련 이야기

QSA[*1]
가맹점 방문 심사나 인터뷰를 통해 PCI DSS(지불카드 산업 데이터 보안 표준)를 준수하고 있는지 감사하는 보안 평가자를 말한다.

ASV[*2]
외부에서 서버나 네트워크 기기에 대한 취약점 스캔을 실시해 문제가 없다는 것을 확인하는 '인정 스캐닝 벤더'를 말한다.

내탬퍼성(Tamper Resistance)
기기 장치, 소프트웨어 등이 내부 구조나 기록된 데이터를 분석, 판독, 변조하기 어렵게 돼 있는 상태를 말한다. 기밀 정보와 암호화 처리 등을 취급하는 IC 칩 등이 구비돼 있다.

용어 사용 예 ➡ PCI DSS의 인증 취득은 브랜드 이미지 향상으로 이어지지 않을까?

관련 용어 ⋯› (FIDO와 TPM) ⋯⋯ P187

---

*1 Qualified Security Assessor *2 Approved Scanning Vendors

Service Level Agreement
SLA

서비스 사업자가 나타내는 품질 보증 내용

클라우드 서비스 등을 이용할 수 없는 상황이 발생하면 곤란하므로 그 서비스의 품질 수준에 대해 서비스 이용 개시 전에 합의하는 사항을 말한다. 일반적으로 가동률, 복구까지의 시간, 백업 유무뿐만 아니라 보안 관리책이나 서비스 수준, 기준을 충족하지 못할 경우 환불 등의 페널티에 대해서도 규정한다.

용어 관련 이야기

SLI*1
서비스 수준 척도를 말하며, 서비스 수준을 판단할 수 있는 기준 몇 가지를 정량적으로 측정해야 할 지표이다.

SLO*2
서비스 수준의 목표를 의미하며, SLI에 따라 측정된 서비스 수준의 목표값 또는 일정 범위의 값을 말한다. 가동률, 성능, 보안 등 다양한 지표에 대한 기댓값을 확인할 수 있다.

파이브나인(99.999%)
가동률 99.999%의 정확도를 확보할 수 있는 시스템이나 정확도를 요구하는 것을 말한다. 연간 5분 정도의 정지밖에 허용되지 않아 신뢰성이 중요한 시스템에서 사용하는 일이 많다.

> 용어 사용 예 💬 **계약하기 전에 SLA의 내용을 확실히 확인하자.**

관련 용어 → (RFP)·····P115 (CIA(기밀성, 무결성, 가용성))·····P180

　*1 Service Level Indicator　*2 Service Level Objective

2FA(two-Factor Authentication), MFA(Multi-Factor Authentication)
2단계 인증과 다중요소 인증

비밀번호 유출에 따른 무단 로그인을 방지하는 방법

로그인할 때 스마트폰 등에 인증 코드를 통지하는 방법을 2단계 인증으로 해 패스워드가 제3자에게 알려져도 스마트폰을 갖고 있지 않으면 로그인할 수 없게 하는 것을 말한다. ID나 패스워드 등의 지식 정보와 휴대전화 같은 소지 정보, 지문이나 정맥과 같은 생체 정보를 조합하는 다중요소 인증도 부정 로그인 대책으로 사용된다.

제 5 장

공격으로부터 지키는 보안·네트워크 용어

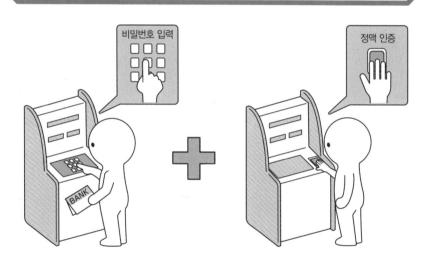

📖 용어 관련 이야기

지식 정보
본인만이 아는 정보를 말한다. ID, 비밀번호 인증 등 가장 널리 이용되고 있는 기본적인 인증 요소이다. 다른 것에 비해 유출될 가능성이 높지만, 변경하기도 쉽다.

소지 정보
PC, 휴대전화, ID 카드 등 본인이 '갖고 있는 것'을 인증 정보로 사용하는 방식을 말한다. 컴퓨터 안에 전자 증명서를 저장해 로그인에 사용하는 방법 등이 있다.

생체 정보
본인만이 지닌 신체에 대한 정보를 인증 정보로 사용하는 방식을 말한다. 지문, 정맥, 홍채 등을 사용하는 일이 많다. 이 생체 인식 방식을 '바이오매트릭스(Biometrics)'라고 한다.

용어 사용 예 💬 SNS를 사용할 때는 2단계 인증을 꼭 설정하세요.

관련 용어 ⋯➔ (FIDO와 TPM) ⋯⋯ P187 (원타임 패스워드(OTP)) ⋯⋯ P189

Single Sign On
싱글 사인 온(SSO, 통합 인증)

한 번의 로그인으로 여러 서비스를 이용할 수 있게 해 주는 시스템

로그인한 인증 정보를 다른 서비스에서도 사용할 수 있도록 사전에 설정해 두고 하나의 아이디로 여러 사이트를 이용할 수 있는 시스템이다. ID와 패스워드를 여러 번 입력해 로그인하지 않아도 되므로 이용자는 여러 ID와 패스워드를 기억해야 하는 부담으로부터 해방되고, 관리자는 지켜야 할 시스템을 좁혀 효율적으로 관리할 수 있다는 장점이 있다.

용어 관련 이야기

패스워드 관리 도구
패스워드를 여러 웹사이트에서 재사용하지 않는 것이 좋지만, 이용하는 웹사이트가 늘어나면 패스워드를 기억해 두기 어렵기 때문에 전용 툴을 사용하는 사람이 증가하고 있다.

LDAP*
이용자나 네트워크 정보를 관리하는 서버에 문의해 검색이나 추가, 삭제 등을 하는 프로토콜을 말한다. 대표적인 예로는 액티브 디렉터리(Active Directory)가 있다.

위험 기반 인증
갑자기 해외에서 로그인하는 등 평소와는 다른 장소에서 접근했을 경우 '부정 액세스 위험이 높다'라고 판단하는 방법을 말한다. 인증을 추가로 요구하는 경우가 많다.

> **용어 사용 예** 🗨 싱글 사인 온에 대응하는 서비스가 늘었네.

관련 용어 ⋯→ (SAMIL) ⋯⋯P175 (OAuth) ⋯⋯P185 (OpenID Connect) ⋯⋯P186

Open Authorization
OAuth

부분적인 정보에만 접근 권한을 부여하는 개방형 프로토콜

싱글 사인 온을 구현하고 싶은 웹 애플리케이션 간에 인가 정보를 주고받는 구조를 말한다. 어떤 서비스에서 관리하는 프로필 등의 정보를 허가한 범위 내에서 다른 서비스와 연계할 수 있다. ID 나 패스워드를 제공하지 않고 자신의 정보를 전달할 수 있을 뿐 아니라 그 유효 기간까지 허가된 서비스는 이용자를 대신해 그 정보에 접속할 수 있다.

📚 용어 관련 이야기

소셜 로그인
SNS 어카운트를 사용해 다른 웹 앱에 로그인하는 것을 말한다. OAuth 구조가 사용되기 때문에 ID나 패스워드를 새롭게 발행할 필요가 없다.

베어러 토큰(Bearer Token)
전철 표와 같이 토큰을 '갖고 있으면' 이용할 수 있는 것을 말한다. 서명 등을 하지 않기 때문에 누가 관리하는지, 소유자가 누구인지는 묻지 않는다.

UMA*
OAuth로 자신의 데이터에 액세스할 뿐만 아니라 타인과 데이터를 공유하는 경우, 인가를 이용자가 컨트롤할 수 있도록 하는 프로토콜을 말한다.

> **용어 사용 📣** 💬 로그인할 웹 앱을 개발하기 전에 OAuth를 공부하자.

관련 용어 ⋯ (SAML) ⋯⋯P175 (싱글 사인 온(SSO)) ⋯⋯P184 (OpenID Connect) ⋯⋯P186

＊ User Managed Access

OpenID Connect
오픈ID 커넥트

로그인 등의 인증 처리를 외부에 맡기는 구조

OAuth의 기능을 사용해 이용자를 인증하는 구조를 말한다. 웹 앱이 ID와 패스워드를 사용한 인증 및 인증 정보를 자체 관리하는 것이 아니라 오픈 ID 커넥트(Open ID Connect)에 대응한 서비스를 사용하면 인증된 결과를 받아볼 수 있다. 이에 따라 이용자가 어떤 서비스에 로그인하기만 하면 다른 서비스에도 로그인할 수 있다.

 용어 관련 이야기

ID 토큰

오픈 ID 커넥트(Open ID Connect) 인증 결과, 웹 앱이 받는 토큰을 말한다. 전자서명이 돼 있기 때문에 조작을 하더라도 감지할 수 있다.

ID 제공자(IdP)*

클라우드 환경에서 이용자의 ID를 저장, 관리하는 서비스를 말한다. 다른 서비스가 ID와 비밀번호로 로그인하는 것을 대신해 주고 인증 정보를 제공하는 역할을 한다.

아마존 코그니토(Amazon Cognito)

AWS에서 인증과 인가 기능을 제공하는 서비스를 말한다. 사용자명과 패스워드 인증뿐만 아니라 SAML이나 오픈 ID 커넥트(Open ID Connect) 등에 대응한다.

용어 사용 예 ➡ **오픈ID 커넥트로 SNS 프로필을 획득하자!**

관련 용어 ⋯ (SAML) ⋯⋯P175 (싱글 사인 온(SSO)) ⋯⋯P184 (OAuth) ⋯⋯P185

Fast IDentity Online, Trusted Platform Module
FIDO와 TPM

패스워드를 대체하는 인증 규격

FIDO는 ID, 비밀번호 없이 생체 인식 기술을 활용해 개인 인증을 수행하는 기술, TPM은 컴퓨터에 내장돼 있는 전용 팁으로 암호나 해시 계산을 할 수 있는 기술이다. 암호화 키나 생체 정보를 TPM에 저장해 두고, 지문이나 얼굴 인증과 조합하면 패스워드를 사용하지 않고도 생체 정보와 소지 정보로 2요소 인증을 구현할 수 있다.

제 5 장

공격으로부터 지키는 보안·네트워크 용어

📖 용어 관련 이야기

FIDO UAF[*1]
FIDO 대응 단말기와 지문 등 생체 정보를 이용해 인증하는 방법을 말한다. 패스워드를 사용하지 않기 때문에 안전성은 높지만, FIDO 대응 단말기가 필요하다.

FIDO U2F[*2]
ID와 패스워드에 보안 토큰을 추가해 인증하는 구조를 말한다. FIDO에 대응하지 않는 단말기에서도 사용할 수 있다. 2단계 인증 PIN은 입력할 필요가 없다.

유비키(Yubikey)
FIDO U2F에 대응한 하드웨어 인증 디바이스로, 원타임 패스워드 등도 사용할 수 있다. USB를 컴퓨터나 스마트폰에 꽂으면 2요소 인증을 할 수 있다.

용어 사용 예　💬 파이도(FIDO)가 보급되면 비밀번호를 외우지 않아도 되는 거야?

관련 용어 ⟶ (PCI DSS)……P181 (2단계 인증과 다요소 인증)……P183

＊1 Universal Authentication Framework　＊2 Universal Second Factor

Intelligent Tracking Prevention
트래킹과 ITP

웹상에서 사람의 행동을 추적한다

특정 유저가 웹사이트 내에서 어디를 열람하고 있는지를 추적, 분석하는 것을 '트래킹(tracking)'
이라고 한다. 트래킹은 광고 표시 등에 사용되는데, 프라이버시를 침해할 우려가 있어 웹브라우
저에 따라서는 웹사이트를 넘어 쿠키를 이용하려고 할 경우, 그 판독을 제한하는 구조가 도입돼
있다. 대표적인 예로는 지능형 추적 방지(ITP)가 있다.

📖 용어 관련 이야기

핑거프린트(Fingerprint)
'지문'을 뜻하는 영단어로, 데이터가
고쳐 쓰이지 않았다는 것을 증명하기
위한 데이터를 말한다. 웹의 경우, 웹
브라우저의 특징에서 이용자를 특정
하기 위해 사용한다.

리스팅 광고
검색 연동형 광고를 말한다. 검색 서
비스 이용자가 키워드를 입력하면 이
와 관련된 광고를 검색 결과 페이지에
표시하는 것을 말한다. 이용자가 흥미
를 갖고 있는 내용을 표시할 수 있다.

플록(FLoC)*
쿠키를 사용하는 것이 아니라 웹브라
우저의 열람 이력을 바탕으로 광고를
표시하는 기술을 말한다. 개인을 특
정하는 것이 아니라 이용자를 그룹화
해 표시한다.

용어 사용 예 💬 같은 광고가 자꾸 나타나는 건 트래킹 때문일까?

관련 용어 ┈> 서드파티 쿠키 ┈┈┈145

＊ Federated Learning of Cohorts

One-Time Password
원타임 패스워드(OTP)

일정 시간마다 자동으로 바뀌는 패스워드

문자 그대로 한 번밖에 사용할 수 없는 일회성 패스워드를 말한다. OTP는 주로 높은 수준의 보안을 유지하며 사용자를 인증해야 할 필요가 있을 때 사용하며, 같은 값을 여러 번 사용하는 일이 없기 때문에 패스워드가 노출되더라도 악용할 수 없다. 앱으로 스마트폰 화면에 표시하는 유형, 메일로 송신하는 유형, 패스워드 생성기를 사전에 배포하는 유형 등이 있다.

제5장

공격으로부터 지키는 보안·네트워크 용어

패스워드	패스워드	패스워드
WR147350	AC371590	QI529043

📖 용어 관련 이야기

피싱(Phishing) 사기
진짜를 가장한 가짜 웹사이트에서 입력한 ID와 비밀번호를 빼내는 사기 수법을 말한다. 은행 등의 입금 조작으로 원타임 패스워드를 사용하면 부정한 출금을 막을 수 있다.

챌린지 리스폰스 방식
서버에 접속을 요구하면 '챌린지'라고 불리는 랜덤 문자열이 생성돼, 이용자가 지정된 계산 결과를 반환하는 방식을 말한다. 일치하면 인증에 성공한다.

타임스탬프 방식
토큰이라 불리는 전용 단말기를 이용자가 갖고 있다가 여기에 표시된 값을 입력하는 방식을 말한다. 서버 측에서도 같은 값을 생성할 수 있는데, 일치하면 인증에 성공한다.

용어 사용 예 ➡ **원타임 패스워드가 있으면 온라인으로 이체해도 안심할 수 있다!**

관련 용어 ⋯ (2단계 인증과 다중요소 인증)⋯⋯P183

Wi-Fi Protected Setup
WPS

무선 랜을 간단히 설정하는 구조나 규격

무선 LAN에 컴퓨터나 스마트폰 등의 단말기를 접속할 때 SSID나 패스워드 등을 간단하게 설정하기 위한 구조나 규격을 말한다. 단말기와 무선 LAN 라우터 모두가 대응하고 있을 경우, 무선 LAN 라우터의 버튼을 누르기만 하면 PIN을 입력하는 등의 간단한 조작으로 접속 설정이 완료되기 때문에 패스워드 등을 입력할 필요가 없다.

용어 관련 이야기

AOSS*1
버팔로가 발매하는 무선 LAN 기기에 내장돼 있는 설정 시스템을 말한다. 대응 기기일 경우, 버튼을 누르기만 하면 자동으로 무선 LAN 설정이 된다.

PSK*2
'사전 공유 키'라는 의미로, 통신을 암호화할 때 사용하는 키를 사전에 설정하는 기법을 말한다. 인증용 서버를 준비할 필요가 없다. 가정용 와이파이에 많이 사용한다.

Apple 제품의 공유
iPhone, iPad, Mac과 같은 Apple 제품의 경우, 와이파이 패스워드의 공유 기능을 사용하면 근처에 있는 단말기의 접속 정보를 공유할 수 있어 패스워드를 가르쳐 줄 필요가 없다.

용어 사용 예 🖹 요즘 무선 랜 공유기는 WPS가 표준인가?

관련 용어 ··· (Wi-Fi 6)······P191

*1 AirStation One-Touch Secure System *2 Pre-Shared Key

Wi-Fi 6

Wi-Fi 6(와이파이 6)

고속·다수 동시 접속을 구현한 차세대 와이파이

와이파이 6는 여섯 번째 표준이라는 의미로, 미국 전기전자학회(IEEE)가 발표한 802.11ax 기술 규격이다. 무선 LAN의 규격이 늘어 IEEE 802.11 n을 'Wi-Fi 4', IEEE 802.11ac를 'Wi-Fi 5'라고 부르게 됐다. 최대 통신 속도가 9.6Gpbs로 고속화됐을 뿐만 아니라 동시에 여러 대의 단말기가 접속해도 최상의 속도를 보장한다.

제 5 장

공격으로부터 지키는 보안·네트워크 용어

📖 용어 관련 이야기

TWT*[1]
액세스 포인트에 접속하고 있는 단말기가 슬립 모드로 전환했을 때는 통신하지 않고, 필요할 때만 통신함으로써 단말기의 배터리 소비를 억제할 수 있는 절전 기능을 말한다.

OFDMA*[2]
직교 주파수 분할 다중 접속이라는 의미로, 무선 대역을 세분화해 여러 대의 단말기로 동시에 통신할 수 있는 구조를 말한다. 단말기가 늘어나도 속도가 떨어지지 않는다.

CBRS*[3]
미국 정부가 보유한 주파수대를 시민과 공용하는 시민 광대역 무선 서비스를 말한다. 주파수 면허 없이 이용할 수 있어 와이파이에 가까운 사용법이 기대되고 있다.

> 용어 사용 예 😀 ➡ 와이파이 6 공유기를 도입했더니 인터넷이 빨라졌다!

관련 용어 ⋯ (5G) ⋯⋯P18 (WPS) ⋯⋯P190

*1 Target Wake Time *2 Orthogonal Frequency Division Multiple Access *3 Citizens Broadband Radio Service

Incident
인시던트

중대한 사건·사고로 이어질 수 있는 사안

계획되지 않은 IT 서비스의 중단이나 IT 서비스의 질을 감소시키는 등 조직에 좋지 않은 사건이 발생했다는 것을 의미한다. 정보 보안의 경우는 정보 시스템의 운용에 영향이 있거나 중요한 정보 관리에 문제가 발생했을 때 사용하는 경우가 많다. 시스템 장애, 사이버 공격, 정보 유출 사건의 발생 등을 들 수 있다.

🔖 용어 관련 이야기

하인리히의 법칙(1:29:300의 법칙)
대형 사고가 발생하기 전에 이와 관련된 29번의 경미한 사고와 300가지의 징후가 존재한다는 것을 밝힌 법칙이다. 사고를 미연에 방지하는 개념으로 사용한다.

결함 회피(Fault Avoidance)
사고나 장해 등이 일어나지 않도록 품질을 높이고 충분히 테스트해 고장 발생 확률을 줄이는 방법이다. 신뢰성이 높은 제품의 사용, 교육이나 철저한 훈련 등을 들 수 있다.

장애 허용(Fault Tolerant)
사고나 고장이 일어나는 것을 전제로 시스템을 설계해 결함(Fault)이 발생해도 예비 계통으로 전환해 정상적으로 가동하는 것을 말한다. 전원의 이중화 등이 이에 해당한다.

용어 사용 예 💬 보안 사고가 발생하면 초동 대응이 중요하다.

관련 용어 → (CSIRT와 SOC) ⋯⋯P193

Computer Security Incident Response Team, Security Operation Center
CSIRT와 SOC

보안을 지원하는 조직

CSIRT는 컴퓨터 시스템이나 네트워크에 보안상의 문제로 이어지는 사고가 발생했을 때 신속하게 지원하기 위해 만든 조직이다. 사내의 정보 공유뿐만 아니라 다른 조직과 연계하는 등 사고 발생 전후에도 지원한다. SOC는 네트워크 기기의 로그를 감시하고 분석하기 위한 조직을 말한다.

제 5 장

공격으로부터 지키는 보안·네트워크 용어

웃샤   웃샤   저기 좀 꺼 주세요!

용어 관련 이야기

KrCERT/CC(인터넷 침해 사고 대응 지원센터)*
해킹이나 바이러스 정보를 사전에 감지해 피해를 예방할 수 있도록 조기예·경보를 발령하고 복구 관련 기술을 지원하는 기관을 말한다.

CSIRT 머티리얼
KrCERT/CC에 따라 작성된 CSIRT의 구상, 구축, 운용의 각 단계에 대응한 '조직 내 CSIRT'의 구축을 지원하기 위한 자료를 말한다.

경찰청 @police
인터넷상에 설치한 센서의 정점 관측으로, '접속 수가 많은 포토 번호' 등 네트워크 보안에 관한 정보를 제공하는 웹사이트를 말한다.

용어 사용 예 ● 다른 회사 CSIRT와 연계해 대응을 진행해 주세요.

관련 용어 ⟶ (인시던트)······P192 (SOAR)······P198

* Korea Computer Emergency Response Team / Coordination Center

Common Vulnerability Scoring System
CVSS (공통 취약점 등급 시스템)

취약점의 심각성에 대한 공통 기준

'취약점의 심각도'를 평가하기 위한 지표로, 기업이나 담당자에게 의존하지 않고 같은 기준으로 수치화할 수 있기 때문에 정량적으로 비교할 수 있다. 이 수치를 보고 우선적으로 대책해야 할 취약점을 판단하기 위해 사용된다. 취약점 그 자체의 특성을 나타내는 기본 평가 기준, 취약점의 심각도를 나타내는 현황 평가 기준, 이용 환경 등도 평가하는 환경 평가 기준이 있다.

내구성 점수는 5점이군요.

🗂 용어 관련 이야기

사이버 보안 취약점 정보 포털[1]
공공기관인 한국인터넷진흥원(KISA)과 과학기술정보통신부가 공동으로 운영하는 취약점 정보 포털 웹사이트를 말한다. 취약점의 내용을 검색해 통일된 표현으로 일람 표시할 수 있다.

제로데이 공격
취약점이 발견되고 난 후 수정 프로그램이 제공될 때까지의 사이에 공격을 받는 것을 말한다. 일시적인 회피책이 있는 경우에는 그 적용을 검토할 필요가 있다.

CTA(글로벌 사이버 위협 연합)[2]
세계의 주요 보안 기업들이 위협 정보를 공유하기 위해 설립된 비영리 국제단체. 회원사가 매일 의무적으로 제출하는 위협 정보를 취합 분석해 공유함으로써 사이버 위협에 대한 대응 수준을 높인다.

> **용어 사용 예** 💬 CVSS 값은 스스로 계산할 수 있으니까 시험해 봐.

관련 용어 ⋯ (취약점 진단) ⋯⋯ P195

＊1 knvd.krcert.or.kr ＊2 Cyber Threat Aliance

Vulnerability Diagnosis
취약점 진단

취약점의 존재를 진단하는 조사

소프트웨어, 네트워크, 서버 등에 존재하는 취약점의 유무를 체크한다. 취약점 진단 툴을 사용하면 일반적인 공격 기법에 대해서는 손쉽게 조사할 수 있지만, 툴로는 발견할 수 없는 취약점도 존재하기 때문에 전문가에 따른 수작업 진단도 이뤄진다. 취약점이 있는 경우, 발생하는 피해를 구체적으로 재현하기도 한다.

제 5 장 공격으로부터 지키는 보안·네트워크 용어

📖 용어 관련 이야기

취약점 테스트
네트워크상에서 가동되고 있는 컴퓨터에 대해 기존의 기술을 이용해 침입을 시도함으로써 시스템에 특정의 취약점이나 문제점이 있는지를 조사하는 기법을 말한다.

포트 스캔(Port Scan)
네트워크에 접속하고 있는 컴퓨터로 어떤 포트가 열려 있는지 외부에서 정보를 수집한다. 불필요한 포트는 닫아 둬야 한다.

백도어(Backdoor)
공격자가 외부에서 공격해 침입에 성공했을 때 그 이후의 침입을 간단히 처리하기 위해 도입하는 소프트웨어를 말한다. 원래의 취약점이 수정돼도 침입할 수 있다.

용어 사용 예 ➡ 웹 앱을 공개하기 전에 취약점 진단을 받으세요.

관련 용어 ⋯ (CVSS) ⋯⋯P194

Unified Threat Management
UTM

여러 보안 기능을 통합한 기기

다양한 보안 솔루션 기능을 하나로 통합한 보안 솔루션을 말한다. 방화벽이나 IDS/IPS, 바이러스 대책 소프트웨어 등을 개별적으로 도입하면 운용하는 데 시간이 걸리므로 관리할 시간이나 인원을 마련할 수 없는 경우에 많이 사용한다. 보안을 하나로 유지할 수 있어 편리하지만, UTM 기기에 장애가 발생하면 영향이 커진다.

용어 관련 이야기

방화벽(Firewall)
인터넷과 사내의 경계에 설치해 사내 문지기 역할을 담당하는 네트워크 기기를 말한다. 미리 정해진 규칙에 따라 데이터 전송을 허가할 것인지 판단한다.

패킷 필터링(Packet Filtering)
송신원이나 행선지의 IP 주소나 포토 번호를 확인해 패킷의 통과를 제한하는 기능을 말한다. 지정된 포트 번호만 허용하고 그 외는 차단하는 등의 설정을 할 수 있다.

웹 필터링
유해한 내용이 들어 있는 웹 페이지나 웹사이트에 대한 접근 및 사용을 제어하는 기능을 말한다. 위험한 URL 접속 및 업무와 무관한 웹사이트 열람을 차단하거나 제한할 수 있다.

용어 사용 예 ▶ 💬 중소기업이라면 UTM을 넣는 대책이 현실적인 것 같아요.

관련 용어 ⋯ 어플라이언스 ⋯⋯ P75 SIEM ⋯⋯ P197

Security Information and Event Management
SIEM (보안 정보와 이벤트 관리)

보안에 관한 로그를 관리하는 시스템

서버가 보내는 로그뿐만 아니라 IPS나 IDS가 감시하는 네트워크 상황이나 이용자의 컴퓨터가 보내는 여러 로그를 통합하고 정보를 실시간으로 수집해 표시하는 구조를 말한다. 관리 담당자가 파악해야 할 정보를 통합할 수 있어 사고가 일어났을 때도 이상이 발생한 장소나 내용을 신속하게 확인하거나 대응할 수 있다.

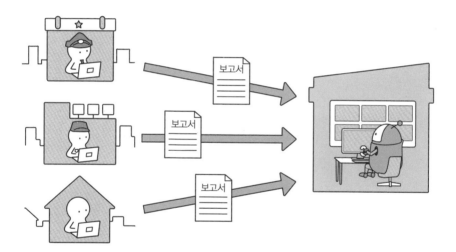

용어 관련 이야기

IDS(침입 탐지 시스템)[1]
전산 시스템과 네트워크에서 송·수신되는 모든 데이터의 움직임을 실시간으로 탐지하는 시스템을 말한다. 일반적으로 네트워크에 대한 부정 액세스를 탐지해 준다.

IPS(침입 방지 시스템)[2]
부정한 침입이라고 판단되는 통신을 차단하는 시스템을 말한다. 부정하지 않은 통신을 차단하는 오탐지가 발생하면 업무에 영향을 미칠 수 있으므로 운용이 중요하다.

패킷 캡처(Packet Capture)
네트워크를 흐르는 통신 내용을 조사하기 위해 패킷을 수집하는 것을 말한다. 네트워크에 문제가 발생했을 때나 부정한 통신을 조사하는 데 사용한다.

용어 사용 예 ➡ SIEM으로 사고를 감지해 초기에 빨리 대응하자.

관련 용어 ⋯→ (UTM) ⋯⋯P196 (SOAR) ⋯⋯P198

* 1 Intrusion Detection System * 2 Intrusion Prevention System

제 5 장

공격으로부터 지키는 보안·네트워크 용어

Security Orchestration, Automation and Response
SOAR (사이버 보안 자동 대응 체계)

보안 운용을 자동화하는 시스템

취약점 관리나 정형적인 사고 대응을 자동화하는 시스템을 말한다. SOC(Security Operation Center, 보안 운영 센터)가 하는 업무는 다양하기 때문에 운용 담당자의 작업량을 줄여 본연의 작업에 집중하기 위해 사용한다. 발생할 것으로 예상되는 사고에 대해서는 그 대응 절차를 준비해 둠으로써 자동화하고, 정보나 증거를 시스템으로 일원화해 관리한다.

🎐 용어 관련 이야기

다층 방어
외부로부터의 침입을 막는 입구 대책이나 외부로 기밀 정보가 송신되는 것을 막는 출구 대책, 방화벽이나 IPS, WAF 같은 기술 등 여러 대책을 조합하는 것을 말한다.

우선도 판단
많은 사고가 발생했을 경우, 각기 우선순위를 설정(Triage)할 필요가 있지만, SOAR에서는 우선순위를 자동으로 판단할 수 있다.

플레이북(PlayBook)
사고가 발생했을 때 '언제, 누가, 무엇을, 어떻게 대응해야 하는지'를 정리한 절차서이다. 정비해 두면 경험이 없어도 대응할 수 있다.

용어 사용 예 💬 사고가 늘어나고 있으니 SOAR로 우선도를 정하자.

관련 용어 ···→ (인시던트) ······P192 (CSIRT와 SOC) ······P193 (SIEM) ······P198

Reputation
레퓨테이션

과거의 평판 데이터로 악성 데이터를 제거하는 기술

무차별적으로 송부되는 스팸 메일이나 바이러스 메일 등을 배제하는 기법을 말한다. 스팸 메일의 경우에는 메일의 본문만으로 평가하는 것이 아니라 메일 송신자나 경유하는 서버 정보를 평가해 판단한다. 여러 정보원이나 지표를 사용해 학습시키면 항상 최신의 위협에 대응할 수 있어 오류 검출을 줄이는 효과가 있다.

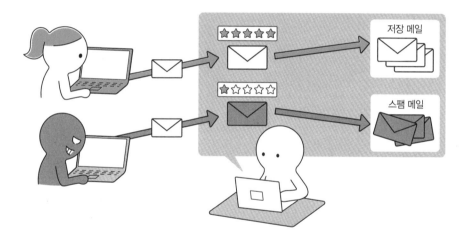

용어 관련 이야기

위협 정보(Threat Intelligence)
전 세계에서 이뤄지고 있는 공격 정보를 수집, 축적한 데이터베이스를 말한다. 이 정보를 분석해 보안 대책에 활용한다.

웹 레퓨테이션
위험한 웹사이트 정보를 수집해, 그 URL에 액세스하려고 하면 통신을 차단하는 기능을 말한다. 보안 소프트웨어 중 일부가 갖추고 있다.

평판 관리(Reputation Management)
말 그대로 평판(Reputation)을 관리해 기업 브랜드 이미지를 유지, 향상시키는 활동을 말한다. 실추된 사회적 신뢰나 평판을 회복하기 위해 실시하기도 한다.

용어 사용 예 ● 요즘은 SNS의 레퓨테이션 리스크를 생각해야 해.

관련 용어 ⋯ 비즈니스 이메일 침해(BEC) ⋯⋯P201 UPS ⋯⋯P45 DNSSEC ⋯⋯P214

Remote Administration Tool/Remote Access Tool
원격 조작 바이러스와 RAT

PC나 스마트폰에 감염시켜 외부에서 조작

원격으로 집에서 회사의 PC에 접속해 조작하는 정규 사용법이 아니라 멀웨어 등에 감염시킨 PC를 원격으로 조작하는 것을 말한다. 이용자가 알지 못하는 사이에 멀웨어(malware)에 감염시켜 중요한 파일을 마음대로 반출하거나 인터넷상의 투고 웹사이트에서 타인으로 위장해 투고하는 등의 피해를 예로 들 수 있다.

용어 관련 이야기

부정 액세스 금지법
부정 액세스 행위나 이와 연결되는 식별 부호의 부정 취득·보관 행위 등을 금지하는 법률이다. 이 법에서는 서버 관리자에게도 부정 액세스 방지 노력을 의무화하고 있다.

루트킷(Rootkit)
부정 접속에 성공한 공격자가 침입 후에 원격 조작을 하는 데 필요한 소프트웨어를 정리해 패키지로 만든 것을 말한다. 공격을 감추기 위해 사용한다.

드라이브 바이 다운로드(Drive-by download)
특정 웹사이트에 접속하면 악성코드가 다운로드되는 사이버 공격 방법 중 하나를 말한다. 사용자도 모르는 사이에 부정 프로그램이 다운로드된다.

용어 사용 예 💬 원격 조작 바이러스에 감염될까 봐 무섭네.

관련 용어 ⋯ (EPP) ⋯⋯P202 (VDI) ⋯⋯P207

Business Email Compromise
비즈니스 이메일 침해(BEC)

거래처를 위장해 금전적인 피해를 주는 방식

BEC는 인터넷을 이용해 금전을 가로채는 등의 사기 수법을 말한다. 공격자는 거래처나 경영자로 위장해 준비한 계좌로 송금하도록 유도하고 송금되면 즉시 돈을 인출하는데, 가짜 메일이나 청구서를 정교하게 만들기 때문에 전문 지식이 없으면 간파하기 어렵다. 의심스러울 때는 전화 등 다른 수단으로 상대방에게 확인하는 등 대책이 필요하다.

용어 관련 이야기

워터링 홀 공격(Watering Hole Attack)
공격 대상 기업의 사원이 자주 방문하는 웹사이트나 자주 사용하는 메일을 위장해 잠복했다가 악성코드를 뿌리는 방식의 사이버 공격이다.

메일 폭탄(Mail Bomb)
상대방에게 피해를 입힐 목적으로 일시에 엄청난 양의 전자우편을 보내 통신망을 마비시키거나 컴퓨터 시스템을 파괴하는 수법을 말한다. 스팸 메일의 일종이다.

섹스토션(Sextortion)
'Sex'와 강탈을 의미하는 'Extortion'의 합성어로, 성 관련 협박 범죄를 말한다. 성적인 행위를 촬영하고 이를 대중에게 공개하겠다고 협박하는 행위가 이에 해당한다.

용어 사용 예 💬 직원 교육만으로 비즈니스 메일 침해 대책을 세울 수 있을까?

관련 용어 ··· (레퓨테이션) ······ P199

Endpoint Protection Platform
EPP

조직 내에 침입한 악성 소프트웨어를 탐지하는 소프트웨어

방화벽 등을 넘어 조직 내에 침입한 멀웨어를 컴퓨터나 서버 등에서 검사하는 소프트웨어를 말한다. 바이러스 대책 소프트웨어가 이에 해당한다. 기존의 멀웨어 외에 미지의 멀웨어에도 대응하기 위해 패턴 파일과 비교하는 전통적인 방법뿐 아니라 머신러닝, 동작 검사 등의 방법도 사용하고 있다.

용어 관련 이야기

BYOD*¹와 MDM*²
BYOD은 개인이 소유한 스마트폰, 태블릿 컴퓨터 등 모바일 단말기를 업무에 활용하는 것을 말한다. 반면, MDM은 조직 내에 있는 모바일 단말기를 관리하는 것을 말한다.

SASE*³
클라우드상에서 네트워크 기능과 보안 기능을 통합해 제공하는 제품을 말한다. 클라우드상에서 제공되기 때문에 거점마다 '경계'라는 개념이 없다.

UEBA*⁴
부정한 권한 승격이나 허가받지 않은 서버에 대한 액세스 등 비정상적인 행위를 탐지해 통지하는 솔루션을 말한다. 네트워크 내에서 사용자의 행위를 분석해 이상 행위를 찾아 낸다.

> 용어 사용 예 💬 EPP만으로는 모든 위험을 회피할 수 없으므로 주의하자.

관련 용어 ⋯ 원격 조작 바이러스와 RAT ⋯⋯ P200 EDR ⋯⋯ P205

*1 Bring Your Own Device *2 Mobile Device Management *3 Secure Access Service Edge
*4 User and Entity Behavior Analytics

Sandbox
샌드박스

보호된 영역에서 프로그램을 시험하는 소프트웨어

프로그램을 실행할 수 있는 환경을 가상적으로 준비하고, 그 안에서 프로그램을 시험 삼아 실행해 멀웨어를 검출하는 수법이다. 통신 내용이나 파일에 대한 액세스를 확인해 악의 있는 동작을 검출한다. 샌드박스는 사용자가 일반적으로 이용하는 영역으로부터 격리돼 보호받을 수 있는 공간을 의미하는 것으로, 아이들이 안전하게 놀 수 있는 '모래밭'에 비유했다.

제 5 장

공격으로부터 지키는 보안·네트워크 용어

📖 용어 관련 이야기

휴리스틱 탐지(Heuristic Detection)
수상한 움직임을 탐지했을 때 그것이 멀웨어인지, 아닌지를 판단하지 않고 동작을 정지시킴으로써 멀웨어 감염을 사전에 방지하는 기법을 말한다.

검역 네트워크
사내 네트워크에 연결하기 전에 일시적으로 접속하는 네트워크를 말한다. 운영체제(OS) 업데이트나 바이러스 대책 소프트웨어의 정의 파일 갱신 등으로 안전성을 높인다.

DMZ*
'비무장 지대'라는 의미로, 인터넷과 내부 네트워크 중간에 위치한 영역을 말한다. 완충 지대로서의 역할이 있어 웹 서버나 메일 서버 등을 설치한다.

〰 **용어 사용 예** 🔵 **최신 보안 소프트웨어에는 샌드박스라는 게 있다.**

관련 용어 ⋯ (휴리스틱 이론) ⋯⋯⋯ P241

＊DeMilitarized Zone

Next Generation Anti-Virus
NGAV

AI 등을 이용해 악성 프로그램을 탐지하는 소프트웨어

머신러닝 등을 이용해 미지의 멀웨어나 공격 수법에 대응할 수 있는 소프트웨어로, 차세대 바이러스 대책 소프트웨어다. 기존의 제품으로는 막을 수 없었던 고도의 공격 기법에 대해서도 과거 멀웨어와의 유사점이나 수상한 동작을 검출함으로써 대응할 수 있다. 오류나 경고 등이 발생할 가능성도 많아 운영체제가 요구된다.

용어 관련 이야기

파일리스 공격(Fileless Malware Attack)
파일 없이 컴퓨터에서 악성 스크립트를 직접 실행하는 방식을 말한다. 일반적으로는 멀웨어라고 판정하지 않는 파일에서 명령어를 실행해 악의적으로 처리하는 것을 말한다.

랜섬웨어(Ransomware)
컴퓨터 속의 파일을 멋대로 암호화한 후 복구를 조건으로 몸값을 요구하는 악성 프로그램의 일종이다. 몸값을 지불해도 암호화된 파일을 복구할 수 있다는 보증은 없다.

허니 포트(Honey Pot)
비정상적인 접근을 탐지하기 위해 의도적으로 네트워크상에 설치해 둔 컴퓨터를 의미한다. 해당 컴퓨터에 멀웨어 작성자가 공격했을 때 그 정보를 수집해 공격에 대응한다.

> 용어 사용 예 😀 NGAV는 편리하지만, 잘못된 탐지가 대량으로 발생할 가능성이 있어.

관련 용어 ⋯ 머신러닝(ML) ⋯⋯P230

Endpoint Detection and Response
EDR (엔드포인트 침해 탐지 및 대응)

악성 프로그램의 위협을 탐지하고 대응을 지원하는 툴

컴퓨터나 서버 등에서 멀웨어의 위협을 탐지해 대응을 지원하기 위한 툴로, 실제로 피해가 발생했을 경우, 그 영향을 최소화하기 위해 사용한다. 멀웨어가 아니라도 이변을 감지했을 때 격리해 신속하게 관리자에게 통보하고 감염 경로나 그 동작을 파악하는 등 2차 피해를 방지하기 위해 감시하는 역할을 하기도 한다.

제 5 장

공격으로부터 지키는 보안·네트워크 용어

경고

📖 용어 관련 이야기

표적형 공격

특정 개인이나 조직을 노리는 사이버 공격의 일종으로, 업무 관련 메일을 가장한 바이러스 첨부 메일(표적형 공격 메일)을 보내는 수법을 쓴다.

APT*1 공격

다양한 공격 기법을 이용해 특정 대상을 장기간 지속적으로 공격하는 것을 말한다. APT는 지능적이고(Advanced) 지속적인(Persistent) 위협(Threat)을 뜻한다.

C-TAS*2

과학기술정보통신부가 한국인터넷진흥원(KISA)과 다양한 사이버 위협 정보 공유를 통해 악성 코드 차단 등 신속한 침해 대응을 목적으로 회원사가 참여하는 개방형 사이버 위협 정보 공유 시스템*3이다.

〰️ 용어 사용 **예** 💬 EDR을 넣으면 단말기의 성능이 얼마나 떨어질까?

〰️ 관련 용어 ⋯ (EPP) ⋯⋯ P202

---

* 1 Advanced Persistent Threat * 2 Cyber Threat Analysis & Sharing * 3 cshare.krcert.or.kr

Virtual Private Network
VPN

공중망을 사설망처럼 이용하는 기업 통신 서비스

암호화 기술을 이용해 인터넷과 같은 공중망을 마치 전용선으로 사설망을 구축한 것처럼 사용할 수 있는 방식을 말한다. 전용선을 깔면 안전하지만, 고가이기 때문에 인터넷을 통해 값싸고 안전하게 통신하기 위해 사용한다. 리모트 워크 상황에서 사내에 접속하고 싶거나 본사와 지사 간에 통신하고 싶을 때 원격지 통신 리스크를 줄일 수 있다.

용어 관련 이야기

IPsec

IP 수준으로 통신을 암호화하는 프로토콜을 말한다. 인터넷층의 프로토콜이기 때문에 상위 프로토콜을 의식하지 않고 통신을 범용적으로 암호화할 수 있다.

SSL-VPN

SSL/TLS를 이용한 VPN을 말한다. SSL/TLS는 웹브라우저 등에서 사용하기 때문에 전용 소프트웨어를 인스톨하지 않고 간편하게 암호화 통신을 시작할 수 있다.

검열(Censorship)

공권력이 출판물이나 통신 내용을 심사한 후 필요한 경우 삭제나 수정을 요구하거나 발표를 금지하는 것을 말한다. 외국 정부의 검열을 통과하기 위해 VPN을 사용하기도 한다.

용어 사용 예 🗨 **재택근무를 할 때는 VPN을 사용해 액세스하자.**

관련 용어 ⋯→ (제로 트러스트) ⋯⋯P14 (어플라이언스) ⋯⋯P75 (MPLS) ⋯⋯P215 (SSL/TLS) ⋯⋯P220

Virtual Desktop Infrastructure
VDI (데스크톱 가상화)

원격으로 사용하는 데스크톱 환경을 구현하는 구조

컴퓨터의 데스크톱 환경을 서버상에서 가상으로 구축해 놓고, 이용자가 떨어진 장소에 있는 단말기로부터 그 서버에 접속해 조작하는 구조를 말한다. 서버에서 집중 관리할 수 있어 관리자가 소프트웨어를 관리하기 편리하다. 이용자는 어떤 컴퓨터에서도 같은 데스크톱 환경에 접속할 수 있으므로 리모트 워크 등에 활용된다.

제 5 장

공격으로부터 지키는 보안·네트워크 용어

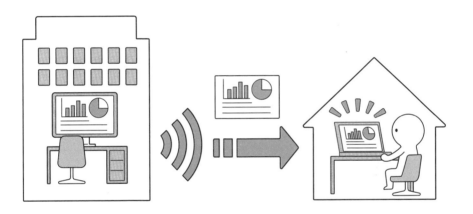

📖 용어 관련 이야기

RDP[*1]
서버상에서 움직이는 데스크톱 환경을 네트워크 너머로 이용하기 위한 프로토콜을 말한다. 윈도우의 리모트 데스크톱 등에서 사용되고 있다.

신 클라이언트(Thin Client)
사용자가 사용하는 단말기에 데이터를 남기지 않기 위해 화면 보기와 키보드나 마우스 입력이라는 기능만을 갖춘 단말기의 서버에 접속해 사용하는 방법을 말한다.

WFH[*2]
'집에서 일하다'라는 의미로, 재택근무를 말한다. 원격근무는 집이 아닌 곳에서 일하는 것도 포함되지만, 거의 같은 의미로 쓴다.

용어 사용 예 💬 VDI를 도입하면 어디에서든 같은 환경에서 일할 수 있어.

관련 용어 → 원격 조작 바이러스와 RAT ······ P200 DLP ······ P209

* 1 Remote Desktop Protocol * 2 Work From Home

Web Application Firewall
WAF

전형적인 취약점을 노린 공격을 저지하는 구조

웹 애플리케이션을 노린 전형적인 공격을 저지하기 위한 방화벽으로, 통신 내용을 확인해 공격이라고 판단한 것을 차단한다. 하드웨어로 제공되는 제품뿐만 아니라 웹 서버에 도입하는 소프트웨어형 제품도 있다. 최근에는 클라우드형으로 제공되는 제품도 등장해 간편하게 도입, 운용할 수 있는 경우도 많다.

용어 관련 이야기

블랙리스트 방식
SQL 인젝션 등 대표적인 공격 패턴을 등록해 놓고, 해당하는 통신을 '부정'으로 판정하는 방식을 말한다. 공격 패턴으로 등록돼 있지 않은 공격은 막을 수 없다.

화이트리스트 방식
'정상적인 통신'의 대표적인 입력 내용을 등록하고 목록에 존재하지 않는 통신을 '부정'으로 판단하는 방식을 말한다. 정상적인 통신 등록이 번거로워 자동으로 학습하는 제품도 있다.

시그니처(Cignature)
부정한 통신이나 공격 패턴을 정리한 정의 파일을 말한다. 이 서명과의 패턴 매칭에 따라 합치하는 것을 부정한 통신으로서 검출하는 제품이 많다.

용어 사용 예 💬 WAF를 도입해도 취약점 진단이 필요 없는 것은 아니니까.

관련 용어 ⋯▸ (SQL 인젝션)⋯⋯P210 (XSS)⋯⋯P211 (CSRF)⋯⋯P212

Data Loss Prevention
DLP

외부에 기밀 정보가 유출되는 것을 막는 기술

지켜야 할 중요한 정보를 결정하고, 그것을 지키기 위해 감시하는 기술을 말한다. 사전에 파일이나 데이터베이스 등을 조사하고 지켜야 할 정보를 결정한다. 누군가가 그 정보를 외부에 송신하려고 하거나 USB 메모리에 복사하려고 하는 행동을 감시하고, 정책 위반 행동을 감지했을 때, 그 행동을 멈추게 함으로써 정보 유출을 막는다.

데이터는 반출 금지!

제 5 장

공격으로부터 지키는 보안·네트워크 용어

용어 관련 이야기

스파이웨어(Spyware)
컴퓨터에 저장된 정보를 외부에 송신하는 소프트웨어를 말한다. 이용자의 개인정보 등을 수집하는 일이 많아 바이러스와는 별개라고 생각하는 경우가 많다.

키로거(Keylogger)
이용자가 컴퓨터에 입력한 키 조작을 감시하고 기록하는 소프트웨어로, 외부로 송신되면 로그인 시의 ID, 패스워드 등이 유출될 가능성이 있다.

포렌식(Forensics)
컴퓨터에 관한 범죄나 법적 분쟁이 발생했을 때, 기기에 남겨진 로그나 저장돼 있는 데이터를 수집·분석해 증거를 확보하거나 원인을 밝혀 내기 위한 기술을 말한다.

용어 사용 예 💬 DLP에서는 지정한 조건에 해당하는 것밖에 막을 수 없는 건가?

관련 용어 ⋯ (VDI) ⋯⋯P207

SQL Injection
SQL 인젝션

데이터베이스를 비정상적으로 조작하는 공격 수법

클라이언트의 입력값을 조작해 서버의 데이터베이스를 공격할 수 있는 공격 방식을 말한다. 공격자는 SQL 인젝션의 취약점을 사용해 데이터베이스 내의 모든 정보를 추출할 수 있기 때문에 데이터 변조, 정보 유출, 시스템 정지 등으로 이어질 수 있다. 이용자가 세울 수 있는 대책은 없으므로 개발자가 세워야 한다.

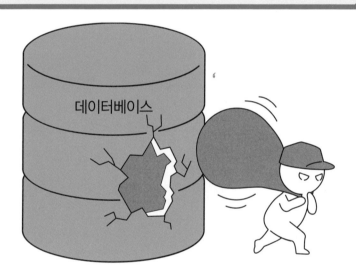

데이터베이스

 용어 관련 이야기

플레이스 홀더(Place Holder)
실제 데이터를 넣기 위해 장소만 확보해 두는 것을 말한다. SQL문 안에서 값이 바뀌는 장소를 지정해 두는 것으로, SQL 인젝션을 막기 위해 사용한다.

프리페어드 스테이트먼트
(Prepared Statement)
플레이스 홀더를 사용한 SQL문을 사전에 준비해 두고, 파라미터만을 변경해 실행할 수 있는 프로그래밍 언어를 갖춘 기능을 말한다.

퍼징(Fuzzing)
소프트웨어나 컴퓨터 시스템의 보안 문제를 테스트하기 위해 예측 불가능한 데이터를 입력해 그 거동을 확인하는 방법을 말한다. 주로 소프트웨어의 취약점을 찾는 데 사용한다.

용어 사용 예 💬 **SQL 인젝션의 피해가 좀처럼 줄어들지 않고 있다.**

관련 용어 → 정규화 ····· P88 스토어드 프로시저 ····· P134 실체화 뷰 ····· P135 WAF ····· P208

Cross Site Scripting
XSS

여러 사이트를 횡단하는 공격

웹 애플리케이션에서 이용자가 HTML 태그를 포함한 내용을 투고했을 때 HTML 태그가 분석돼 표시되는 경우 등에 발생하는 취약점을 말한다. 임의의 스크립트를 투고할 수 있기 때문에 공격자가 준비한 링크를 이용자가 클릭하기만 해도 취약점이 있는 웹사이트에 악의적인 스크립트가 투고·실행돼 버리는 등의 우려가 있다.

제 5 장

공격으로부터 지키는 보안·네트워크 용어

 용어 관련 이야기

특수 문자(이스케이프) 처리
문자열을 다룰 때 그 언어에서 특별한 의미를 갖는 문자나 기호를 다른 문자열로 바꾸는 것을 말한다. HTML 태그로 분석되지 않도록 '<'를 '<'로 바꾸는 기법이 이에 해당한다.

콘텐츠 보안 정책(CSP)*
웹 서버에서 웹 페이지 콘텐츠를 반환할 때 HTTP 헤더 안에 정책을 지정하는 방법을 말한다. XSS 공격의 위험과 영향을 줄일 수 있는 방어책이다.

세션 하이재킹(Session Hijacking)
이용자가 웹 애플리케이션에 로그인했을 때 발행하는 '세션 ID'를 공격자가 부정하게 취득해 이용자로 위장하는 공격 방법을 말한다.

용어 사용 예 🗨 XSS 대책으로 자바스크립트를 무효화하는 사람이 있을까?

관련 용어 ⋯▶ (WAF) ⋯⋯P208 (CSRF) ⋯⋯P212

* Content Security Policy

Cross-Site Request Forgeries
CSRF

타인 행세를 하는 공격 수법

웹 애플리케이션의 취약점을 악용하는 사이버 공격의 일종이다. 사용자가 자신의 의지와는 무관하게 공격자가 의도한 행위를 다른 웹 페이지상에서 실행하는 것을 말한다. 링크를 클릭하기만 해도 임의의 내용이 투고되므로 본인도 모르는 사이에 게시판에 범행 예고가 투고될 수 있고, 타인으로 위장해 온라인 쇼핑에서 상품을 구입할 수도 있다.

📑 용어 관련 이야기

토큰 삽입
입력 폼에서 숨겨진 필드로 토큰이라는 값을 설정하고, 서버 측에서는 토큰값이 일치하면 올바른 요청이라고 판단하는 대책을 쓴다.

동일 출처 정책(Same-Origin Policy)
자바스크립트 등으로 외부에서 요청했을 때, 프로토콜과 호스트명, 포토 번호가 다를 때 응답받을 수 없는 것을 말한다. 보통 토큰 등을 받을 수 없다.

CORS(교차 출처 리소스 공유)*
동일 출처 정책 제한을 완화해 다른 도메인으로부터 요청할 수 있게 허용하는 구조를 말한다. 다른 도메인의 데이터를 사용해 편리한 서비스를 개발하기 위해 사용한다.

용어 사용 예 💬 CSRF 리스크를 줄이기 위해서 로그아웃하는 것도 귀찮은 일이네.

관련 용어 → (WAF) ····· P208 (XSS) ····· P211

Software-Defined Networking, Network Functions Virtualization
SDN과 NFV

가상적인 네트워크 구현

SDN(소프트웨어 정의 네트워킹)은 네트워크의 구성을 소프트웨어로 정의해 가상적인 네트워크를 만드는 것을 말한다. 케이블 배선에 따르지 않고 유연한 네트워크를 구성할 수 있기 때문에 네트워크 구성이 변경된 경우, 소프트웨어상에서 설정을 변경하기만 해도 대응할 수 있다. 최근에는 가상 머신으로 네트워크 기기의 기능을 구현한 NFV(네트워크 기능 가상화)도 사용한다.

제 5 장

공격으로부터 지키는 보안·네트워크 용어

용어 관련 이야기

오픈플로(OpenFlow)
SDN을 구현하기 위한 기술 중 하나로, 기존의 네트워크는 기기끼리 경로 제어나 패킷 전송을 했지만, SDN에서는 컨트롤러가 경로를 집중 제어한다.

컨트롤 플레인
소프트웨어 정의 네트워킹(SDN)에서 네트워크 제어를 담당하는 부분을 말한다. 오픈플로 컨트롤러에서는 OSI 참조 모델의 레이어에 묶이지 않고, 플로라는 단위로 전송을 제어한다.

데이터 플레인
SDN에서 패킷 전송을 담당하는 부분. 컨트롤 플레인에서 정한 경로에 대해 조건과 일치하는 패킷을 전송하는 역할을 한다.

용어 사용 예 ● 데이터 센터에서는 SDN을 사용하지 않으면 관리하기 힘들다.

관련 용어 ⋯ (FPGA) ⋯⋯ P117

Domain Name System Security Extensions
DNSSEC

네임 서버로부터의 응답을 검증하는 기법

DNS에 따라 호스트명에 대응하는 IP 주소를 취득할 때 가짜 DNS 서버로부터 위장된 정보가 보내지지 않도록 공개키 암호나 전자 서명의 구조를 사용해 검증하는 기법을 말한다. 대응하는 DNS 서버가 응답 시에 전자 서명을 첨부해 보내고, 수신 측이 그 전자 서명을 검증함으로써 위·변조를 방지하는 동시에 정규 DNS 서버의 응답이라는 것을 확인하는 구조로 이뤄져 있다.

shoeisha.co.jp의 IP 주소는?

114.31.94.139

증명서
114.31.94.139

📖 용어 관련 이야기

전자 서명
사회에서 인감이나 서명으로 본인이 작성했다는 것을 확인해 주는 것처럼 전자 파일에서도 조작되지 않았다는 것을 증명하기 위해 사용하는 방법이다.

권한 DNS 서버(Authoritative Domain Name Server)
어느 도메인명의 정보를 기록·관리하는 정당한 권한을 갖고, 그 도메인의 정보에 대한 외부로부터의 문의에 응답해 주는 DNS 서버를 말한다.

풀서비스 리졸버(Full-Service Resolver)
다른 DNS 서버에 문의해 DNS 정보를 가져오는 DNS 서버를 말한다. 한 번 문의한 내용은 자신이 캐시로 저장한다.

용어 사용 예 💬 DNSSEC를 사용하면 얼마나 성능이 떨어질까?

관련 용어 → (레퓨테이션)······P199

Multi-Protocol Label Switching
MPLS

레이블을 사용해 전송처를 제어하는 방법

수신처의 IP 주소로 네트워크 경로를 판단하는 대신, 패킷에 붙은 '레이블'이라는 표시로 경로를 판단하는 기법을 말한다. 데이터 센터 등 복잡한 네트워크에서도 경로를 검색할 때 레이블만 보면 되므로 고속으로 탐색할 수 있다. 이름 그대로 많은 종류의 프로토콜에 대응하고 있으므로, IP 이외에도 사용할 수 있다.

📖 용어 관련 이야기

광역 이더넷
기업의 거점 사이를 잇는 네트워크로, LAN과 마찬가지로 이더넷으로 접속한다. IP-VPN이나 인터넷 VPN에 비해 통신 속도가 빠르고 지연도 적다.

EoMPLS[1]
MPLS로 구축된 네트워크상에서 이더넷의 패킷을 통신하는 방법으로, 광역 이더넷의 차세대 기술이다.

LER[2]**과 LSR**[3]
MPLS에 대응한 라우터로, LER은 패킷을 보낼 때는 레이블을 붙이고, 도착했을 때는 떼어 낸다. LSR은 그 레이블로 버킷을 전송한다.

> 용어 사용 예 💬 MPLS를 사용한 VPN을 제공하는 회사가 많이 늘어났다.

관련 용어 ···→ (VPN) ······P206

＊1 Ethernet over MPLS ＊2 Label Edge Router ＊3 Label Switching Router

제 5 장

공격으로부터 지키는 보안·네트워크 용어

Bluetooth Low Energy
BLE

블루투스를 이용한 저소비 전력 통신

마우스, 무선 이어폰 등에 쓰이는 블루투스를 더욱 절전형으로 만든 통신 방식으로, 비용이 싼만큼 통신 속도가 느리다. 최근에는 저전력이면서도 통신 속도가 고속화되고 있어 스마트워치, 리모컨, 전자 가격 표시기(ESL) 등의 사물인터넷(IoT) 단말기처럼 데이터의 양은 적어도 저전력인 기기가 요구되고 있다.

이제 곧 전지가 없어질 것 같아.

살이 좀 쪘나?

📖 용어 관련 이야기

IrDA*1
적외선에 따른 무선 통신 규격을 말한다. 텔레비전 등의 적외선 리모컨에서는 한 방향 송신뿐이지만, IrDA에서는 에러 정정도 가능해 휴대전화의 연락처 교환 등에 사용됐다.

저전력 오디오(LE Audio)*2
블루투스의 차세대 음성 규격을 말한다. 저소비 전력이면서도 고품질 음성 데이터 송신이 가능한 규격으로, 오디오 성능 향상과 함께 보청기 지원, 오디오 공유 기능도 추가됐다.

지그비(ZigBee)
센서 등에 특화된 저소비 전력 무선 규격으로, 전용 기기끼리 통신하는 데 적합하다. 동시 접속 대수가 많지만, 블루투스와의 호환성은 없다.

💬 용어 사용 예　　🔵 최근의 웨어러블 단말기는 거의 BLE를 사용하고 있네.

관련 용어 ┄→ （LPWA）┄┄┄P21 （LTE─M）┄┄┄P22 （다이내믹 프라이싱）┄┄┄P43

Power Line Communications
PLC

콘센트에 꽂아 인터넷에 접속

가정에 있는 콘센트를 사용해 인터넷에 접속하는 방식을 말한다. 본체와 부속 장치 양쪽을 콘센트에 꽂기만 하면 전력선을 통해 통신할 수 있기 때문에 유선 LAN과 마찬가지로 안정적으로 통신할 수 있다. 방이 여러 개인 집에서는 집 안을 랜선으로 접속하기가 힘들어 무선으로 사용하는 경우가 많은데, 콘센트는 각 방에 있기 때문에 케이블이 필요 없다.

제 5 장

공격으로부터 지키는 보안·네트워크 용어

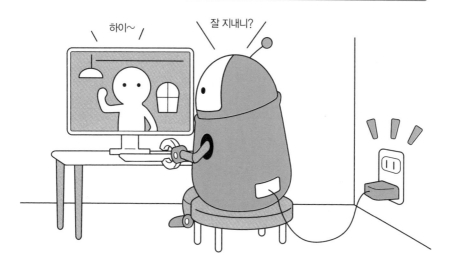

용어 관련 이야기

라스트 원마일(Last One Mile)
통신 사업자와 이용자 사이를 말하는 것으로, 1마일(약 1.6Km) 정도를 의미한다. 주택 등에 고속 네트워크를 도입하기 때문에 PLC가 기대되고 있다.

PoE*1
LAN 케이블을 통해 전력을 공급하는 기술을 말한다. 컴퓨터와 LAN 케이블이 있으면 콘센트에 연결되지 않아도 컴퓨터를 이용할 수 있다.

WOL*2
'LAN으로 켜기'를 의미하며 전원이 꺼져 있는 컴퓨터를 네트워크로 부팅한다. 이동 중에 원격으로 컴퓨터를 실행하는데 사용된다.

용어 사용 **예** 💬 PLC를 사용하면 집 안의 배선이 깔끔해진다.

관련 용어 ⋯→ (NGN) ⋯⋯P23

*1 Power over Ethernet *2 Wake On LAN

Voice over Internet Protocol
VoIP

인터넷을 통한 음성 통신

인터넷 프로토콜(IP) 기술을 사용해 제공하는 음성 서비스를 말한다. 전화 회선이 아니라 인터넷 회선을 이용해 음성 통화를 구현하는 방법으로, 'IP 전화'라고도 한다. 전화 회선에 필요한 공사나 전화 가입비, 기본 요금, 통화 요금이 들지 않기 때문에 도입 비용이 줄어든다. 회선 혼잡 시 지연되지 않도록 우선 제어 등이 필요하다.

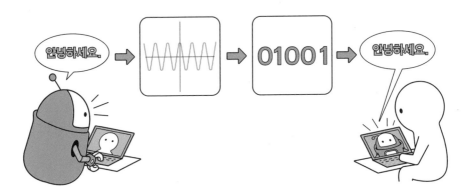

📚 용어 관련 이야기

SIP*[1]
음성이나 영상 같은 실시간 통신에 필요한 발신, 착신, 응답 등을 조절하는 프로토콜을 말한다. 상대와의 세션을 확립한 후에는 RTP로 통신한다.

RTP*[2]
음성 및 영상을 스트리밍으로 재생하기 위한 프로토콜을 말한다. 재발송 처리가 가능한 TCP가 아닌 빠른 UDP를 사용하지만, UDP에서도 바른 순서로 재생할 수 있다.

IP-PBX*[3]
IP 전화를 사용해 기존의 PBX(회선 교환기)와 같은 기능을 구현하는 소프트웨어나 하드웨어를 말한다. 사내 내선, 통화 기록 저장 등의 기능을 구현할 수 있다.

용어 사용 예 💬 VoIP 기술 덕분에 통화 품질이 보장됐어요.

관련 용어 ⋯ (NGN) ⋯⋯P23

*1 Session Initiation Protocol *2 Real-time Transport Protocol
*3 Internet Protocol Private Branch eXchange

Fully Qualified Domain Name
FQON

URL 등에서 도메인 이름을 생략하지 않고 표기한 것

URL 등에서 도메인명을 생략하지 않고 표기한 '전체 주소 도메인 네임'을 말한다. 일반적으로는 호스트명과 도메인명을 합친 전체 도메인 이름을 가리킨다. 예를 들어 'www.cyber.co.kr'의 호스트명은 'www', 도메인명은 'cyber.co.kr'라는 FQDN인데, DNS에서는 이것을 식별할 수 있다.

제 5 장

공격으로부터 지키는 보안 · 네트워크 용어

cyber.co.kr

cyber.kr

www

event

www.cyber.co.kr

event.cyber.kr

알았어!

용어 관련 이야기

CCTLD[*1]
국가나 지역별로 할당된 최상위 도메인으로, 한국은 .kr, 일본은 .jp, 프랑스는 .tr이 이에 해당한다.

gTLD[*2]
국가나 지역에 관계 없이 등록할 수 있는 도메인 이름으로, 영역이나 분야별로 준비돼 있다. .com과 .net, .org, .edu 등이 유명한데, 1,300종류 이상이 존재한다.

IDN TLD[*3]
도메인 이름으로 한자나 아라비아 문자 등을 사용할 수 있도록 한 것을 말한다. '한국어 .kr' 등이 있다. '국제화 최상위 도메인'이라고도 한다.

용어 사용 예 ➡ DNS의 구조를 알려면 FQDN을 알아야죠.

관련 용어 ···→ (서드파티 쿠키)······P145

[*1] Country Code Top Level Domain [*2] Generic Top Level Domain
[*3] Internationalized Domain Name Top Level Domain

Secure Sockets Layer, Transport Layer Security
SSL/TLS

웹에서 데이터를 암호화하는 구조

웹브라우저로 웹사이트를 열 때 발생하는 통신을 암호화하는 구조를 말한다. 웹사이트가 대응
돼 있으면 'HTTPS'라는 프로토콜이 사용되며, 'https'로 시작하는 URL 외에도 키 아이콘이 표
시된다. 이 아이콘을 클릭하면 해당 서버에서 사용되고 있는 증명서를 표시할 수 있으므로 웹사
이트의 실재성을 확인할 수 있다.

📖 용어 관련 이야기

Let's Encrypt
SSL 증명서를 무료로 발급해 주는 인
증국의 하나를 말한다. 도메인 관리
권한을 확인하기만 하면 도메인을 소
유하고 있는 조직의 정보를 검증하지
않고서도 자동으로 발행할 수 있다.

상시 SSL(Always On SSL)
웹사이트 내의 모든 페이지를 SSL화
하는 것을 말한다. 보안 면에서 암호
화가 요구될 뿐만 아니라 검색 웹사
이트에서 상위에 표시하기 위해 도입
하기도 한다.

중간자 공격(MITM)*
통신하고 있는 두 당사자 사이에 해
커가 끼어들어 통신 내용을 조작하는
공격 방법을 말한다. 이를 막으려면
통신 상대의 전자 증명서 내용을 확
인해야 한다.

용어 사용 **예** 💬 자물쇠 마크는 SSL/TLS로 암호화돼 있을 때 나오네.

Public Key Infrastructure
PKI (공개 키 기반 구조)

공개 키 암호를 사용한 보안 기반

공개 키를 이용해 송수신 데이터를 암호화하고, 디지털 인증서를 통해 사용자를 인증하는 시스템을 말한다. 사전에 공유된 비밀 정보가 없어도 인증 기관(Certificate Authority)이 발행한 전자 인증서에 기반해 상대방을 인증할 수 있다. 인증 기관에서는 인명서 발행 외에도 갱신 및 취소 등 공개 키와 소유자의 대응 관계를 보증한다.

제 5 장

공격으로부터 지키는 보안·네트워크 용어

가짜네!

신분증

📖 용어 관련 이야기

인증 기관
전자 증명서를 발행하는 기관으로, 전자 증명서의 등록, 발행, 유효성에 관한 정보를 제공한다. 전자 증명서는 전자 서명 시 본인 확인이나 비조작을 증명하는 데 필요하다.

루트 인증서(RootCertificate)
소프트웨어의 개발자나 이용자가 신뢰하는 인증 기관의 증명서로, 디지털 서명을 검증할 때 신뢰의 기점으로 이용한다.

서버 인증서(SSL 인증서)
서버 인증에 사용하는 인증서를 말한다. 웹사이트에서 SSL/TLS에 따른 암호화 통신을 실시하고, 그 운영자를 증명하기 위해서는 웹 서버에 서버 인증서를 설정·검증해야 한다.

용어 사용 예 💬 PKI 덕분에 안심하고 인터넷을 사용할 수 있겠네.

관련 용어 ⋯ SSL/TLS ⋯⋯P220

용어는 직접 정리하고
교류해 보자

IT 용어는 책으로 읽는 데 그치지 않고 직접 해 보는 것도 좋은 공부 방법이다. 이때 직접 조작해 보기만 해도 알 수 있는 것이 있다.

특히 프로그래밍의 경우에는 소스 코드를 실제로 입력해 보면 알게 되는 것이 많다. 필요한 작업이나 처리에 걸리는 시간, 메모리의 사용량 등은 실행해 봐야 알 수 있기 때문이다.

이 책에 나오는 용어를 외우는 것도 좋지만, 그 이상으로 자세히 살펴보는 것이 중요하다. 이 책에서는 개요를 설명하는 정도에 불과해 대충 알 수밖에 없지만, 각 용어에 대해 깊이 들어가 보면 훨씬 자세히 알 수 있다.

정보는 남과 교류하는 사람에게 모인다

이런 식으로 용어를 알아보는 데 그치지 않고 정리해 보는 것도 좋다. **자신이 알아본 내용이나 자신 없는 부분, 그 대응 방법 등에 대해 정리해 남과 교류하는 것도 도움이 될 것이다.** 조사한 내용을 복사해 붙이는 것은 저작권 문제가 있지만, 직접 시도해 보면서 어려운 부분을 정리하는 것은 자신만이 할 수 있는 작업이다. 다른 사람들도 같은 상황에서 어려움을 겪을 수도 있다.

'정보는 보내 주는 사람에게 모인다'라는 말을 자주 듣는다. 다른 사람들은 자신이 관심을 갖고 있는 용어나 분야에 대해 알려 주지 않으면 그 일에 흥미가 있다는 것을 잘 모른다.

여기서 정보를 보내다 틀리면 창피하다든가 이미 해설 기사가 있다고 생각해 실행에 옮기지 못하는 사람이 있다. 하지만 중요한 것은 '자신의 관점'이다. 사람에 따라 관점이 다르므로 다른 사람이 어떻게 쓰고 있든 '나는 이렇게 생각한다.' '나는 이렇게 한다.'라는 관점으로 글을 써 보라. SNS나 블로그 등 다양한 방법으로 정보를 보내는 시도를 해 보기 바란다.

제6장

인공지능 관련 기술 용어

Keyword 200~231

Clustering
클러스터링

비슷한 데이터를 모아 그룹으로 분류하는 기법

유사성 따위의 개념을 바탕으로 데이터를 몇몇 그룹으로 분류하는 기법을 통틀어 이르는 말이다. 그룹으로 분류한 것을 '클러스터'라고 하며, '클러스터 분석법'이라고도 한다. 머신러닝(기계학습)에서는 비지도학습으로 분류되며, 계층 구조를 만들어 그룹으로 분류하는 '계층형 클러스터링'과 계층 구조를 만들지 않는 '비계층형 클러스터링'이 있다.

=집   =사무실   =숲

용어 관련 이야기

K-평균 군집 분석(K-means Clustering)
개체를 일정한 기준에 따라 몇 개의 클러스터로 나눈 후 각 클러스터의 평균을 계산해 비슷한 데이터를 모으는 기법을 말한다.

와드법(Ward's Method)
여러 클러스터 간의 거리를 측정하는 방법 중 하나이다. 이 밖에도 평균 연결법, 최단 연결법, 최장 연결법 등이 있는데, 계층형 클러스터링에서 많이 사용한다.

엘보법(Elbow Method)
클러스터링에서 최적의 클러스터 수를 찾는 방법으로, 그래프를 그리다가 팔꿈치(Elbow)와 비슷하게 구부러진 점을 찾는다고 해서 붙여졌다.

용어 사용 예 😀 지금까지 산 책들을 클러스터링해 봤다.

관련 용어 ···▶ 클러스터 ···P127 결정 트리 ···P225 비지도학습 ···P232 자기조직화 지도 ···P235

Decision Tree
결정 트리

조건을 나무 구조로 표현해 분류나 회귀를 구현하는 방법

나무 구조의 분기에 조건을 설정하고, 그 조건을 만족시킬지 판단해 문제를 풀어 나가는 방법을 말한다. 지도학습에서 분류나 회귀를 실시하는 방법이며, 분류하는 경우는 '분류나무', 수치를 추측하는 경우는 '회귀나무'라고 한다. 구체적인 알고리즘으로서 ID3나 C4.5 등이 있다. 결손값이 있어도 처리할 수 있어 예측 근거를 시각적으로 표현하는 장점이 있다.

제 6 장

인공지능 관련 기술 용어

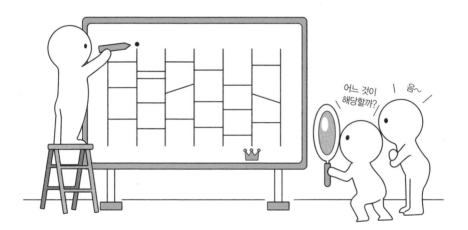

어느 것이 해당할까?

음~

용어 관련 이야기

정보 획득(Information Gain)
부모 노드에서 자식 노드로 그룹을 나눴을 때 여기에서 얻을 수 있는 정보량을 의미한다. 결정 트리에서는 이 값이 최대가 되도록 학습을 진행한다.

불순도
정보 획득을 따질 때 쓰이는 지표로, 엔트로피 불순도, 지니 불순도, 오분류율을 많이 쓴다. 하나의 클래스로 분류되는 것이 많아지면 불순도는 작아진다.

엔트로피(Entropy)
불확실도를 나타내는 양을 주사위의 눈과 같이 어느 눈이 나올지 모르는 상태일 때 최대가 된다. '평균 정보량'이라고도 한다.

용어 사용 예 😀 결정 트리를 보면 분류된 조건의 의미를 이해하기 쉬워.

관련 용어 ⋯⋯ (클러스터링) ⋯⋯P224 (랜덤 포레스트) ⋯⋯P226 (지도학습) ⋯⋯P231

Random Forest
랜덤 포레스트

여러 결정 트리에 따라 다수결로 정밀도를 높이는 방법

여러 결정 트리로 학습시키고, 제각기 이끌어 낸 답을 사용해 다수결로 결정하는 방법을 말한다. 분류하는 경우는 다수결로 선택하고, 수치를 추측하는 경우는 각 평균 등의 대표값을 예측값으로 출력한다. 학습 방법은 단순하지만, 단독 결정 트리를 사용하는 것보다 좋은 결과를 얻을 수 있는 것으로 알려져 있다.

📖 용어 관련 이야기

앙상블 학습(Ensemble Learning)
여러 머신러닝 모델을 조합하고 다수결 능을 사용해 보다 좋은 모델을 구축하는 방법을 말한다. 랜덤 포레스트도 앙상블 학습의 하나이다.

배깅(Bagging)
많은 샘플에서 몇 개를 꺼내 병렬로 식별기를 작성한 후 다수결로 결정하는 기법을 말한다. 랜덤 포레스트는 '배깅과 결정 트리의 조합'이라고 할 수 있다.

부스팅(Boosting)
배깅과 달리, 직렬로 식별기를 만들고 이전 식별기의 결과에 비중을 두어 학습하는 방법을 말한다. 앞의 결과가 필요하기 때문에 학습하는 데 시간은 걸리지만, 정확도를 높일 수 있다.

용어 사용 예 💬 랜덤 포레스트로 정답률을 높이는 게 재밌네.

관련 용어 ··· 결정 트리 ······P225

Support Vector Machine
서포트 벡터 머신

데이터를 분리하는 경계로부터 거리를 최대화하는 방법

데이터를 2개의 그룹으로 나누는 문제에서, 각 데이터로부터 가능한 한 떨어진 곳에 경계를 만드는 '마진 최대화'를 목표로 분리하는 머신러닝 방법을 말한다. 2차원이라면 직선이나 곡선으로 분리할 수 있지만, 3차원이라면 평면이나 곡면이 된다. 그 이상인 경우에는 '초평면'이라고 불리는 경계로 분리한다. 패턴 인식 등으로 높은 정확도를 얻을 수 있다.

제 6 장 인공지능 관련 기술 용어

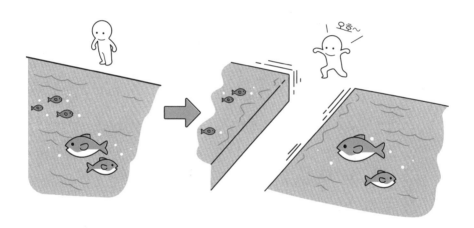

오호~

📖 용어 관련 이야기

소프트 마진
분류할 때 완전히 분리되지 않더라도 다소의 차이는 인정하는 방법이다. 오식별에 대한 페널티를 주면서 파라미터를 조정해 어느 정도의 정확도를 얻는다.

하드 마진
2개로 명확하게 나눠진다는 것을 전제로 마진을 설정하는 방법을 말한다. 노이즈 등이 포함되는 데이터라서 분명히 나눠지지 않는 경우에는 과적합(Overfitting)이 돼 버린다.

커널법(Kernel Method)
저차원의 데이터를 고차원의 데이터로 변환해 분리하는 방법을 말한다. 평면에서는 선형 분리가 불가능한 데이터라도 공간에서는 분리할 수 있으며, 분리했다가 원래대로 돌려 놓는다.

용어 사용 예 ➡ 서포트 벡터 머신은 경계를 시각적으로 이해할 수 있어 좋네.

관련 용어 ⋯ (지도학습) ⋯⋯P231

Neural Network
신경망

인간의 뇌를 모방한 구조로 신호를 전달해 계산하는 방법

연결된 신경 세포(뉴런)를 통해 신호를 전달하는 기법을 말한다. 인간의 뇌 기능을 모방한 공학적 정보 처리 네트워크로서 입력층, 중간층, 출력층이라는 계층 구조에서 입력층의 입력값이 중간층의 뉴런을 경유해 출력층에 전달돼 결과가 나온다. 좋은 결과를 얻을 수 있도록 계산에 사용되는 '가중치'를 조정하는 것이 머신러닝의 '학습'에 해당한다.

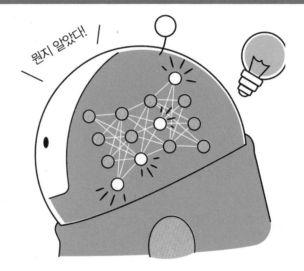

뭔지 알았다!

용어 관련 이야기

퍼셉트론(Perceptron)
뉴럴 네트워크의 일종으로, 입력에서 출력까지의 처리 흐름이나 외형은 같지만, 출력에 계단 함수(Step Function)를 사용해 0과 1 중 하나를 출력한다.

경사 하강법(Gradient Descent)
뉴럴 네트워크에서 중요도를 조정할 때 정답 데이터와 실제 출력과의 오차를 함수로 생각하고, 그 함수의 최솟값을 구하기 위해 함수의 기울기를 사용하는 방법을 말한다.

오차역전파(Back-Propagation)
뉴럴 네트워크에서 중요도를 조정할 때 정답 데이터와 실제 출력과의 오차를 출력층에서 중간층을 향해 역방향으로 전하고, 중요도를 조정하는 방법을 말한다.

용어 사용 예 😊 인공지능의 기본을 배우려면 신경망이 좋겠다.

관련 용어 ⋯ 딥러닝(DL) ⋯P229 자기조직화 지도 ⋯P235 활성화 함수 ⋯P239 CNN ⋯P243 RNN ⋯P244

Deep Learning
딥러닝 (DL)

깊은 계층을 구현한 뉴럴 네트워크

인간의 뇌 신경 회로를 모방한 신경망(Neural Network)을 다층적으로 구성해 복잡한 함수를 표현하고 어려운 문제를 푸는 기술을 말한다. '심층학습'이라고도 한다. 신경망을 다층적으로 구성하면 많은 데이터가 필요해 처리에 시간이 걸릴 뿐 아니라 기울기 소실 문제 등도 발생하지만, 컴퓨터의 고성능화와 활성화 함수 연구가 좋은 결과를 얻으면서 주목받고 있다.

제6장 인공지능 관련 기술 용어

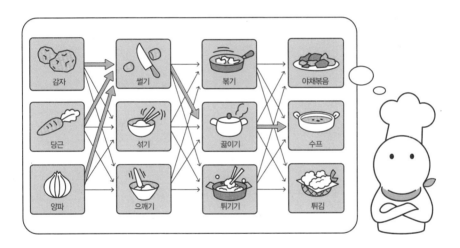

📖 용어 관련 이야기

기울기 소실 문제
머신러닝을 다층화한 뉴럴 네트워크에서 어느 단계를 넘으면 학습이 진행되지 않게 되는 것을 말한다. 오차역전파법으로 중요도를 조정하지만, 다층화하면 그 오차가 전달되기 어렵다.

과적합(Overfitting)
훈련 데이터를 최적화해 높은 정답률을 얻을 수 있지만, 검증 데이터에서는 정답률이 오르지 않는 현상을 말한다. 훈련 데이터의 개수에 대해 모델이 복잡한 경우에 흔히 발생한다.

정칙화(Regularization)
과적합을 막기 위해 오차를 계산하는 함수에 '정칙화 항'이라고 불리는 항을 추가해 복잡한 모델이 되는 것을 막는 방법을 말한다. L1 정칙화, L2 정칙화 등이 있다.

용어 사용 예 💬 딥러닝에는 고성능 컴퓨터가 필요하겠어요.

관련 용어 ⟶ 신경망 ⋯⋯ P228　CNN ⋯⋯ P243　RNN ⋯⋯ P244　딥페이크 ⋯⋯ P252

Machine Learning
머신러닝(ML, 기계학습)

컴퓨터에 데이터를 제공해 학습하게 하는 방법

인간이 규칙을 주는 것이 아니라 대량의 데이터를 제공함으로써 그 데이터로부터 컴퓨터가 자동적으로 규칙을 학습하고 판단하는 구조를 말한다. 노이즈가 있는 것 등을 상정하고 확률을 사용해 판단하는 것이 많아 '통계적 머신러닝'이라고도 한다. 제공하는 데이터의 내용이나 제공하는 방법에 따라 지도학습, 비지도학습, 강화학습으로 구분한다.

학습 중…

동물 / 털이 있다 / 사족보행 / 짖는다

개에 대한 데이터

이 동물의 울음소리는?

멍멍!

📖 **용어 관련 이야기**

엑스퍼트 시스템(Expert System)
전문가의 지식을 수집, 축적하고, 그 지식을 기초로 추론하는 방법을 말한다. 특정 영역에서는 좋은 결과를 얻을 수 있지만, 지식을 공식화하기가 어렵다는 문제가 있었다.

전처리
머신러닝으로 컴퓨터에 학습시키기 전에 학습에 사용할 데이터를 목적에 맞게 효과적으로 가공하는 것을 말한다. 결손값의 보완이나 누락된 값의 처리, 단위의 통일 등을 들 수 있다.

노프리 런치(NFL) 정리
(No Free Lunch Theorem)
'공짜 점심은 없다'라는 의미로, 모든 문제에 뛰어난 성능을 발휘할 수 있는 만능 지도학습 모델이나 탐색, 최적화 알고리즘(무료 런치)은 이론상 존재하지 않는다는 것을 말한다.

용어 사용 예 💬 사람이 학습하듯이 컴퓨터에도 데이터를 제공해 학습하도록 하는 게 머신러닝인 거야.

관련 용어 ⋯ 지도학습 ⋯⋯P231 비지도학습 ⋯⋯P232 강화학습 ⋯⋯P233 전이학습 ⋯⋯P236 하이퍼 파라미터 ⋯⋯P240 파라메트릭 ⋯⋯P242 AutoML ⋯⋯P254

Supervised Learning
지도학습

주어진 정답 데이터에 근접할 수 있는 학습 방법

입력에 대한 올바른 출력(훈련 데이터)이 주어졌을 때 그 훈련 데이터(Training Data)에 가까운 결과를 얻을 수 있도록 규칙을 학습하는 방법을 말한다. 주어지는 데이터는 입력과 출력이 쌍으로 돼 있어 새로운 입력(미지의 데이터)이 주어졌을 때 대응하는 출력을 예측함으로써 분류나 회귀와 같은 문제를 푸는 데 사용한다.

제 6 장

인공지능 관련 기술 용어

📚 용어 관련 이야기

분류 문제
장르나 카테고리 등 정답이 이산값으로 주어져 어느 그룹으로 분류할지를 생각하는 문제를 말한다. 그룹과 그룹 사이의 경계선을 찾아 내는 것이 목적이다.

회귀 문제
금액, 길이 등 정답이 연속값으로 주어져 새로운 데이터에 대한 값을 예측하는 문제를 말한다. 주어진 데이터로부터 목적 값을 계산하는 데 필요한 함수를 구하는 것이 목적이다.

논리 회귀
회귀 문제를 풀 때 수치를 예측하는 것이 아니라 확률을 예측하는 방법으로 0에서 1 사이의 값을 반환한다. 강수 확률, 상품 구입률 등을 예측할 때 사용한다.

용어 사용 예 💬 정답 데이터를 준비할 수 있다면 지도학습을 해 보는 게 어때?

관련 용어 ··· (결정 트리)···P225 (서포트 벡터 머신)···P227 (머신러닝(ML))···P230 (MNIST)···P237

Unsupervised Learning
비지도학습

데이터의 공통점을 찾아 분류하는 학습 방법

사람도 답을 모르는 경우와 정답을 준비할 수 없는 문제나 입력만 주어지고 올바른 출력(훈련 데이터)이 없는 상황에서 그 데이터의 특징을 학습하는 방법을 말한다. 주어진 데이터를 비슷한 특징을 가진 여러 그룹으로 나누는 클러스터링 등에 사용한다. 분류가 맞는지는 알 수 없지만, 비슷한 특징을 가진 그룹이 생긴다.

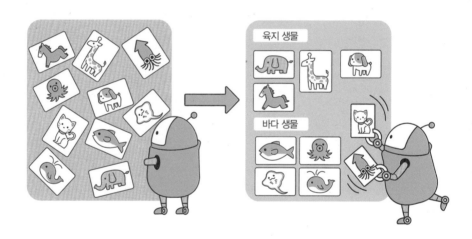

육지 생물

바다 생물

📚 용어 관련 이야기

주성분 분석
상관관계가 있는 많은 변수가 있을 때 그것을 소수의 항목으로 표현할 수 있도록 여러 변수로부터 새로운 축을 만들어 분석하는 방법을 말한다. 데이터 차원의 삭감에 사용한다.

자동 인코더
입력 데이터와 같은 데이터를 출력하도록 네트워크를 만드는 학습 방법을 말한다. 중간층에서 차원을 낮출 수 있으면 차원 삭감이나 특미량의 추출이 가능하다.

차원의 저주
차원이 늘어나면 학습에 필요한 훈련 데이터의 수가 기하급수적으로 증가하는 것을 말한다. 데이터를 수집하기 어렵고, 수집했다고 하더라도 계산 시간이 방대해진다.

〰️ 용어 사용 예 💬 **사진 앱에서 자동 분류할 때는 비지도학습이 사용되는군.**

관련 용어 ⋯→ 클러스터링 ⋯⋯P224 머신러닝(ML) ⋯⋯P230

Reinforcement Learning
강화학습

좋은 결과에 보상을 제공해 점진적으로 성장시키는 학습 방법

정답(성공)이나 오답(실패)을 인간이 가르치는 것이 아니라 시행착오를 통해 '가치를 최대화하는 행동'을 학습하는 방법이다. 바둑이나 장기 등의 경우, 각 국면의 정답은 아무도 모르지만, 최종적으로 이겼을 경우에 보상하면 그 경험으로부터 행동을 개선해 나가면서 서서히 좋은 결과를 얻을 수 있게 된다.

제 6 장

인공지능 관련 기술 용어

📖 용어 관련 이야기

에이전트와 환경
강화학습에서 시행착오를 할 '행동'을 생각할 때 학습해서 행동을 결정하는 부분을 '에이전트', 에이전트에게 보상을 주는 부분을 '환경'이라고 한다.

마르코프 성질(Markov Property)
한 상태의 확률은 현재 상태에만 의존할 뿐, 과거의 어떠한 상태에도 의존하지 않는다는 것을 말한다. 강화학습에서는 과거 상황과 상관없이 현재 상태만으로 다음 행동을 결정한다.

역강화학습(IRL)＊
보상을 바탕으로 최적 행동을 이끌어내는 강화학습과 달리, 최적 행동으로부터 보상 함수(보상의 조건)를 추정하는 학습 방법을 말한다.

용어 사용 예 💬 바둑이나 장기의 인공지능에는 강화학습이 사용되는구나.

관련 용어 ⋯▶ (머신러닝(ML)) ⋯⋯P230 (멀티 에이전트) ⋯⋯P250

＊ Inverse Reinforcement Learning

Genetic algorithm
유전 알고리즘

생물의 진화를 모방한 알고리즘

유전 알고리즘은 강한 자는 살아남고 약한 자는 사라져가는 생물의 진화 과정을 모방한 알고리즘이다. 부모 유전자를 조금씩 재조합하는 '교차'를 통해 자손을 만들어나가면서 최적해 또는 최적에 가까운 근사해를 찾아낸다. 약한 것을 일부 남겨 다양성을 확보하기도 하고 때로 '돌연변이'를 발생시키기도 한다.

📖 용어 관련 이야기

롤렛 휠 선택(Roulette wheel Selection)
강한 것만을 남기는 것이 아니라 다음 세대를 확률적으로 선택함으로써 약한 것도 조금은 남기는 방법을 말한다. '적응도 비례 방식'이라고도 한다.

교차
부모 유전자의 일부를 재조합해 다음 자손을 만드는 것을 말한다. 한 군데에서 재조합하는 1점 교차, 여러 군데에서 재조합하는 다점 교차, 확률적으로 재조합하는 균일 교차 등이 있다.

돌연변이
유전자의 일부를 무작위로 변화시킴으로써 부모로부터 얻을 수 없는 유전자를 생성하고, 탐색 범위를 넓히는 동시에 국소해에 빠질 가능성을 줄이는 방법이다.

💬 용어 사용 예 ➡ 많은 조합을 조사하는 데는 유전 알고리즘이 편리하다.

관련 용어 ⋯→ (머신러닝(ML)) ⋯⋯P230 (휴리스틱스) ⋯⋯P250

Self-Organizing Map
자기조직화 지도 (SOM)

근처에 있는 데이터를 강하게 학습하는 방법

주위에 있는 정보를 사용해 '비슷한' 것을 가까이에 모이도록 표현함으로써 데이터의 분류나 시각화에 사용되는 비지도학습 방법을 말한다. 뉴럴 네트워크의 일종이지만, 2차원으로 표현하면 지도처럼 가시화할 수 있는 것이 특징이다. 많은 변수가 있는 데이터로 그 경향이나 상관관계를 조사할 때 시각적으로 파악할 수 있다.

제6장 인공지능 관련 기술 용어

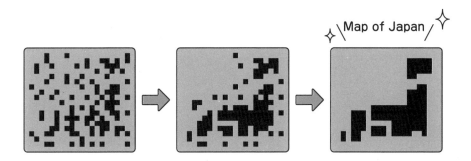

Map of Japan

📖 용어 관련 이야기

벡터 양자화
아날로그 화상이나 음성을 디지털로 취급할 때 표본화와 양자화를 행하는데, 이를 1개씩 실시하는 것이 아니라 벡터로 취급해 효율적으로 변환하는 방법을 말한다.

담금질 기법(Simulated Annealing, SA)
대역적 최적화 문제에 대한 범용의 선택 알고리즘이다. 현재의 해 근처를 찾을 뿐 아니라 새로운 해도 찾아 국소 해를 막는 효과가 있다. '시뮬레이티드 어닐링'이라고도 한다.

k-최근접 이웃 알고리즘
분류되지 않은 미지의 데이터가 주어졌을 때, 그 주위의 데이터를 k개 조사해 가장 많은 종류로 분류하는 방법을 말한다. 두 종류로 분류하는 경우, k를 홀수로 해 같은 수를 피한다.

용어 사용 예 🗨 자기 조직화 지도의 예는 컬러풀로 보고 있는 것만으로도 즐겁네.

관련 용어 ⋯→ (클러스터링) ⋯⋯ P224 (신경망) ⋯⋯ P228 (비지도학습) ⋯⋯ P232

Transfer Learning
전이학습

다른 영역의 성과를 활용하는 효율적인 학습 방법

어떤 영역에서 학습한 모델을 다른 영역의 학습에 적용시키는 기술이다. 사람이 모든 것을 제로로부터 학습하는 것이 아니라 과거의 경험을 살려 새로운 것을 배우는 것처럼 머신러닝에서도 다른 학습 결과를 살리면 효율적으로 학습할 수 있다고 하는 방법이다. 학습에 사용하는 데이터가 적어도 정밀도를 높일 수 있다.

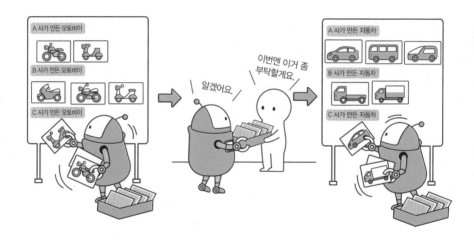

용어 관련 이야기

파인 튜닝(Fine-Tuning)
기존에 학습된 모델을 기반으로 초깃값을 정하고, 매개변수를 미세 조정해 새로운 모델을 만드는 방법을 말한다. 전이학습은 층을 추가해 학습하는 데 반해, 파인 튜닝은 매개변수를 조정하는 방법을 쓴다.

도메인 적응(Domain Adaptation)
조정된 훈련 데이터로 학습한 모델을 실제로 사용하려고 하면 실제 테스트 데이터가 훈련 데이터와 크게 다를 수 있는데, 이 차이를 없애는 기술을 말한다.

메타러닝(Meta-Learning)
학습 방법을 학습하는 것을 가리킨다. 새로운 데이터가 주어졌을 때 어떤 학습 방법이 좋은지 과거의 경험을 바탕으로 효율적인 학습 방법을 찾는 것이다.

용어 사용 예 ➡ 전이학습의 효과는 인간의 학습에도 적용할 수 있는 거지요.

관련 용어 ⋯➤ (머신러닝(ML)) ⋯⋯P230 (스파스 모델링) ⋯⋯P253

Modified National Institute of Standards and Technology database
MNIST

머신러닝에 편리한, 손으로 쓴 숫자 데이터의 집합

0부터 9까지 손으로 쓴 숫자들로 이뤄진 대형 데이터베이스를 말한다. 머신러닝 분야의 학습이나 평가에 널리 사용된다. 폭 28픽셀, 높이 28픽셀이며, 각각 8비트(0에서 255까지 256단계) 그레이 스케일 화상으로, 훈련 데이터 화상 6만 장과 정답 데이터, 테스트 데이터 화상 1만 장과 정답 데이터가 준비돼 있다.

제 6 장

인공지능 관련 기술 용어

📖 용어 관련 이야기

아이리스(Iris)
머신러닝에서 자주 사용하는 데이터 세트 중 하나이다. 너비와 길이 등 4가지 값과 정답 3가지 품종이 주어지며, '붓꽃'인 아이리스의 품종을 분류한다.

OCR(광학식 문자 인식)*
이미지 내의 글자를 자동으로 인식하는 인공지능 기술을 의미한다. 명함 읽기 등 종이 문서를 데이터로 입력하는 데 많이 사용한다.

CIFAR-10
비행기, 자동차, 개, 고양이 등 10가지 컬러 사진을 모은 데이터 세트로, 기본적으로 자유롭게 사용할 수 있다. 보다 복잡한 내용의 CIFAR-100도 있다.

용어 사용 예 😃 MNIST를 사용하면 초보자도 이미지화하기 쉽다.

관련 용어 ⋯ (지도학습) ⋯⋯ P231

* Optical Character Recognition

Kaggle
캐글

최적 모델을 서로 경쟁하는 플랫폼

머신러닝이나 데이터 분석을 하는 사람이 모여 있는 커뮤니티나 이벤트를 말한다. 기업이나 정부가 다양한 과제를 제공해 분석과 예측의 정확도를 겨루는 경진 대회를 개최하고 있다. 경진 대회에는 상금도 준비돼 있는데, 무료로 참가할 수 있다. 경진 대회에 참가하지 않더라도 샘플 데이터세트가 얼마든지 공개되므로 데이터 분석 연습에 사용할 수 있다.

용어 관련 이야기

특징량 엔지니어링
주어진 데이터를 머신러닝 등에 사용할 수 있는 형태로 변환하거나 새로운 특징량을 작성하는 것을 말한다. 데이터에 대한 업무 지식과 경험이 요구된다.

Competitive Programming
출제된 문항에 대한 답을 내 놓고 프로그램 작성 순위를 겨루는 경진대회를 말한다. 정답을 고속으로 얻을 수 있는 알고리즘을 찾아 내 정확한 답을 내 놓아야 한다.

경사 부스팅
'경사 강하법'과 '부스팅'을 조합한 방법으로, XGBoost, LightGBM과 같은 프레임워크가 캐글(Kaggle) 등에서 많이 사용되고 있다.

용어 사용 예 💬 = 캐글(Kaggle) 문제를 푸는 것은 물론, 커뮤니티도 유익하네.

관련 용어 … 데이터 사이언티스트 …… P41

Activation Function
활성화 함수

입력을 변환하는 비선형 함수

뉴럴 네트워크에서 활성화 함수는 어느 뉴런으로부터 다음 뉴런으로 출력할 때, 모든 입력값을 다른 수치로 변환해 출력하는 비선형(그래프가 직선이 아니다) 함수를 말한다. 뉴럴 네트워크에서는 가중치 총합(입력과 가중치의 곱셈과 그 합계)으로 선형(그래프가 직선이다) 계산을 할 수 있지만, 비선형 계산은 할 수 없기 때문에 활성화 함수를 통해 복잡한 문제라도 대응할 수 있게 한다.

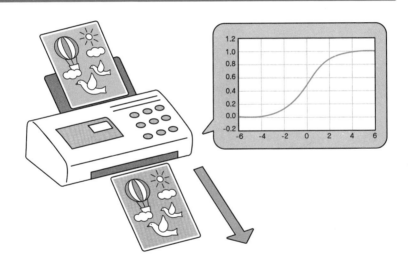

제 6 장

인공지능 관련 기술 용어

📚 용어 관련 이야기

시그모이드 함수(Sigmoid Function)
입력된 데이터를 0과 1 사이의 값으로 출력하는 비선형 함수로, 입력 x가 0일 때 출력은 0.5가 된다. 2개로 분류하는 문제에서 그 확률을 계산할 때 사용하기도 한다.

소프트맥스 함수(Softmax Function)
출력값의 합계가 1.0(100%)이 되도록 변환해 출력하는 함수를 말한다. 여러 출력값 중에서 어떤 출력값이 전체에서 차지하는 비율을 나타내며, 큰 것을 정답으로 하는 경우가 많다.

ReLU* 함수
함수에 대한 입력값이 0 이하인 경우에는 출력값이 항상 0, 입력값이 0 이상인 경우에는 출력값이 입력값과 같은 값이 되는 함수이다. 입력이 0 이상인 경우의 미분이 항상 1이므로 기울기 소실 문제가 잘 발생하지 않는다.

용어 사용 예 🗨 활성화 함수 덕분에 비선형 문제도 풀 수 있게 됐네.

관련 용어 ⋯ (신경망) ⋯⋯ P228

* Rectified Linear Unit

Hyper Parameter
하이퍼 파라미터

머신러닝의 처리 속도를 조절하는 특별한 값

머신러닝 알고리즘의 거동을 설정하는 매개변수를 말한다. 이 설정값에 따라 학습의 정확도나 마치는 시간이 바뀐다. 예를 들어 배치 사이즈(Batch Size), 에폭(Epoch) 수, 학습률, 드롭 아웃 비율 등을 들 수 있다. 대부분 수동으로 설정해야 하지만, 최적의 값을 조정하기 어려우므로 시행착오를 반복하는 경우가 많다.

📖 용어 관련 이야기

학습률(Learning Rate)
머신러닝에서 탐색하는 속도를 지정하는 값을 말한다. 큰 값을 지정하면 큰 폭으로 변화하지만, 수렴하기 어렵다. 작은 값은 조금씩 변화하기 때문에 시간이 걸린다.

그리드 서치(Grid Search)
하이퍼 파라미터의 조합을 전부 조사해 결과를 검증하는 방법을 말한다. 조합의 수가 많을 경우에는 방대한 시간이 걸리므로 어느 정도 좁혀 있는 경우에 유효하다.

베이스 최적화
하이퍼 파라미터를 찾을 때 좋은 결과가 나오면 이후에는 그 근처의 값을 조사하는 등 지난 번의 결과를 사용해 다음 탐색을 효율적으로 찾는 방법을 말한다.

용어 사용 예 💬 하이퍼 파라미터를 조정하기는 머신러닝에서도 힘든 부분일지 몰라.

관련 용어 ⋯→ (머신러닝(ML)) ⋯⋯ P230

Heuristics
휴리스틱스

경험이나 직감으로 예측하는 방법

반드시 올바른 답을 도출할 수 있다고는 할 수 없지만, 어느 정도 수준에서 정답에 가까운 답을 얻을 수 있는 방법이다. '휴리스틱(Heuristics)' 또는 '발견법(發見法)'이라고도 한다. 머신러닝의 경우에는 '인간의 경험'이나 '직감'으로 가정해 예측하는 방법, 보안의 경우에는 과거의 감지 결과에 가까운 동작이 있으면 멀웨어로 판단하는 방법을 사용한다.

어떻게 하면 돼?

그때처럼 해 보자!

🎵 용어 관련 이야기

메타휴리스틱스(Metaheuristics)
휴리스틱과 마찬가지로 실험적 방법이긴 하지만, 그 틀을 확장해 여러 문제에 응용함으로써 실용적인 답을 얻기 위해 사용하는 방식을 말한다.

패턴 매칭과의 차이점
지금까지의 보안 소프트웨어에서는 기존의 멀웨어 패턴과 대조해 검출했다. 휴리스틱 이론을 사용하면 거동을 통해 위험성을 판단할 수 있다.

A* 알고리즘(에이 스타 알고리즘)
미로와 같은 그래프 구조를 탐색할 때 사용하는 알고리즘을 말한다. 전체 탐색하는 것이 아니라 목표까지의 거리 추정치를 사용해 효율적으로 탐색한다.

용어 사용 예 💬 휴리스틱스에서 얻은 답을 정말 믿어도 될까?

관련 용어 ···→ (샌드박스) ······P203 (유전 알고리즘) ······P234

241

Parametric
파라메트릭

모집단의 분포를 미리 알고 있을 때 쓸 수 있는 기법

모집단이 어떠한 확률 분포인지 사전에 알고 있는 것을 파라메트릭, 사전에 모르고 있는 것을 '난파라메트릭(Non-Parametric)'이라고 한다. 예를 들어 정규 분포라면 평균이나 표준 편차를 알면 분포를 파악할 수 있다. 난파라메트릭은 데이터의 양이 적은 경우에 편리하지만, 파라메트릭이 분포를 상정할 수 있는 만큼 검출력은 높아진다.

📖 용어 관련 이야기

최대 우도법
모집단의 분포 형태는 알고 있지만, 파라미터를 알 수 없는 경우, 추출한 표본으로부터 모집단의 파라미터를 추측할 때 가장 '그럴듯한' 것을 구하는 방법을 말한다.

온라인 학습
학습 데이터가 주어질 때마다 새로운 데이터만으로 학습하는 방법을 말한다. 1회당 학습 비용이 적지만, 이상값(Outlier)이나 새로운 데이터의 영향을 받기 쉽다.

배치 학습(Batch Learning)
모든 데이터를 일괄 투입해 모델을 학습하는 방식이다. 학습하는 순서의 영향이 없어 안정된 결과를 얻을 수 있는 반면, 사용하는 메모리의 양이 많아지기 쉽다.

용어 사용 예 😀 통계학에서 흔히 나오는 입문편 내용은 파라메트릭한 기법이네.

관련 용어 → （머신러닝(ML)）⋯⋯P230

Convolutional Neural Network
CNN (합성곱 신경망)

이미지 인식에 도움이 되는 신경망

화상을 픽셀 단위로 처리하는 것이 아니라 경계(엣지)의 검출이나 비슷한 색 부분을 모으는 등 각 픽셀 주위의 특징을 사용해 학습하는 뉴럴 네트워크 기법을 말한다. '컨볼루션(Convolution)', '풀링(Pooling)'이라고 불리는 층을 반복해 학습하면 화상이나 영상 인식에 대한 높은 정확도를 얻을 수 있다.

제6장 인공지능 관련 기술 용어

📖 용어 관련 이야기

합성곱층(Convolutional Layer)
입력된 화상에서 그 일부 영역의 특징을 추출하는 역할을 하는 층을 말한다. 화상 처리 소프트에서 엣지를 강조하는 필터처럼 직선이나 곡선 등의 경계를 검출한다.

풀링층(Pooling Layer)
합성곱층에서 추출된 특징에 포함되는 노이즈의 영향을 줄이고, 평행 이동 등으로 특징이 없어지지 않도록 그 특징을 강조하는 역할을 하는 층을 말한다.

필터
입력된 화상 데이터에 대한 연산을 하기 위해 준비하는 배열을 말한다. 필터 내용에 따라 이미지의 특징을 강조하거나 윤곽을 추출할 수도 있다.

용어 사용 예 💬 CNN 필터는 이미지 처리 소프트웨어와 같은 기법이네.

관련 용어 ⟶ (신경망)······P228 (딥러닝(DL))······P229

Recurrent Neural Network / Recursive Neural Network
RNN (순환 신경망)

시계열 데이터에 도움이 되는 재귀적 신경망

기온, 매출액 등과 같이 시간이 경과함에 따라 변하는 시계열 데이터 등 직전의 출력도 입력으로서 취급하는 신경망을 말한다. 문장이나 음성, 동영상 등의 경우, 직전의 데이터가 다음 데이터와 관련돼 있다고 생각되므로 시계열로 생각해 과거의 데이터를 사용해 처리한다. 기계 번역이나 음성 인식에서 높은 정확도를 얻을 수 있다는 점에서 주목받고 있다.

용어 관련 이야기

BPTT*1
RNN의 오차역전파를 시간축에 따라 전파시키는 방법을 말한다. RNN을 시간축으로 전개해 긴 뉴럴 네트워크로 보고 일반적인 오차 역전파를 적용하는 방식이다.

RTRL*2
오차역전파를 하지 않고 이전 시각의 경사를 통해 실시간으로 학습하는 방법을 말한다. 학습 시에 모든 시간의 데이터를 보관 유지해 둘 필요는 없다.

기울기 폭발 문제(Exploding Gradient Problem)
딥러닝의 기울기 소실 문제와는 반대로 경사가 점점 커지는 문제를 말한다. 배차의 상한값을 정하고 기울기를 정규화하는 대응 등이 필요하다.

> 용어 사용 예 💬 음성 인식이나 번역을 실현하는 데는 RNN 사고방식이 필요한 것 같아.

관련 용어 ··· (신경망) ······ P228 (딥러닝(DL)) ······ P229 (LSTM) ······ P245

Long Short Term Memory
LSTM (장단기 메모리)

장기 기억과 단기 기억을 조합해 학습하는 방법

RNN을 확장해 장기 기억과 단기 기억의 개념을 도입한 기법을 말한다. 과거 데이터를 모두 쓰면 급격한 변화가 일어났을 때 대응할 수 없지만, 망각 게이트로 불리는 기법에 따라 큰 변화가 일어났을 때 잊어버림으로써 다양한 길이의 시계열에 대응할 수 있다. 또한 데이터의 전후 관계를 보관, 유지함으로써 장기 기억도 실현할 수 있다.

제 6 장

인공지능 관련 기술 용어

📖 용어 관련 이야기

트랜스포머

자연어 처리에서 LSTM을 대체한 모델을 말한다. RNN과 같은 반복적인 구조를 사용하지 않고도 높은 정확도를 얻을 수 있으며, 병렬 처리를 통해 효율적으로 학습할 수도 있다.

GRU*[1]

LSTM의 '입력 게이트'와 '망각 게이트'를 한데 모은 '갱신 게이트'를 사용한다. LSTM보다 단순한 모델이라고 할 수 있다. '게이트가 있는 회귀형 유닛'이라는 의미다.

Reber Grammar

문자열을 입력했을 때 다음 문자를 예측하는 문제를 말한다. RNN이나 LSTM의 성능을 조사할 때 자주 사용하며, 그 응용으로는 ERG*[2]와 CERG*[3] 등이 있다.

용어 사용 예 💬 LSTM에서 망각 게이트에 대한 생각은 인간미가 있네.

관련 용어 ··· (RNN) ······ P244

*1 Gated Recurrent Unit　*2 Embeded Reber Grammar　*3 Continuous Embeded Reber Grammar

Generative Adversarial Networks
GAN, GANs (적대적 생성 신경망)

다른 AI한테 가짜라고 판단되지 않는 것을 만들어 내는 방법

'적대적 생성 네트워크'라고 번역되며 실제로는 존재하지 않는 것을 만들어 낼 수 있는 기술을 말한다. 주어진 데이터의 특징을 획득하고, 그 특징을 사용해 새로운 것을 생성했을 때, 다른 AI에서 가짜라고 판단할 수 없는 것을 만든다. 어떤 사람이 과거에 이야기했던 음성을 사용해 그 사람이 이야기하는 것 같은 음성을 생성하거나 사람의 얼굴 사진과 같은 이미지를 생성할 수 있다.

존재하지 않는 건 어느 쪽이야?

우우우...

📖 용어 관련 이야기

미니배치(Mini-Batch) 학습
배치 학습과 온라인 학습의 중간 기법으로, 심층학습에서 많이 사용한다. 원래의 데이터로부터 랜덤으로 조금씩 뽑아 내 배치 학습하는 순서를 몇 번이나 반복한다.

제너레이티브 디자인
주어진 요건을 바탕으로 AI가 디자인을 생성하는 기법을 말한다. 인간의 상상력을 초월한 새로운 디자인이 나오고, 그중에서 디자이너가 최적이라고 생각하는 것을 선택한다.

DCGAN*
CNN을 응용한 GAN으로, GAN보다 선명한 화상을 생성할 수 있어 주목받고 있다. 화상을 분류하는 CNN으로 화상을 생성하는 CNN을 단련한다.

용어 사용 예 💬 GAN을 사용하면 없는 것도 있었던 것처럼 돼 버릴까?

관련 용어 ··→ (CNN) ······P243 (딥페이크) ······P252

* Deep Convolutional GAN

Application Specific Integrated Circuit, Tensor Processing Unit
ASIC과 TPU

특정 용도용 집적 회로

라우터나 스위치와 같은 네트워크 기기, 디지털카메라나 복사기처럼 화상 처리가 요구되는 기기 등 특정한 용도에 맞게 여러 기능을 하나로 모은 집적 회로를 'ASIC(특정 용도용 집적 회로)'이라고 한다. TPU는 구글이 머신러닝(기계학습) 알고리즘에 특화시킨 ASIC으로, 행렬 연산 등 뉴럴 네트워크에 최적화돼 있다.

제6장

인공지능 관련 기술 용어

$$\sum_{K=0}^{\infty} \frac{(2K)!}{2^{2k}(K!)^2} \frac{1}{2K+1}$$

뭔지 알았다!

CPU

TPU

용어 관련 이야기

텐서(Tensor)
2차원의 벡터, 3차원의 행렬처럼 수를 나열한 배열을 가리킨다. 4차원을 가리켜 사용하는 경우가 많지만, n차원까지 확장해 생각하기도 한다.

시스템온칩(SoC)[*1]
여러 개의 LSI[*2]를 집약해 전체가 하나의 시스템으로서 움직이도록 구성돼 있는 집적 회로를 말한다. 소형으로 소비 전력을 억제할 수 있고, 고속으로 처리할 수 있는 특징이 있다.

마이닝 사용
비트코인 등의 마이닝용으로 만들어지기도 하며, CPU나 GPU, FPGA보다 칩 사이즈를 줄일 수 있고, 소비 전력량도 억제할 수 있다.

> 용어 사용 예 💬 ASIC 칩의 크기는 점점 작아지고 있다.

관련 용어 ⋯▸ (DSP와 SSP) ⋯⋯ P73 (FPGA) ⋯⋯ P117

*1 System on a Chip   *2 Large Scale Integrated Circuit

General Purpose GPU(Graphics Processing Unit)
GPGPU

GPU를 이미지 처리 이외의 목적으로 이용하는 기술

중앙 처리 장치(CPU)가 맡았던 연산을 그래픽 처리 장치(GPU)에도 사용해 연산 속도를 향상시키는 기술을 말한다. GPU는 이름 그대로 화상 처리에 사용하는데, 그 처리의 특성상 조건 분기는 잘하지 못하지만, 병렬 처리와 부동소수점의 연산을 잘하기 때문에 행렬 연산과 같은 방대한 수치 계산이나 시뮬레이션, 암호 해독, 암호 화폐의 마이닝 등에 이용하고 있다.

용어 관련 이야기

CUDA*1

NVIDIA가 개발·제공하는, GPU 전용 통합 개발 환경을 말한다. 여러 아키텍처에서 동작하는 앱 개발이 가능하고, 최적화에 따라 높은 성능을 얻을 수 있다.

PCI Express(PCIe)*2

컴퓨터의 메인보드에 내장돼 있는 확장 슬롯을 말한다. GPU의 성능을 최대한으로 끌어내려면 고속 인터페이스가 필요하며, PCI Express를 많이 사용한다.

플롭스(FLOPS)*3

CPU가 1초당 수행할 수 있는 부동소수점 연산 횟수로, 컴퓨터 성능을 알아보는 벤치마크로 사용한다. 클수록 고성능이지만, 어디까지나 이론 값이다.

용어 사용 예 💬 **GPGPU를 지원하는 소프트웨어가 증가하면 GPU가 더 보급되지 않을까?**

관련 용어 ··· 클러스트 ······P127

*1 Compute Unified Device Architecture *2 Peripheral Component Interconnect Express
*3 Floating-point Operations Per Second

Digital Signal Porcessor
DSP

음성 해석을 고속으로 실행하는 마이크로프로세서

빛이나 음성, 화상을 신호로 간주하고 아날로그 신호를 디지털로 변환하거나 디지털 신호를 아날로그로 변환하는 데 사용하는 마이크로프로세서를 말한다. 휴대전화나 디지털카메라 등에 사용되기 때문에 소비 전력을 억제하면서도 고성능이 요구되는 데다 한층 저렴하게 제조할 필요도 있어 신호 처리에 특화돼 있다.

제 6 장

인공지능 관련 기술 용어

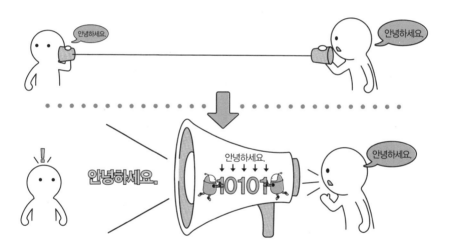

📚 용어 관련 이야기

VLIW*
'매우 긴 명령어'라는 의미로, 여러 명령어를 한꺼번에 처리할 수 있게 의존 관계를 없애고 프로세서의 구조를 단순하게 하는 CPU 명령어 처리 기법이다.

실시간 운영체제
실시간 시스템을 위한 운영체제(OS)이다. 음성처럼 실시간 처리가 요구되는 처리에 대해서는 실행 시 우선순위를 높이는 등 다른 것으로부터 방해받지 않게 해 응답 성능을 높인다.

디지털 신호 처리
아날로그 신호를 디지털로 변환해 가공한 후에 아날로그로 되돌리는 기술 전반을 가리키는 용어다.

용어 사용 예 💬 **DSP와 같은 일을 FPGA에서도 구현할 수 있을 것 같다.**

관련 용어 ⋯→ (FPGA) ⋯⋯ P117 (ASIC과 TPU) ⋯⋯ P247

＊Very Long Instruction Word

Multi-Agent
멀티 에이전트

여러 에이전트가 협조해 답을 내놓는 방법

강화학습 등에서 단독 에이전트가 아니라 여러 에이전트가 협조해 보다 좋은 답을 찾는 방법을 말한다. 예를 들어 엘리베이터 승·하차를 가장 효율적으로 하는 방법을 생각할 때 개개인이 마음대로 움직이면 효율적이지 못하다. 이때 누군가가 지시하는 것이 아니라 각자 주위 상황을 판단하면서 행동하는 처리를 구현한다.

📖 용어 관련 이야기

복잡계(Complex System)
많은 요소가 복잡하게 얽혀 있어 전체적으로 보면 개개의 요소로는 예측할 수 없는 행동을 보이는 모습을 말한다. 작게 분해한다 하더라도 전체를 이해하기 어렵다.

켄타우로스형
켄타우로스는 그리스 신화에 나오는 수인이다. 상반신은 사람, 하반신은 말인 상상의 종족이다. 켄타우로스형은 인간과 AI가 협조해 보다 좋은 결과를 낳자는 생각이다.

협조형과 대전형
멀티 에이전트를 통한 강화학습에는 모든 에이전트가 얻을 수 있는 보수가 같은 '협조형', 어느 에이전트의 이익이 다른 손익이 되는 '대전형'이 있다.

💬 용어 사용 예 ➡ **시뮬레이션을 하는 데는 멀티 에이전트가 하나의 선택 사항이다.**

관련 용어 ┅➡ (강화학습) ⋯⋯P233

Edge AI
엣지 AI

현장에서 작동하는 기기로 AI를 움직인다

엣지 컴퓨팅의 일종으로, AI 처리를 클라우드와 같은 서버로 실행하는 것이 아니라 단말기로 실행하는 것을 말한다. AI 학습에는 대량의 데이터나 계산이 필요하므로 고성능 클라우드 컴퓨터를 사용하는 일이 많지만, 준비된 모델을 사용한 예측은 단말기로도 가능하기 때문에 단말기로 처리하면 응답이 빠르다.

제6장

인공지능 관련 기술 용어

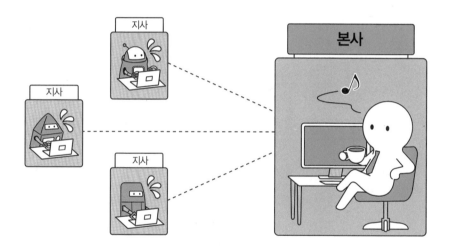

용어 관련 이야기

팩토리 오토메이션(Factory Automation)
생산 공정의 자동화를 도모하는 시스템을 말한다. 로봇 등을 도입해 공장 전체를 무인화하는 것을 목표로 한다. 엣지 AI에 따른 실시간 제어가 기대되고 있다.

이상 탐지(Anomaly Detection)
일반적인 값과 다른 특이한 값이나 다른 데이터를 이상이라고 판단하는 것을 말한다. 공장 등의 현장에서 불량품을 검사하거나 고장을 예측하거나 침입을 감지하는 등의 목적으로 자주 사용된다.

보안 면의 장점
분석을 위해 클라우드에 데이터를 송신하지 않으면 네트워크의 부하를 억제할 뿐만 아니라 정보 유출이나 부정 액세스의 위험을 줄일 수 있다.

용어 사용 예 💬 실제 현장에서는 클라우드 AI보다 엣지 AI가 더 효과적이네.

관련 용어 ⋯→ (엣지 컴퓨팅) ⋯⋯⋯P15

251

Deep Fake
딥페이크

인공지능에 따른 가짜 생성 기술

딥러닝(Deep Learning)과 가짜(Fake)의 합성어로, 화상이나 동영상, 음성 합성 등에 딥러닝 기술을 사용해 실제로 존재하지 않는 것을 만들어 내는 이미지 합성 기술을 말한다. 얼굴을 다른 사람과 바꿔치기하거나 자신이 하지 않은 말을 하는 것처럼 꾸미기도 한다. 일반인이 딥페이크를 알아 채기란 불가능에 가까워 악용의 위험이 지적되고 있다.

용어 관련 이야기

콜라주(Collage)
콜라주는 프랑스어로 '풀먹이기'를 의미하며, 다른 소재를 조합함으로써 소재 본래의 이미지에서 벗어난 새로운 이미지를 만들어 내는 기법을 말한다.

몽타주 사진
범죄 조작 등에 사용하는 합성 사진으로 눈, 코, 입 등 얼굴 부분을 조합해 범인의 캐리커처를 만들어 내는 기법을 말한다. 최근에는 몽타주 사진 대신 캐리커처를 많이 사용한다.

보컬로이드
음성 합성 기술을 사용해 가사와 멜로디를 입력하면 독자적인 노랫소리를 합성할 수 있는 소프트웨어를 말한다. 실제 음성을 사용해 합성하기 때문에 자연스러운 노랫소리를 구현할 수 있다.

용어 사용 예 💬 딥페이크로 만든 음성이나 이미지를 알아차리기 어렵군.

관련 용어 ··· 딥러닝(DL) ······P229 GAN(GANs) ······P246

Sparse Modeling
스파스 모델링

소량의 데이터라도 특징 추출을 통해 분석하는 방법

많은 정보가 있어도 본질은 한정된 곳에 있으므로 그 본질에 주목하면 그 외는 거의 불필요하다는 과학적 모델링 기법을 말한다. 예를 들면, 동물의 화상이 주어졌을 때 거기로부터 동물의 종류를 판정하는 데 필요한 정보는 극히 적어서 그 특징을 추출할 수 있으면 소량의 데이터로도 분석할 수 있으므로 '어디가 정말 필요한 정보인지'를 판별해 추출한다.

제 6 장

인공지능 관련 기술 용어

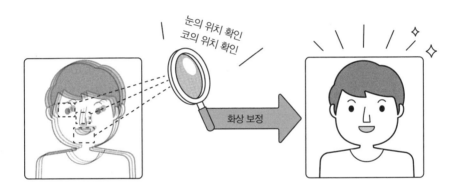

눈의 위치 확인
코의 위치 확인

화상 보정

📖 용어 관련 이야기

웨이블릿 변환(Wavelet Transform)
시간 변화에 대한 정보를 손상하는 일 없이 주파수 해석을 하는 방법을 말한다. 인간이 이미지를 인식할 때 고주파 성분은 별로 필요하지 않으므로 그것을 삭제하고 화상의 JPEG로 압축한다.

압축 감지(Compressed Sensing)
주어진 식에서 미지수 변수 개수보다 관측할 수 있는 데이터의 개수가 더 적은 경우에도 원래의 데이터를 어느 정도 복원하는 방법을 말한다.

LASSO*(L1 정규화)
머신러닝에서 과학습을 억제하기 위해 가하는 정규화항 중 하나이다. 계수가 커지는 것을 막을 뿐만 아니라 계수의 공간성으로 불필요한 변수를 줄이는 변수 선택에 사용할 수 있다.

용어 사용 **예** 💬 **데이터가 적으니 스파스 모델링을 시도해 볼까?**

관련 용어 ⋯→ (전이학습)⋯⋯P236

* Least Absolute Shrinkage and Selection Operator

Automated Machine Learning
AutoML (자동화 머신러닝)

머신러닝 자동화 솔루션

직역하면 '자동화된 머신러닝'이지만, 머신러닝 모델의 설계나 구축을 자동화하는 것 또는 이를 위한 방법 전반을 말한다. 머신러닝에서는 데이터 수집과 가공, 모델 생성과 운용 등의 작업이 필요한데, 그 작업의 일부를 자동화하면 지식이 없는 사람도 머신러닝을 쓸 수 있다. 수학과 프로그래밍 지식이 없어도 쓸 수 있어 인력 부족을 보완하는 데 도움이 된다.

이건 고양이.

이건 자동차.

📖 용어 관련 이야기

교차 검증(Cross Validation)
과학습을 막기 위해 데이터를 여러 개로 분할해 그중 하나를 테스트 데이터, 나머지를 훈련 데이터로 학습하는데, 교차 검증은 테스트 데이터를 바꾸면서 검증하는 방법이다.

ROC[1] 곡선
머신러닝의 평가 지표로 쓰이는 곡선 그래프에서 그래프 아랫부분과 면적을 'AUC[2]'라고 한다. AUC는 0에서 1의 값으로 1에 가까울수록 성능이 높다는 것을 의미한다.

멀티클라우드(multicloud)
여러 사업자의 클라우드 서비스를 조합해 최적의 환경을 구축하는 운용 형태를 말한다. AutoML에서는 클라우드 사업자에 따라 제품의 차이가 크기 때문에 결과를 비교하는 경우가 많다.

> **용어 사용 예** 💬 머신러닝의 매개변수를 조정하는 데는 AutoML이 필요하다.

관련 용어 ⋯ (노코드와 로우코드) ⋯⋯ P44 (머신러닝(ML)) ⋯⋯ P230

*1 Receiver Operating Characteristic *2 Area Under the Curve

Natural Language Processing
자연어 처리 (NLP)

인간의 말을 기계로 처리하는 기술

인간이 평소 사용하는 말을 컴퓨터로 처리하는 기술을 말한다. 흔히 쓰이는 것으로는 한자 변환, 음성 인식, 기계 번역 등을 들 수 있다. 인간은 모호하게 말하기도 하고, 해야 할 말을 생략하기도 하기 때문에 형태소를 분석할 필요가 있는데, AI 등을 사용해 처리의 정확도를 높이는 연구를 진행하고 있다.

내일 날씨는 맑겠습니다.

제6장 인공지능 관련 기술 용어

📖 용어 관련 이야기

BERT [1]
사전 학습을 통해 언어 지식을 획득함으로써 문장의 의미를 이해하고, 질문에 대한 응답이나 문장 간의 의미적인 유사성 판정을 높은 정확도로 구현할 수 있다.

GPT-3 [2]
인공지능을 연구하는 비영리 단체인 OpenAI가 2020년에 발표한 고성능 문장 생성 알고리즘을 말한다. 입력된 지시에 따라 문장 등을 자동으로 생성한다.

XLNet
2019년에 발표된 BERT의 취약점을 해소하기 위해 고안된 언어 모델로, BERT보다 높은 정확도를 얻었다는 점에서 주목받고 있다.

용어 사용 예 😀 음성 입력을 구현하려면 자연어 처리 기술이 필수겠네.

관련 용어 ➡ (VUI) ······P33 (챗봇) ······P72 (형태소 분석) ······P87 (정규 표현식) ······P89

용어를 다른 것에 비유해 보자

당신을 동물에 비유한다면 어떤 동물이라고 생각하세요?

당신을 사무용품에 비유한다면 무엇이 떠오르세요?

당신이 직장에 들어가기 위해 면접을 보고 있다면 이런 질문을 받을 수도 있다.

이런 질문은 자신을 어떻게 보는지 알아보려는 의도가 있다고 할 수 있다. 객관적인 관점에서 자신을 파악하고 있는지 확인하는 것이다. 자신이 남들과 어떻게 다른지 그리고 어떤 특징이 있는지 논리적인 근거를 갖고 말로 전달하는 연습을 해 보면 재미있을 듯하다.

용어를 다른 것에 비유하면 보다 깊이 이해할 수 있다

IT 용어도 이런 식으로 다른 것에 비유해 보면 재미있게 공부할 수 있지 않을까?

예를 들어 웹팩을 사무용품에 비유해 보라. **여러 가지 답이 나오겠지만, 왜 그것을 떠올렸는지 이유를 붙여 설명하면 된다.**

자바스크립트나 CSS, 이미지 등을 하나로 묶어 쓸 수 있다는 특징에서 '필통'을 떠올려 볼 수도 있다. 우선 필통을 가지고 있으면 거기에서 필요한 것을 꺼내 사용할 수 있으니 말이다.

만약 동물에 비유한다면, 만약 색에 비유한다면 등, 여러 가지 패턴을 생각할 수 있다. **'나라면 무엇에 비유할 수 있을까?'를 생각하면서 용어를 익히다 보면 이해하기도 쉬울 것이다. 그 특징을 잘 이해하지 못할 때는 비유하기 어렵기 때문이다.**

물론 정답이 정해져 있는 것은 아니다. 비유할 수 없는 용어도 있다. 그래도 다른 용어와의 차이를 의식하는 것만으로도 보다 깊이 이해하게 될 것이다. 꼭 다른 것에 비유해 생각해 보기 바란다.

제7장

사용하기 시작하면
전문가처럼 느껴지는
IT 업계 용어

Keyword 232~256

Upload
올린다

서버 등을 시동·업로드한다

서버나 컴퓨터의 전원을 켜는 것, 소프트웨어를 기동하는 것 등을 말한다. '시동한다'라고도 하며, 비즈니스 등에서는 '새롭게 시작한다'라고 하는 의미에 가깝다. 또한 파일을 가까운 컴퓨터에서 서버 등으로 업로드하는 것을 말하기도 한다. 어느 의미에서는 '내려받다'를 반대되는 말로 사용하기도 한다.

용어 관련 이야기

SSH*¹
서버에 원격으로 로그인해 명령어를 실행하는 데 사용하는 서비스를 말한다. 통신이 암호화돼 있으며, 파일 전송에는 scp 명령어를 사용한다.

FTP*²
웹서버 등과의 사이에 파일을 전송하기 위한 프로토콜로, 렌털 서버 등에 웹사이트를 배치하기 위해 자주 사용한다.

WebDAV*³
웹서버상에 있는 파일을 관리하기 위해 사용하는 프로토콜을 말한다. HTTP만으로 파일 취득, 파일 편집, 복사, 삭제 등이 가능하다.

용어 사용 예 💬 SNS에 사진을 올렸더니 다들 관심을 갖더라.

관련 용어 ⋯→ 다운되다 ⋯⋯P262 내린다(내려받다) ⋯⋯P263 던지다 ⋯⋯P274 세우다 ⋯⋯P280

Work
살아 있다

작동하는 상태

서버 등이 작동하는 것을 말하며, 문제가 발생하지 않은 것을 의미한다. 네트워크의 경우에는 접속되기만 하면 통신 속도는 별로 의식하지 않는 경우가 많다. '살아 있다'의 반대는 '죽었다'이며, 동작하지 않는 상태로 만드는 것은 '죽인다'라고 한다. 사활이라는 말로 판단하기 때문에 '살아 있다'라고 쓰기도 한다.

용어 관련 이야기

ICMP*
TCP/IP 기반의 통신망에서 오류가 발생했을 경우에 알리는 등 통신 상태를 확인하기 위해 사용하는 프로토콜을 말한다. 가까운 예에서는 핑(Ping) 등의 명령어로 사용된다.

자라다, 나다
서버 등을 잇달아 구축하는 것을 말한다. 화단에 잡초가 나는 것처럼 인간의 의도가 아니라는 생각이 들 정도로 빠르게 증식하는 것을 말한다.

가볍다
프로그램이 부드럽게 동작해 이용자의 조작에 대해 컴퓨터가 신속하게 응답하는 상태를 말한다. 이용자는 쾌적하게 사용할 수 있어 만족하는 경우가 많다.

용어 사용 예 💬 서버가 살아 있는지 정기적으로 커맨드로 확인해 주세요.

관련 용어 → 죽이다 ······P270

* Internet Control Message Protocol

Reliable
시들다

시간이 지나고 문제점이 적어지다

소프트웨어를 제공한 지 많은 시간이 지나고 많은 사람이 사용하는 사이에 발견된 오류 등이 거의 수정돼 문제점이 거의 남아 있지 않은 상태를 말한다. 새로운 소프트웨어는 편리한 기능이 있는 반면 오류도 많이 발견되는데, 오래 쓰는 소프트웨어에서는 이러한 오류가 적어 안정적으로 사용할 수 있다는 것을 의미한다.

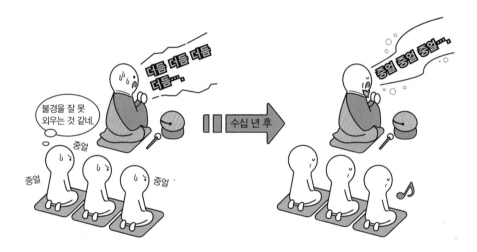

용어 관련 이야기

레거시(Legacy)
과거로부터 내려온 기술을 가리키며, 많은 실적이 있는 만큼 신뢰성이 높다. 다만 새로운 기술은 사용하지 않으므로 최근의 기술에 익숙해져 있으면 사용하기 힘들다.

얼리어답터(Eearly Adopter)
공개된 지 얼마 안 된 하드웨어나 소프트웨어를 구입해 시도해 보는 사람을 말한다. 불량이 남아 있는 경우가 많지만, 그것을 이해하고 사용하기 때문에 다른 사람에게는 참고가 된다.

사용자 경험(User Experience, UX)
문제 없이 사용할 수는 있지만, 그 사용법이나 조작 순서가 일반적이지 않아 사용하기 어려운 것을 말한다. 다룰 때 요령이 필요할 수 있고, 사람에 따라 호불호가 갈릴 수 있다.

용어 사용 예 💬 이 기술은 시들었으니 안심하고 사용할 수 있어.

관련 용어 ···> (마이그레이션) ······P128

Warning
화내다

경고나 에러가 표시되다

컴퓨터를 사용하고 있을 때, 입력이나 조작을 잘못해 에러가 표시되는 것을 말한다. 컴퓨터는 올바른 동작을 하고 있지만, 사람이 조작을 잘못한 경우에 사용한다. 컴퓨터를 인간에 비유해 조작자가 실시한 순서나 조작 방법의 잘못을 지적하는 이미지로, 조작자가 화난 모습을 비유적으로 나타낸다.

누구야 이런 거 설치한 게?

제 7 장

사용하기 시작하면 전문가처럼 느껴지는 IT 업계 용어

📖 용어 관련 이야기

풀프루프(Fool Proof)
잘못 사용해도 문제가 일어나지 않도록 설계해 둔 것을 말한다. 초보자가 사용해도 서버 동작에 영향을 미치지 않고, 잘못했을 경우에는 에러가 표시된다.

페일 세이프(Fail Safe)
조작을 잘못하거나 오동작을 일으켰을 경우에 안전을 중시해 설계하는 방식을 말한다. 이상이 발생했을 경우에도 최소한으로 억제해 2차 피해가 발생하지 않게 한다.

예외 처리(Exception Handling)
에러 처리나 보안에 관한 대책이 거의 실시되지 않아 비정상적인 처리가 이뤄져도 에러가 발생하지 않고 계속 처리해 버리는 것을 말한다.

용어 사용 예 😀 명령어를 잘못 입력했다고 셀이 화를 냈다.

관련 용어 ⋯ (묵살하다) ⋯⋯P276 (내뱉다) ⋯⋯P277

Down
다운되다

서버 등이 정지하다

서버, 컴퓨터, 소프트웨어 등이 어떠한 원인으로 정지하는 것을 말한다. 멈출 의도는 없는 데도 움직이고 있어야 할 것이 멈춰 버렸을 때 사용한다. 소프트웨어 오류 외에 방대한 데이터가 부여돼 처리가 따라가지 못하고 정지하거나 정전 등에 따라 하드웨어 면에서 문제가 발생해 정지하는 것 등이 이에 해당한다.

용어 관련 이야기

다운(Down)
액세스의 집중이나 시스템 장애, 정전 등으로 서버 등이 정지해 버리는 것을 말한다. 항상 움직여야 할 기기가 정지했을 때 사용한다.

페일오버(Failover)
가동 중인 컴퓨터에 장애가 발생해 사용할 수 없는 상태가 됐을 때 예비 시스템으로 자동 전환되는 기능을 말한다. '장애 극복 기능' 또는 '시스템 대체 작동'이라고도 한다.

폴백(Fallback)
시스템 등에 장애가 발생했을 때 성능이 낮은 시스템으로 대체하거나 기능을 한정해 운용하는 것 또는 그러한 전환 순서·동작을 말한다.

용어 사용 예   🗨 그렇게 대량의 처리를 실행하면 서버가 다운될 수 있어.

관련 용어 ⋯→ (올리다)⋯⋯P258 (내린다(내려받다))⋯⋯P263 (넘어지다)⋯⋯P269 (죽이다)⋯⋯P270
(죽다)⋯⋯P271

Download
내린다 (내려받다)

서버 등을 종료하거나 다운로드한다

서버나 컴퓨터를 종료하고 전원을 끄는 것, 소프트웨어를 종료하는 것 등을 말한다. 작업이 끝났을 때 의도적으로 정지시키는 의미로 사용된다. 또한 파일을 서버 등에서 가까운 컴퓨터로 다운로드하는 것을 말하기도 한다. 어느 의미에서든 반대어로는 '올린다'를 사용한다.

용어 관련 이야기

언로드(Unload)
메모리상에서 데이터를 삭제하고 영역을 개방하는 것을 가리키기도 하지만, 데이터베이스의 경우에는 텍스트 파일로 꺼내는 것(엑스포트)을 가리킨다.

올림(Upload)
네트워크 등의 통신에서, 자신에서 상대 측을 향하는 방향을 말한다. 컴퓨터 등에 저장돼 있는 파일을 인터넷상에 업로드하는 통신을 말한다.

다운링크(Down Link, DL)
네트워크 등의 통신에서 상대 측으로부터 자신에게 향하는 방향을 말한다. 인터넷에 있는 파일을 주변 컴퓨터 등에 다운로드하는 통신을 말한다.

용어 사용 예 💬 주말에 정전이 될 테니 서버를 꺼 두는 게 좋겠어.

관련 용어 ⋯➔ (올린다)⋯⋯P258 (다운되다)⋯⋯P262 (죽이다)⋯⋯P270 (죽다)⋯⋯P271

Freeze
멈추다

반응이 없어지다

컴퓨터를 사용하는 도중 응답이 없어 조작할 수 없게 되는 것을 말한다. 컴퓨터의 처리 성능을 초월한 데이터가 주어진 경우뿐만 아니라 소프트웨어의 오류 등을 생각할 수 있다. 잠시 기다려도 복구하지 않는 경우는 컴퓨터나 소프트웨어를 재시동하는 것으로 복구시키지만, 원인을 알 수 없는 경우도 많다.

아니, 왜 이러는 거야?

철퍼덕…

저기요…

용어 관련 이야기

프리징(Freezing)
컴퓨터 또는 소프트웨어가 어떤 원인에 따라 응답하지 않게 되는 상태를 말한다. 리눅스 커널이나 매킨토시 운영체제의 커널 패닉도 프리징의 일종이다.

헤비(Heavy)
프로그램의 처리에 상상 이상으로 시간이 걸리는 것을 말한다. 메모리 부족이나 CPU 성능 부족이 원인인 경우가 많다. 동작이 느리면 이용자를 초조하게 만드는 일이 많다.

비지 상태
문자 그대로 바쁜(Busy) 상태를 말한다. 컴퓨터나 기기 등의 동작이 느려지거나 응답이 없는 상태를 말한다. 일반적으로는 조금 기다리면 원래대로 돌아오는 경우가 많다.

용어 사용 예 💬 **컴퓨터가 멈추면 강제로 꺼 주세요.**

관련 용어 → (넘어지다) ……P269

Kick
킥하다

명령어를 실행하다

프로그램을 실행하기 위해 명령어를 실행하는 것을 말한다. 작업 관리 도구 등의 소프트웨어가
자동적으로 다른 프로그램을 실행할 경우에 사용하는 경우가 많다. 잠자는 것을 발로 차는 이미
지로, 지정한 시간이 되거나 다른 처리가 종료됐을 때 자동으로 부팅되도록 설정돼 있다.

제 7 장　사용하기 시작하면 전문가처럼 느껴지는 IT 업계 용어

용어 관련 이야기

크론(Cron)
리눅스 등에서 특정 시각이나 지정한
간격으로 처리를 실행하도록 지정할
수 있는 프로그램을 말한다. 지정된
타이밍에 실행하는 것을 '킥한다'라고
부르는 경우가 많다.

태스크 스케줄러(Task Scheduler)
윈도우의 표준 기능으로 특정 시간이
나 지정한 간격으로 처리를 실행하도
록 지정할 수 있는 프로그램을 말한
다. 다양한 프로그램을 자동으로 실
행할 수 있다.

얏
제대로 동작할지 확신은 할 수 없지
만, 과감하게 시험삼아 실행해 보는
것을 말한다. 어느 정도 준비돼 있을
때 사용하면 문제 없이 움직이는 경
우가 많다.

용어 사용 예　💬 그 프로그램에서 다른 프로그램으로 킥을 해 보는 게 어때?

관련 용어 ⇢ （트리거）⋯⋯P91 （두드리다）⋯⋯P272 （흘리다）⋯⋯P273 （달리다）⋯⋯P278

Fork
포크하다

분기하다

포크 또는 소프트웨어 개발 포크는 개발자들이 하나의 소프트웨어 소스 코드를 분기해 다른 새로운 소프트웨어를 만들어 내는 것을 말한다. 오픈소스 소프트웨어의 경우, 소스 코드가 공개돼 있어 자주 사용한다. 컴퓨터상에서 실행되는 처리(프로세스)가 자신의 복제를 작성해 다시 부팅하는 것도 '포크'라고 한다. 식사할 때 사용하는 포크가 끝을 향해 분기해 있는 데서 유래한 말이다.

어디서
내려가는 게
좋을까?

📖 용어 관련 이야기

부모와 자식
포크했을 때 원래 것을 '부모', 새로 생성된 것을 '자식'이라고 한다. 프로세스의 경우, 일반적으로 부모 프로세스를 복사해 자식 프로세스를 생성한다.

데몬(Daemon)
데몬은 사용자가 직접 제어하지 않고, 백그라운드에서 동작하는 프로세스를 말한다. 일반적으로는 부모 프로세스가 종료되고 난 후 그곳에서 포크한 자식 프로세스를 가리킨다.

합체하다
여러 프로그램이나 자료 등을 결합해 하나로 정리하는 것을 말한다. 여러 사람이 각자 작업을 진행해 마지막에 정리하는 것을 가리킨다.

💬 용어 사용 예 ⟹ **오픈소스라면 포크한 다음 기능을 추가해 공개하는 게 어떨까?**

관련 용어 ···› 오픈소스(OSS) ·····P123 버전 관리 시스템 ·····P136

Divide
자르다

영역을 나누다, 티켓을 발행하다

하드디스크 등을 여러 디스크 영역으로 분할하거나 폴더를 나누는 것을 말한다. 한 곳에 여러 파일이 들어 있으면 관리할 수 없기 때문에 그것을 분할하는 의미로 사용한다. 또한 프로젝트 관리에서 각 작업을 태스크(Task)로 나눌 때 '티켓'이라는 이름으로 관리하는 경우가 많아 그 티켓을 발행하는 것을 가리키기도 한다.

제7장 · 사용하기 시작하면 전문가처럼 느껴지는 IT 업계 용어

📖 용어 관련 이야기

잘라 나누다

장애 등이 발생했을 경우에 그 원인을 특정하기 위해 범위를 좁혀 조사하는 것을 말한다. 문제가 없는 부분을 확정함으로써 조사에 걸리는 시간을 단축할 수 있다.

브랜치(Branch)

버전 관리 소프트웨어에서 분할하는 것을 말한다. 각 브랜치는 다른 브랜치의 영향을 받지 않기 때문에 여러 작업을 동시에 진행할 수 있다. 작업을 종료할 때는 머지로 결합한다.

파티션(Partition)

하드디스크 1대를 여러 드라이브로 분할하는 것을 말한다. 영역을 나눠두면 데이터를 정리할 수 있을 뿐만 아니라 OS 재설치에 따른 영향도 줄일 수 있다.

용어 사용 📖 💬 **파티션을 했더니 백업이 편해졌어.**

관련 용어 ⋯→ (스레드와 프로세스) ⋯⋯ P121

Occupy
잡아먹다

차지하다

컴퓨터상의 CPU나 메모리, 하드디스크 등의 자원을 어떤 처리가 점유하는 것을 말한다. 크기가 큰 파일을 열거나 대량의 데이터를 처리하는 경우뿐만 아니라 프로그램 오류로 사용이 끝난 메모리가 열리지 않는 경우도 있다. 메모리의 증설, 앱의 종료, 컴퓨터의 재부팅이라는 대응에 따라 해소할 수 있다.

용어 관련 이야기

먹이다
프로그램에 파일 등의 데이터를 전달해 가져오게 하는 것을 말한다. 처리하는 데 필요한 데이터이며, 용량이 크다고 하더라도 어쩔 수 없는 상태인 경우가 많다.

붙잡다(Grab)
파일 등을 어떤 프로그램이 사용한 상태를 말한다. 다른 프로그램이 사용하려고 해도 다른 프로그램이 점유하고 있기 때문에 사용할 수 없는 상태가 된다.

모아 두다
모두 사용할 수 없을 정도로 많은 데이터나 프로그램 등을 컴퓨터 안에 저장하는 것을 말한다. 쓸데 없는 데이터로 하드디스크 등을 점유해 버리는 상황을 말한다.

용어 사용 예 💬 새로운 앱이 메모리를 잡아먹으니 다른 앱이 작동을 안 해.

관련 용어 … 가비지 컬렉션 ····· P101 스레드와 프로세스 ····· P121 달라붙다 ····· P279

Fault
넘어지다

처리하는 데 실패하다

소프트웨어 등에서 실행하던 처리가 도중에 실패해 종료하는 것을 말한다. 소프트웨어 오류 외에 방대한 데이터가 부여돼 메모리나 디스크 등이 용량 부족에 빠져 처리가 정지되는 것을 말하는 경우도 많다. 달리기에 비유하면 달리는 동안 어떤 이상이 발생해 멈추는 것을 의미한다.

제 7 장

사용하기 시작하면 전문가처럼 느껴지는 IT 업계 용어

📖 **용어 관련 이야기**

어벤드(ABEND)
'비정상 종료'를 뜻하는 'Abnormal End'의 줄임말이다. 실행 중인 컴퓨터 프로그램이 예기치 못한 상황을 만나 도중에 종료되는 것을 말한다.

어보트(Abort)
실행하고 있던 처리에 문제가 있는 것처럼 느껴져 처리를 강제적으로 정지하는 것을 말한다. 처리를 중지하는 경우도 있지만, 일시적으로 중지하는 것을 가리키는 경우가 많다.

페이퍼 잼(Paper Jam)
프린터나 복사기의 내부에 종이가 걸려 정상적으로 작동하지 않는 것을 말한다. 네트워크에서는 한 장소에 통신이 집중돼 혼잡한 상태를 가리키기도 한다.

용어 사용 예 💬 혹시 이 처리가 잘 안 되면 언제든지 전화 주세요.

관련 용어 ⟶ (다운되다) ⋯⋯P262 (멈추다) ⋯⋯P264 (달리다) ⋯⋯P278

Kill
죽이다

제어할 수 없는 처리를 종료하다(무효화하다)

컴퓨터상에서 실행되는 처리가 제어 불능이 되거나 모르는 곳에서 제멋대로 움직이는 경우, 이를 강제로 정지, 종료하는 것을 말한다. 처리를 실행하는 것을 가리켜 '달린다', 처리가 제어 불능이 되는 상태를 '폭주한다', 이를 무리하게 중지하는 것을 '죽인다'고 한다. 영어에서도 'kill'이라는 단어가 쓰인다.

꾸욱

용어 관련 이야기

좀비(Zombi, Zombie)
본래의 처리는 실행이 완료됐는 데도 어떤 이유에선지 프로세스로서 계속 남아 있는 상태를 말한다. 종료하려면 죽이는 수밖에 없다.

동결하다
프로젝트 등의 진행을 일시적으로 멈추는 것을 말한다. 대부분의 경우 그대로 종료된다. 어카운트 등을 무효화해 사용할 수 없게 하는 것을 가리키기도 한다.

BAN
부정한 처리나 투고 등을 행한 경우, 규약 위반이나 법률 위반 등을 이유로 관리자에 의해 어카운트가 정지 또는 무효화되는 것을 말한다.

용어 사용 예 ➡ 종료했지만 아직 뒤에서 살아 있을 수 있으니 죽여 뒤.

관련 용어 ➡ (살아 있다)⋯⋯P259 (다운되다)⋯⋯P262 (내린다(내려받다))⋯⋯P263

Down, Failure
죽다

서버 등이 정지하다

컴퓨터나 서버의 전원이 꺼지거나 어떠한 에러 등에 의해 정지하는 것을 말한다. 동작하는 상태를 '살아 있다'라고 표현한 것처럼 어느 상태에 있는지를 판단하기 위해 감시하는 것을 '사활 감시'라고 한다. '떨어지다'와 거의 같은 뜻이지만, '떨어지다' 쪽이 비교적 원인을 파악하기 쉽고, '죽다'의 원인을 모르는 경우가 많다.

괴로워.

제 7 장

사용하기 시작하면 전문가처럼 느껴지는 IT 업계 용어

용어 관련 이야기

빈사 상태
에러가 많이 나와 있거나 액세스가 집중돼 응답에 장시간 걸리는 상태를 가리킨다. 네트워크의 경우에는 지연이 큰 상태라서 제대로 사용할 수 없다.

크래시(Crash)
프로그램이 비정상적으로 종료하는 것을 말한다. 개발 시에 상정되지 않은 사태라서 대부분의 경우 작업 중인 데이터가 손실된다. 이상값이 입력됐을 때 많이 발생한다.

블루 스크린(Blue Screen)
윈도우 기반 PC에서 하드웨어·소프트웨어의 오류가 발생했을 때 표시되는 메시지를 말한다. 파란색 바탕에 하얀 글씨가 나타난다고 해서 '블루 스크린'이라고 한다.

용어 사용 **예** 💬 파일 서버가 갑자기 죽으면 어떻게 하지?

관련 용어 ⋯ (다운되다) ⋯⋯ P262 (내린다(내려받다)) ⋯⋯ P263

Execute
두드리다

명령어를 실행하다

프로그램을 실행하기 위해 커맨드를 실행하는 것을 말한다. 인간이 키보드로 커맨드를 입력해 실행할 경우에 사용하는 일이 많다. 외부에 있는 서비스나 API로부터 정보를 얻기 위해 불러오는 것을 가리키는 경우도 있어 문을 노크하는 것 같은 이미지다. '불러오다'보다 라이브러리를 사용하지 않고 직접 실행하는 이미지가 강하다.

타닥타닥타타탁

📖 **용어 관련 이야기**

호출하다(Call)
프로그램 중에서 다른 사람이 준비한 처리를 실행하는 것을 말한다. 데이터를 건네주고 그 결과를 받게 돼 있어 편리하게 사용할 수 있는 경우가 많다.

타이핑(Typing)
키보드의 키를 두드리는 것을 말한다. 매뉴얼 등에서 조작 순서를 설명할 때 CUI의 화면에서 키 입력을 의미하는 말로 사용된다.

키 입력(Key in)
버튼을 눌러 문서를 작성할 때 쓴다. 마우스로 GUI 버튼을 누르는 클릭을 의미할 뿐 아니라 키보드의 키를 누르는 것을 가리키는 경우도 많다.

용어 사용 예 💬 ls 명령어를 두드려 결과를 파일에 저장해 주세요.

관련 용어 ···→ (킥하다)······P265

Multitasking
흘리다 (넘기다)

여러 처리를 실행하다

여러 처리를 정해진 순서대로 연속적으로 실행하는 모습을 말한다. 명령어부터 하나씩 실행하는 것을 가리키는 경우도 있지만, 타이머 등으로 설정된 순서대로 처리하는 것을 가리키기도 한다. 이 밖에도 네트워크에 데이터를 송신하거나 다른 처리를 하는 배경으로 음악이나 영상을 재생하는 등 다양한 의미로 사용한다.

📖 용어 관련 이야기

돌리다
처리를 몇 번이고 반복해 실행하는 것을 말한다. 며칠 동안 시도해 보고 그 결과를 확인하고 검증하기 위해 실행하는 경우에 흔히 쓰인다.

작업 관리 도구
여러 작업(프로그램)을 실행할 때를 말한다. 선행 처리가 정상 종료했는지에 따라 제어할 수 있는 소프트웨어를 말한다. 자동으로 재실행하는 기능을 지니고 있는 것도 있다.

파이프
어떤 명령어의 출력을 다음 명령어로 넘기는 처리를 말한다. 작은 명령어를 줄줄이 묶어 실행할 수 있다. 여러 커맨드를 하나의 프로그램처럼 실행할 수 있다.

> **용어 사용 예** 💬 이 처리가 끝나면 나머지 처리를 차례대로 넘겨 주세요.

관련 용어 … (킥하다) …… P265

Transfer
던지다

데이터를 송신한다

네트워크 경유로 다른 사람이나 프로그램에 대해 데이터를 송신하는 것을 말한다. 내용을 자세히 확인하지 않고 데이터 덩어리를 상대방에게 보내는 이미지로 사용한다. 프로그램의 내부 처리에서는 예외라고 하는 이상이 발생한 경우에 현재 실행하는 처리로부터 그것을 불러온 처리에 대해 그 에러 내용 등을 보내는 것을 가리킨다.

용어 관련 이야기

통째로 던지다
데이터를 송신하고, 그 후의 처리를 모두 상대에게 맡기는 것을 말한다. 상대의 상황을 생각하지 않고 보내는 이미지로, 자신의 작업을 편리하게 하는 것만 생각하는 것을 말한다.

전달하다
함수나 API 등을 호출할 때 그 상대방이 준비한 정해진 서식에 맞춰 데이터를 송신하는 것을 말한다. 인수로서 값을 지정하는 것을 가리킨다.

배포하다
일대일이 아니라 서버가 여러 클라이언트에 대해 데이터를 송신하듯이 일대다로 주고받는 것을 말한다. 서버 측에서 데이터를 송신하는 경우가 많다.

> **용어 사용 예** 💬 서버에 데이터를 던졌는데 결과가 안 나오네.

관련 용어 ⋯→ (올리다) ⋯⋯ P258

Sequential Data Processing
훑는다

일을 순서대로 처리하다

처리해야 할 일을 앞에서부터 순서대로 처리하는 것을 말한다. 누락된 것이 없도록 한 방향으로
처리하는 것이 특징이고, 선두에서부터 차례대로 처리하는 것을 '머리부터 훑는다'라고 하며, 말
미부터 차례로 처리하는 것을 '꽁무니부터 훑는다'라고 한다. 데이터베이스에 저장돼 있는, 정리
된 데이터를 처리할 때 자주 사용한다.

태스크
☑ 자료 수집
☐ 원고 작성
☐ 강연회장으로 이동
☐ 스피치

태스크
☑ 자료 수집
☑ 원고 작성
☐ 강연회장으로 이동
☐ 스피치

태스크
☑ 자료 수집
☑ 원고 작성
☑ 강연회장으로 이동
☐ 스피치

태스크
☑ 자료 수집
☑ 원고 작성
☑ 강연회장으로 이동
☑ 스피치

제 7 장

사용하기 시작하면 전문가처럼 느껴지는 IT 업계 용어

 용어 관련 이야기

파다(Dig)
디렉터리(폴더) 등 계층 구조에 데이터
가 저장돼 있을 때 다시 되돌아가거나
그 앞에 새로운 디렉터리를 작성하는
것을 말한다.

흘리다(Leak)
순서대로 처리했는데도 누락이 있거
나 상정한 결과를 얻지 못하는 것을
말한다. 망라성을 담보할 수 없어 문
제가 있는 경우에 사용한다.

추출하다(Extract)
데이터 리스트에서 일부 데이터를 꺼
내는 것을 말한다. 많은 데이터 중 필
요한 데이터만을 추출하는 것을 가리
키며, 트러블이 있는지 알아볼 때 사
용하는 경우가 많다.

용어 사용 예 ➡ 데이터베이스를 훑는 프로그램을 한밤중에 실행해 볼까?

관련 용어 ⋯ (스크래핑과 크롤링) ⋯⋯P170

Ignoring Exceptions
묵살하다

오류를 보지 않도록 하다

에러가 발생해도 이를 보고하지 않고 문제가 없는 것처럼 보이게 해 처리하는 것을 말한다. 프로그램의 경우, 통상은 에러 메세지를 출력해 처리를 정지하는 등과 같이 대응해야 하지만, 예외 등의 이상이 발생했을 때, 그것을 무시한다. 이용자에게 에러 메시지를 보이지 않기 위해 사용되기도 하지만, 원인을 파악하기 어려울 수 있다.

📖 용어 관련 이야기

튕긴다
데이터를 제외하는 것을 가리키며, 중복된 데이터가 주어졌을 때 이미 존재하는 데이터와 같은 값은 처리 대상에서 제외하는 경우 등에 사용한다.

뭉갠다
오류 등이 있을 때 그것을 수정하는 것을 말한다. '이 잡듯이 철저히'라고 하는 경우는 닥치는 대로 하나하나 수정하는 것을 가리키며 빠짐없이 대응하는 것이 중요하다.

은폐하다
에러가 있어도, 그것을 표시하는 일 없이 처리를 계속하는 것을 가리키는 경우도 있지만, 다른 처리로부터 변수의 내용이 보이지 않는 설계를 가리키는 경우도 있다.

용어 사용 예 🗨 이 프로그램은 오류를 묵살하기 때문에 원인을 알아 내기 어렵다.

관련 용어 … 혼나다 ……P261 내뱉다 ……P277

Output
내뱉다

데이터를 출력하다

프로그램에서 데이터를 출력하는 것을 말한다. '내뱉다'라는 말은 기분이 나쁠 때 사용하는 것처럼 프로그램에서도 에러가 일어났을 때 그 내용이나 상황을 화면이나 파일에 출력하는 것을 가리킨다. 출력된 내용을 보고 오류의 원인을 특정하기 위해 사용하는데, 출력된 데이터를 봐도 전문가가 아니고서는 내용을 알 수 없는 것이 많다.

위이이이잉

제7장

사용하기 시작하면 전문가처럼 느껴지는 IT 업계 용어

📖 용어 관련 이야기

덤프(Dump)
에러 등이 발생했을 경우에 그 원인을 조사하기 위해 메모리의 내용을 출력하는 것을 말한다. 메모리의 내용을 그대로 기록한 것으로는 '코어 덤프(Core Dump)'가 있다.

지껄이다
정해진 서식에 따라 컴퓨터가 응답하는 모습을 말한다. 다른 종류의 프로그램이어도 같은 서식이기 때문에 아무런 문제 없이 통신할 수 있는 것을 가리킨다.

콸콸
데이터를 출력하도록 설정돼 있으면 차례대로 어떠한 데이터가 출력되는 것을 말한다. 문제가 있는 것이 많지만, 중요한지 아닌지는 알 수 없는 것이 대부분이다.

용어 사용 예 💬 에러가 있을 때는 로그를 내뱉도록 설정해 둬.

관련 용어 ⋯ (혼나다)⋯⋯P261 (묵살하다)⋯⋯P276

Run
달리다

처리가 실행되다

프로그램 등의 소프트웨어가 움직이는 것을 가리키며, 실행하는 것을 '달리게 한다'라고 한다. 수동으로 실행하는 것뿐만 아니라 어떠한 처리가 실행된 결과로서 다른 처리가 움직이기 시작하는 것을 가리키기도 한다. 이용자의 눈에 보이는 장소라기보다 뒤에서 실행되는 처리라는 이미지가 강하다. 영어에서도 'Run'이라는 단어를 사용한다.

용어 관련 이야기

베이직(BASIC)*
컴퓨터용 고급 프로그래밍 언어로, 간단하고 배우기 쉬운 언어로 잘 알려져 있다. 작성한 프로그램을 실행할 때 'RUN'이라는 명령어를 실행했다.

런타임 라이브러리(Run Time Library)
프로그램 실행 시에 불러오는 라이브러리로, OS나 프로그래밍 언어를 말한다. 대부분 실행 환경에 첨부되지만, 프로그램 배포 시 동봉되기도 한다.

빠져나가다(Exit)
반복적으로 실행되는 처리를 도중에 종료하는 것을 말한다. 평소에는 같은 처리를 반복하다가 지정된 조건을 만족하면 다음 처리로 넘어가는 것을 가리킨다.

용어 사용 예 💬 백그라운드로 처리되게 해 주세요.

관련 용어 → 킥하다 ····· P265 넘어지다 ····· P269 내뱉다 ····· P272

High Availability
달라붙다

계속 높은 사용률을 보이는 것

CPU의 사용율이 높은 상태 등 그래프를 그릴 때 같은 상태가 계속되는 것을 말한다. 시간이 걸리는 처리를 실행하거나 대량의 데이터가 주어지고, 컴퓨터가 필사적으로 처리하거나 하는 상황을 가리킨다. 프로그래머가 컴퓨터 앞에서 멀어지지 않고 계속 화면을 바라보는 모습을 '컴퓨터에 붙이는', '화면에 붙어 있다'라고 표현하기도 한다.

타타타탁

♥198

용어 관련 이야기

행업(Hangup)
OS의 레벨로 조작을 받아들이지 않고, 화면이 멈춘 채 상태가 길게 계속되는 상태를 말한다. 대부분은 강제로 전원을 끄거나 재시동해야 한다.

오프로드(Off Road)
서버 CPU(중앙 처리 장치)의 과부하를 방지하기 위해 다른 기기나 회선을 이용하는 것을 말한다. 웹서버의 과부하를 줄이기 위해 SSL 액셀러레이터를 도입하는 것 등을 들 수 있다.

탈출하다(Escape)
동작이 불안정한 서버나 용량 부족에 빠져 있는 곳으로부터 필요한 데이터를 꺼내는 것을 말한다. 데이터를 안전하게 저장하기 위해 백업을 하는 의미도 있다.

용어 사용 예 💬 실행하고 난 후에도 CPU가 고가용성(High Availability)이에요.

관련 용어 ⟶ 〔잡아먹다〕······P268

Build, Set up
세우다

서버 등을 구축하다

서버로서 동작시키기 위해 필요한 소프트웨어를 컴퓨터에 도입, 설정하는 것을 말한다. 웹서버, 메일 서버, 파일 서버 등은 전용 기기가 있는 것이 아니라 개별적으로 서버 소프트웨어를 도입해 구축해야 한다. 이 때문에 용도에 따른 서버를 회사나 개인의 컴퓨터에 도입, 설정하는 것을 말한다.

용어 관련 이야기

들어가다
보수나 감시 등 어떠한 작업을 하기 위해 서버 등에 로그인하는 것을 말한다. SSH나 FTP로 로그인해 파일을 조작하는 일이 많다.

킷팅(Kitting)
컴퓨터, 소프트웨어, 모바일 단말기, 네트워크 환경 등을 즉시 작업할 수 있도록 준비하는 것을 말한다. 특히 IT 기기를 업무에 쓸 수 있게 최적의 상태로 만드는 것을 말한다.

열다
서버 등에 통신을 허가하는 것을 말한다. 서버에는 그 기능에 따른 포트 번호가 정해져 있어 포트를 열기만 해도 해당 서버로 통신할 수 있다.

용어 사용 예 💬 기껏 서버를 설치해 놨더니 접속자가 늘지 않네.

관련 용어 ⋯ (올린다) ⋯⋯P258

Less cost effective, but technically possible
기술적으로는 가능하다

엄청난 돈과 시간이 소요되고 귀찮아서 하고 싶지 않다

'엄청난 돈과 시간을 들이면 할 수 있지만, 비용 대비 효과나 동기 부여를 생각했을 때 수지가 맞지 않고 귀찮아하기 싫다'라는 뜻이 담긴 말이다. 못 하겠다고 하면 거짓말이 되거나 기술력이 없다고 생각하고, 하기 싫다고 하면 좋지 않은 시선으로 볼 수 있으므로 거절하고 싶을 때 쓴다. 상대가 이해해 주지 않아 역효과가 나기도 한다.

이게 좋을 것 같은데….

제 7 장

사용하기 시작하면 전문가처럼 느껴지는 IT 업계 용어

📖 용어 관련 이야기

운용으로 커버하다
시스템의 구현이나 해결이 어렵기 때문에 사람의 힘으로 잘 운용함으로써 극복하자는 사고방식을 말한다. 이상적인 방법은 아니지만, 현실적으로 받아들일 수밖에 없는 경우도 있다.

트레이드오프(Trade-Off)
한쪽을 추구하면 부득이 다른 쪽을 희생해야 하는, 이율배반적인 관계를 말한다. 양립은 어렵지만 균형이 중요하다.

데스매치(Death March)
사실상 달성 불가능한 목표가 강요되는 상황 또는 심각한 과로가 계속되는 가혹한 노동 상황을 말한다. 본래 영어의 뜻인 '죽음의 행진'이라고 하기도 한다.

용어 사용 예 🟰 그 사양을 만족시키는 프로그램 개발은 **기술적으로는 가능하다.**

관련 용어 … 완전히 이해했다 ……P282

Fully Understood
완전히 이해했다

알고 있다는 착각

입문서 내용 등을 이해했을 뿐인데, 그 기술 전체를 이해했다고 생각하는 상황을 말한다(일본에서 쓰는 관용적 표현). 실제로는 더 어려운 내용이 존재하는데도 그것을 모르는 '우물 안 개구리' 수준이라는 것을 가리킨다. 이해가 진전되면 자신이 아무 것도 몰랐던 것을 깨닫고 배워야 할 것이 많다는 사실에 절망하기도 한다.

간단히 이긴 거야.

낙승한 거잖아.

▲ 리눅스의 그루 리누스 토발즈(Linus Torvalds)가 일본 리눅스 컨퍼런스에서 '조금 할 수 있다(ChottoDekiru)'이라고 쓰여진 티셔츠를 입고 있다. (사진 출처: 트위터 @shige tako256)

용어 관련 이야기

더닝 크루거 효과(Dunning-Kruger Effect)
능력이 낮은 사람일수록 자신의 능력이 낮다는 사실을 깨닫지 못하기 때문에 자신의 실수를 알아차리지 못하는 현상을 가리킨다. 자신의 능력을 과대평가하는 현상이다.

조금 할 수 있다(ChottoDekiru)
'완전히 이해했다'라는 뜻의 반대로, 자신이 그 분야를 잘 알고 있는 것을 조심스럽게 이르는 말이다. 제로 상태에서 그 기술을 만들 수 있거나 원래 개발자 본인인 것을 가리킨다.

경문을 베낀다
프로그래밍을 공부할 때, 샘플 등 다른 사람이 쓴 소스 코드를 스스로 입력하는 것을 말한다. 읽기만 하는 것이 아니라 시도해 보기 때문에 깊이 있게 이해할 수 있다.

용어 사용 예 💬 (입문서를 읽고) 보안에 대해서는 완전히 이해했다!

관련 용어 → 기술적으로는 가능하다 ······P281

맺음말

이 책에서는 다양한 분야의 용어를 소개했다. "IT 용어가 이렇게 많으냐"라며 놀라는 사람이 있을지도 모르지만, 세상에는 이 밖에도 많은 IT 용어가 존재한다.

내가 모르는 말도 많고, 앞으로도 새로운 단어가 계속 등장할 것이다. 그러면 이 책에 나와 있지 않은 용어는 어떻게 배워야 할까?

자신의 업무와 관련된 용어의 경우, 일상생활 속에서 필요에 따라 배울 수도 있다. 하지만 업무와 관련 없는 용어라면 듣기조차도 어렵다. 이런 말들을 모르고 넘어가면 안 된다. 언제 필요하게 될지 모르기 때문이다.

필요할 때 배우는 것도 하나의 방법이지만, IT 업계에 몸담고 있다면, 가능한 한 넓게 안테나를 세워 두는 것이 좋다. 이 책에 앞서 쓴 『IT 용어 도감』의 맺음말에서도 언급했지만, 그 생각은 다음과 같은 말로 집약할 수 있다.

바로 '기다리기만 해도 정보가 자연스럽게 다가오는 상태를 만드는 것'이다.

스스로 정보를 찾아가면, 자신의 흥미가 있는 말만 알고 끝난다. 그런데 자동으로 정보가 수집되는 환경을 구축해 두면 항상 새로운 정보를 얻을 수 있다.

구체적인 방법은 『IT 용어 도감』을 참고하기 바란다.

2021년 8월 마스이 도시카츠

찾아보기

F~J

K~O

U~Z

ㄱ

ㄴ

ㄷ

ㄹ

ㅁ

289

ㅇ

ㅍ

ㅎ

저자 소개

마스이 토시카츠(增井敏克)

마스이기술사사무소 대표이자 기술사(정보공학 부문).

1979년 나라현에서 태어났고, 오사카부립대학 대학원을 수료했다. 테크니컬 엔지니어(네트워크, 정보 시큐리티)와 정보 처리 기술자 시험에 다수 합격했으며, 비즈니스 수학 검정 1급에 합격하고, 공익재단법인 일본수학검정협회 인정 트레이너로 활동하고 있다. 비즈니스, 수학, IT를 조합해 컴퓨터를 올바르고 효율적으로 사용하기 위한 스킬 업 지원과 각종 소프트웨어도 개발하고 있다.

저서에는 『IT 용어 도감 : 비즈니스에서 사용할 수 있는 엄선 키워드 256』, 『코딩의 수학적 기초를 다지는 알고리즘 퍼즐 68』, 『그림으로 배우는 프로그래밍 구조』, 『그림으로 배우는 보안 구조』, 『이토록 쉬운 딥러닝을 위한 기초 수학 with 파이썬』, 『프로그래밍 언어 도감』, 『잠자는 코딩 브레인을 깨우는 알고리즘 퍼즐 69』, 『IT 개발자를 설레게 하는 자동화의 마법』, 『R과 Python으로 배우는 통계학 입문』 등이 있다.

역자 소개

김선숙

대학에서 일문학, 대학원에서 경제학을 공부한 후 출판사에서 오랫동안 편집자로 일했다. 지금은 그동안 쌓은 경험을 바탕으로 출판 기획자로 활동하면서 삶을 변화시키고 새로운 세상을 열어 주는 책을 찾아 우리말로 옮기고 있다. 옮긴 책으로는 『과학의 대이론』, 『통계학 도감』, 『엔지니어가 배워야 할 금융시스템의 지식과 기술』, 『그림으로 설명하는 개념 쏙쏙 통계학』, 『그림으로 설명하는 개념 쏙쏙 수학』, 『손정의 비록』 등이 있다.

책 내용에 관한 문의에 대하여

● 질문하기 전에
(주)성안당 웹사이트(www.cyber.co.kr)의 '도서몰–자료실–정오표'를 참조해 주세요. 지금까지 밝혀진 정오나 추가 정보가 게재돼 있습니다.

● 질문 방법
성안당 웹사이트의 '1:1 게시판'을 이용해 주십시오.

● 답변에 대해
질문한 수단에 따라 답변합니다. 질문 내용에 따라서는 답변에 수일 또는 그 이상의 기간이 소요될 수 있습니다.

● 질문할 때 주의할 사항
이 책의 대상이 아닌 것, 기술 개소가 특정되지 않는 것, 독자 고유의 환경에 기인하는 질문 등에는 대답할 수 없으므로 미리 양해 바랍니다.

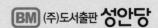

웹 제작자나 개발자라면
꼭 알아두어야 할 엄선 키워드 256

IT 용어 도감 엔지니어편

2022. 9. 15. 1판 1쇄 인쇄
2022. 9. 22. 1판 1쇄 발행

지은이 | 마스이 토시카츠(増井敏克)
옮긴이 | 김선숙
펴낸이 | 이종춘
펴낸곳 | BM ㈜도서출판 성안당

주소 | 04032 서울시 마포구 양화로 127 첨단빌딩 3층(출판기획 R&D 센터)
      | 10881 경기도 파주시 문발로 112 파주 출판 문화도시(제작 및 물류)
전화 | 02) 3142-0036
      | 031) 950-6300
팩스 | 031) 955-0510
등록 | 1973. 2. 1. 제406-2005-000046호
출판사 홈페이지 | **www.cyber.co.kr**
ISBN | 978-89-315-5887-6 (93000)
정가 | **18,000원**

이 책을 만든 사람들

책임 | 최옥현
진행 | 조혜란, 권수경
교정 · 교열 | 안종군
본문 디자인 | 김인환
표지 디자인 | 박원석
홍보 | 김계향, 이보람, 유미나, 이준영
국제부 | 이선민, 조혜란, 권수경
마케팅 | 구본철, 차정욱, 오영일, 나진호, 강호묵
마케팅 지원 | 장상범, 박지연
제작 | 김유석

www.cyber.co.kr ★★★
성안당 Web 사이트

IT用語図鑑 [エンジニア編] 開発・Web制作で知っておきたい頻出キーワード256
(IT Yogo zukan[Engineer Hen]: 6910-1)
ⓒ 2021 Toshikatsu Masui

Original Japanese edition published by SHOEISHA Co.,Ltd.
Korean translation rights arranged with SHOEISHA Co., Ltd. through Eric Yang Agency, Inc.
Korean translation copyright ⓒ 2022 by Sung An Dang, Inc.
All rights reserved.